曾国藩全传

林小光 著

全传

远方出版社

图书在版编目（CIP）数据

曾国藩全传／林小光 著． —— 呼和浩特：远方出版社，2015.8（2020.6 重印）

ISBN 978 - 7 - 5555 - 0511 - 2

Ⅰ.①曾… Ⅱ.①林… Ⅲ.①曾国藩（1811～1872）

- 传记 Ⅳ.①K827＝52

中国版本图书馆 CIP 数据核字（2015）第 205228 号

曾国藩全传

ZENG GUOFAN QUANZHUAN

著　　者	林小光
责任编辑	孟繁龙
装帧设计	VIOLET
出版发行	远方出版社
社　　址	呼和浩特市乌兰察布东路 666 号　邮编：010010
电　　话	(0471)2236470 总编室　2236460 发行部
经　　销	新华书店
印　　刷	天津中印联印务有限公司
开　　本	170mm×240mm　1/16
字　　数	252 千
印　　张	18.75
版　　次	2015 年 8 月第 1 版
印　　次	2020 年 6 月第 6 次印刷
标准书号	ISBN 978 - 7 - 5555 - 0511 - 2
定　　价	49.80 元

【序言】

不做圣贤，便为禽兽

　　纵观中国几千年的历史长河，可谓风起云涌，波澜壮阔。打开被时光掩盖的一幅幅卷轴，映入眼帘的不只是水光山色，亦不只有亭台楼阁，在寂静寥远的幽暗背景中，我们常常能听到激荡着、悲鸣着的惊涛骇浪，看到翻卷着、怒号着的血雨腥风，并且感知到、触摸到一个个矗立着的形态坚毅、神色凝重的人物雕像！其中有一位备受推崇又备受争议的风云人物，曾经勇立潮头，试图以擎天之力托起一个行将覆灭的王朝，他就是晚清重臣曾国藩。

　　曾国藩出生于湖南湘乡的一个地主家庭，自降生起便肩负起一个家族的责任——通过读书考取功名，光耀曾氏门楣。但他天资平平，甚至可以说有一点愚笨，所以一路走来并不容易，甚至颇为艰辛。而他最终能够取得辉煌的成就，实现自己"立德、立功、立言"的人生理想的奋斗过程，也很好地为后人示范了一个平凡之人如何从"笨人"变为"圣人"，以及如何以庸人之资成就不朽功绩。

　　一是勤奋踏实。因为才智并不出众，早年曾国藩在湖南乡试中举后两次前往北京参加会试，均以落榜告终，但这也培养了他认真刻苦、勤奋踏实、不折不挠的精神，经过不懈的努力，他终于在28岁那年高中进士。

二是自省自律。步入官场后，曾国藩一度迷失，但他的与众不同之处就在于他能够经受考验，善于自我反省，由此立下了"学做圣人"的宏伟之志并为此而努力，每天写日记督促自己改正缺点，并通过别人的意见进行自我评估、自我调整。在统兵与太平军作战，但在湖南、江西官场处处碰壁，又得不到皇帝信任时，善于自我反省的他又借着父丧守制的机会不断反思既往，终于大彻大悟，"无复刚方之气"，为人处世变得圆熟起来，对同僚"恕人以宽，不求全责"，对皇帝"不指其过，先美其长"，对部下"功不独居，过不推诿"，从此在官场上如鱼得水，用人、备饷都顺利了许多。

三是善抓机遇。在家乡丁母忧时，曾国藩借着清廷急于寻求力量镇压太平天国的机会，在家乡湖南一带依靠师友、亲戚等复杂的人际关系，参照明代戚继光的"束伍成法"编练了一支新的地方武装，即名满天下的湘军，后来成为打败太平军的主力军。

四是知人善任。从回乡办团练到组建湘军，直至剿灭太平军，曾国藩的成功，与其网罗一大批才俊智囊、善用他人的能力是分不开的。他门下四百多个幕僚，后来做到三品官的有四十七人、督抚大员有三十三人。左宗棠、李鸿章、彭玉麟、郭嵩焘、沈葆桢、刘蓉、李元度、罗泽南等都受到曾国藩的推荐、荫护，可以说"国之重臣悉出曾门"。

五是坚韧不拔。曾国藩带领湘军屡战屡败，屡败屡战，甚至两度想要自杀，但他最终坚持了下来。经过十余年的较量，终于成功平定太平天国起义，一举成为清王朝的救世英雄。

六是懂取舍、知进退。剿灭太平军之后，曾国藩功成名就，可以说达到了人生的巅峰时刻，但他并没有因此得意忘形，反而上疏请求辞去节制四省的大权，并主动提出裁撤湘军，以这样的姿态消除清廷对他拥兵自重的疑虑。

七是与时俱进。曾国藩身上虽然流着传统士大夫的血液，但却思想开放，能够与时俱进。在乱后大治中，他为国自强，大力提倡发展近代实业，成为洋务运动的发起者和推动者，先后建造出中国第一艘轮船，建立起第一所兵工学堂，印刷翻译出第一批西方书籍，选拔安排了第一批赴美留学生等，不仅对清王朝的政治、军事、文化、经济等方面产生了深远的影响，也影响了中国近代化建设的历史进程。

当然，我们也要看到，曾国藩虽然一生积极进取，严于律己，礼治为先，以忠谋政，即使晚年饱受病痛折磨，及至临终仍在为清王朝的风雨飘摇之势深感忧虑，可谓忠心耿耿，然而这份忠心也正是他的局限所在。孟子有云："民为贵，社稷次之，君为轻。"曾国藩深谙孔孟经书，对于孟子之言当有很深的理解，但他维护的只是皇帝一家的天下，而不是百姓的天下；他修身养性以为仁的"仁"也只是对清王朝的仁，指向百姓的则是毫无仁爱之心的屠戮。他领导的湘军，对农民起义军进行的大屠杀与抢掠奸淫，使他得到"曾剃头""曾屠户"的恶名，也使不少仁人志士对他痛加斥责，比如湖南籍维新志士谭嗣同痛斥湘军以"戮民为义""无良莠皆膏之于锋刃""淫戮焚掠，无所不至"。范文澜先生更是在《汉奸刽子手曾国藩的一生》中评价说："曾国藩是中国数千年尤其是两宋以下封建统治阶级一切黑暗精神的最大体现者，又是鸦片战争后百年来一切对外投降对内屠杀的反革命的汉奸刽子手们的'安内攘外'路线的第一个大师。"

这种趋向极端的两极分歧与多重评价，不仅仅是学术名家看待历史人物的态度，也不仅仅是政治家们治理朝政的需要，更主要的是不同的观念既反映了评价者坚持的立场及站立的角度，同时亦从不同侧面反映出历史人物自身的复杂多面性，以至于形成"横看成岭侧成峰，远近高低各不同"的效果。

回看曾国藩的一生，他经历了很多次失败，终于功成名就，尽管晚年"剿捻"失败、处理"天津教案"招来"卖国"骂声、南京"刺马案"疑点重重，都使他心情十分压抑，常常在恐惧中度过，最终带着几分遗憾与世长辞，但不可否认的是，他是清王朝得以多支撑几十年的支柱。他的出现，影响了一个王朝的气数，延缓了它苟延残喘的时间，更影响了湘系军政集团的兴衰存亡，这也使他无愧为清王朝的"中兴第一名臣"、国家之栋梁。这一切，与他勤奋踏实、注重自我修养、自省自律、谨言慎行、善抓机遇、知人善任、坚韧不拔、懂取舍知进退、与时俱进是分不开的，也值得我们后人学习借鉴。

目　录

Contents

第一章　山居农家一书生，谨遵祖训求功名

耕读传家久，济世靠诗书

嘉庆年间，在湖南长沙府湘乡县南有一个散布于"王土"的偏僻小山村，名叫白杨坪（今湖南省娄底市双峰县荷叶镇天坪村）。该村位于湘乡、衡阳、衡山三县交界处，群山环抱，交通闭塞，荒凉贫穷，远离大清帝国的统治中心，在大清版图上几乎可以忽略不计甚至找不到位置。嘉庆十三年（1808 年），村里迁来一户姓曾的人家。曾家上上下下共有十几口人，长者人称竟希公，虽然已过花甲之年，白须飘逸，但是眼神深邃，身体十分健朗。

曾氏祖籍湖南衡阳，世代务农，几百年来饥饱不均，一直未能摆脱贫困。到竟希公的祖父曾元吉（名贞桢）时，经过夫妻俩的勤俭操持，家业渐有起色，不仅盖起了几处宅院，还在衡阳靛塘湾买下 40 多亩地。在那个时候，置房买地是家境殷实的主要体现。曾元吉年老后，自觉时日不多，便将自己辛苦一辈子积累下来的家业，包括宅院和土地，全部分给子孙。同时，为了不拖累后代，他还特地留下衡阳的几十亩地作为自己养老送终的用度。

乾隆二十九年（1764 年），曾元吉病故，他的子孙各自分得丰厚的家产。靠着出租土地的租金，曾家人过上了衣食无忧的生活。嘉庆二年（1797 年），为纪念曾元吉，曾氏族长召集族人，决定将这一年的租金收益全部拿出来，另行购置 10 亩祀田（以田租收入供祭祀用的田），

并立下规矩，要求曾氏后人在每年清明时节都要前去祭祀。此外，曾元吉生前在衡阳留下的几十亩地也被划为祀田。

曾元吉共生有六个儿子，其中，次子名叫曾辅臣，娶蒋氏为妻，育有一子曾竟希，也就是竟希公。曾辅臣分得家产后，依然保持勤俭劳作的家风。乾隆四十一年（1776年），55岁的曾辅臣撒手人寰。

先辈的言传身教使曾竟希从小就养成了俭朴的生活习惯。年少时，他曾在陈氏宗祠读书，每年正月上学的时候，父亲都会给他100文钱作为零用钱。但是，到五月学堂放假时，他竟然还剩下99文交还给父亲。

除了节俭，曾竟希身上还有着农民的忠厚品德。他三四十岁时，家里来了一位四川游客，两人志趣相投，很快就结拜为兄弟。这位四川客人自此寄居在曾家，一住就是十几年，他们共同劳动，共同生活。俗话说"久寄他乡思归离"，一天，四川客人突然对曾竟希说要回家乡去，曾竟希苦苦挽留，客人只好安慰他说："贤弟不要难过，我离家多年，回去看看，不久就会回来的。"曾竟希一脸不舍地说："自古道'少莫入广，老莫入川'，四川路遥山险，你如今已年届半百，回到老家后，哪里还能出得来？"客人信誓旦旦地说："我一定会回来的！"但四川客人自此一去不返，音讯全无。

嘉庆十六年（1811年）十月十一日，也就是曾家迁入白杨坪的第四个冬天，这天晚上，68岁的曾竟希做了一个奇怪的梦，梦见一条巨蟒从天而降，先在厅堂左右盘旋，随即又进入内屋环绕一番。老人惊醒过来，正琢磨此梦的吉凶，忽听家人敲门报喜，说孙媳妇生了个男孩。曾竟希想到自己刚才所做的梦，急忙把儿孙召集过来，深信不疑地对大家说："此乃祥兆，他日这个孩子必然会光耀曾氏门楣，你们要给我好生看护！"

这个男婴就是曾国藩。他的出世给曾家增添了不少喜庆气氛，尤其是他的祖父——时年37岁的曾玉屏更是喜出望外。

曾玉屏（字星冈），生有三子，长子便是曾国藩的父亲曾麟书（字竹亭），由于次子早年夭折、三子曾骥云又未曾生育男丁，因此，自从大儿媳有了身孕后，曾玉屏就希望是个男孩。如今得偿所愿，他当即决定大宴宾客。

在曾氏家族中，曾玉屏是个很有影响力的人物，同时也是为曾氏中兴及曾国藩兄弟的成长营造良好家庭环境的关键人物，他对曾国藩一生的影响极为深远。无论是早年求学交友，还是以后几十年的仕宦生涯，都可以从曾国藩身上找到类似"隔代遗传"的佐证。曾国藩在晚年所写的《大界墓表》中，对祖父的思想言论、威仪气概、行事做派和持家准则十分佩服。他在给兄弟们的书信中也一再提到祖父的威仪风度，并赞叹不已。

曾玉屏少年时期秉持家训，勤奋好学，但长大后由于家境逐渐宽裕，沾染了不少坏习气。他有书不读，经常骑着高头大马在大街上与一群纨绔子弟嬉戏玩耍。家族长辈都很瞧不起他，讥笑他轻浮浅薄，甚至断言他总有一天会把家产败光。但曾玉屏一直不以为然，直到35岁那年才突然深感不安。

从内心来讲，曾玉屏也不希望曾氏几代人的积蓄毁在自己手上。他反躬自省，终于认识到自己的错误，并立即将马卖掉，徒步回到家中。从此，他就像换了一个人似的，彻底改掉了游手好闲的恶习，开始起早贪黑地读书劳作，而且一生都没有再懒惰过。

湘乡属于丘陵地带，自古就有"五山一水三分田，一分道路和庄园"的说法，这里一半以上的土地都是凹凸不平的山丘。曾玉屏和"愚公"一样，在自家的山丘上修造梯田，艰难程度可想而知。曾国藩后来回忆说，祖父曾玉屏35岁时，在高嵋山下盖了一间简陋的小茅屋。那儿的梯田坡陡高峻，田块小得简直像瓦片一样，为此，曾玉屏开凿石山，开垦荒地，将十几块小田块连成一片大田地。

曾玉屏不但对自己的劳动果实十分得意，而且在劳作中悟出一个道理：凡是自己亲手耕种收获的粮食，凡是自己历尽辛苦得到的东西，享用起来也特别心安理得。当曾玉屏把鳞甲一样的小田改造成阡陌相连的大田之后，乡里人开始对他刮目相看。曾玉屏的家庭小农庄除了种田之外，还养猪养鱼。乡邻们对他开创的这种独具特色的副业模式，始则怀疑，继之赞服，到后来一个个都竖起了大拇指，而且村中乡邻有什么难办之事，也都来找他帮忙解决。

由于曾玉屏的勤奋，加上不断改进经营思路，曾家的家业很快又兴旺起来，他在当地的声望也日益提升。长孙曾国藩出生后，曾玉屏顿感自己责任重大，他想到曾氏先人自元朝起就住在湖南衡阳的庙山，几百年来都没有建立宗祠，于是与宗族中德高望重的长辈商量、筹措，修建了曾氏祠堂，并定于每年十月（农历，下同）举行祭祀。同时，他又与族人商量，另立一个祀典，每年三月为光耀曾氏门楣奠定基石的曾元吉举办祀典。

曾玉屏还经常以自己的亲身经历教育后辈："世间一般人消灾求福，往往祈于神灵，这是不可取的。其实能够降福保佑自己的，莫过于自家祖先。因此，我每年设祭，特别重视生我养我的祖先，而对其他的祭祀不那么重视。我们曾家，后世即使贫穷了，但礼教不可毁坏；子孙虽然愚笨，但家祭不可从简。"这些话给曾国藩留下了很深的印象。

曾玉屏早年失学，成年后深以没有文化为耻。为了弥补这个缺憾，他一边让子孙拜名士为师，一边倾心接待文人，希望他们能经常登门赐教。在他看来，那些饱学之士到家里做客，能使房舍增辉。对于品格端方、老成稳重的来访者，他尤为敬重，从来不敢怠慢。

每逢乡里邻居、亲朋好友有婚丧嫁娶之事，曾玉屏从不委派晚辈去应付，而是亲自参加。倘若有亲友财力欠缺，无力办事，曾玉屏便慷慨出资相助。邻里间发生争执诉讼，他也出面调停。在他看来，所谓正人君子，若是在民间做布衣百姓，就要排解一方之难；若是在朝廷当差为官，就要安定社会、平息动乱，这个道理是相通的。

曾玉屏治家极严，一家大小见了他无不屏神敛气，诚惶诚恐。曾玉屏对曾国藩的父亲曾麟书、叔父曾骥云管教十分严厉，对曾麟书尤为苛刻，常在大庭广众之下大声呵斥，有时对旁人有所不快也会迁怒于他，痛骂不已。曾玉屏还自创了一套家规，后来曾国藩将其归结为八个字，后人戏称为"八宝粥"，即书、蔬、鱼、猪、早、扫、考、宝。

所谓"书"，就是读书。曾氏祖先不乏粗识文字之人，但一直没人参加过科举考试。曾玉屏早年本来具备读书的条件，但因为放荡不羁，不喜欢读书，所以文化程度不高。后来，他成为一方的头面人物，又喜欢在人前显耀，深感没有功名的遗憾，因此决定让子孙上学读书，考取功名，跻身士绅行列。

所谓"蔬"，就是种植蔬菜。曾家地处丘陵地带，交通极为不便，因此自给自足显得尤为重要。一个农耕之家，田有稻米，园有蔬菜，除了油盐之外，日常生活便无须求人了，而且曾玉屏认为自种自吃，味道更美。

所谓"鱼"，就是养鱼。鱼生性活泼好动，是生机与兴盛的象征。养鱼不仅可以改善一家人的伙食，更能陶冶性情、愉悦身心。

所谓"猪"，就是养猪。养猪是农家的一项基本副业，一则可以自给自足；二则可以充分利用家里的剩菜剩饭和田园野地的各种蔬菜猪草；三则每到寒冬腊月，宰猪祭祖，合家欢聚，别有一番田园乐趣。

所谓"早"，就是早起。曾玉屏要求家人早睡早起，日出而作，日落而息，这不但合乎自然规律，而且有益于身体健康，也是勤劳的象征。因此，在农家也有"早起三光，晚起三荒"之说。

所谓"扫"，就是扫除。古代医疗条件落后，为了减少疾病，早起打扫卫生就显得尤为必要。妇女早起第一件事就是搞清洁，庭阶秽物、桌几灰尘，都要洒扫干净。即使至贫至苦的人家也不能例外。年终之时，还要屋里屋外大扫除，以示万象更新。

所谓"考"，就是祭祀。儒家自古就重视"慎终追远"，农村家庭更讲究祭祀祖先、缅怀先人。不少家族修建祠堂，一是为了祭祀祖先，二是为了增加家族的凝聚力。

所谓"宝"，就是处世。曾玉屏曾说："人待人，无价之宝。"一个人不能独善其身，一个家庭也是如此，处理好人与人之间，尤其是邻里之间的关系，就是居家的法宝。

　　曾玉屏一度把自己的希望寄托在长子曾麟书身上，但曾麟书天性迟钝，读书的效果并不理想，尽管如此，曾玉屏仍对他寄予厚望，坚持让他读书。面对父亲的强势，曾麟书只能逆来顺受以示恭敬，在父亲面前总是表现得小心谨慎、拘束不安。为了达成父亲的心愿，曾麟书很早就开始赴县学应童子试，但他先后考了十六次都以失败告终。眼看儿子读书入仕的希望要落空了，这时曾国藩出生，加上巨蟒入厅的祥瑞征兆，曾玉屏内心的高兴程度可想而知。他除了希望这个长孙读书上进之外，家境也能更加宽裕，于是给他取了个乳名叫"宽一"。

　　皇天不负苦心人，道光十二年（1832 年），43 岁的曾麟书和儿子曾国藩一同赴考时，中得"补县学生员"，总算赶在儿子之前获得"秀才"这个名号。

　　即使到了晚年，曾玉屏仍不以家中出了大官而有所怠惰。道光十九年（1839 年）正月，曾国藩已经入职翰林院。在"宰相无不出翰林"的清代，这也预示着曾家将更加发达。但曾玉屏却对儿子曾麟书说："宽一（国藩）虽点翰林，我家仍以耕作为业，不靠他吃饭。"同年十月，曾国藩进京散馆①。离开老家时，他在阶前一边侍奉祖父曾玉屏，一边请祖父训示。曾玉屏语重心长地说："你的官是做不尽的，你的才是好的，但不可傲，满招损，谦受益，你若不傲更好，全了。"曾玉屏要言不烦的这几句话，对曾国藩的一生都有着深刻的影响。曾国藩曾说："我曾家代代皆有世德明训，星冈公的教训尤其要谨守牢记。"

　　可以说，祖父的言行举止对年轻的曾国藩起着潜移默化的作用。咸丰九年（1859 年）十月十四日，曾国藩在写给长子曾纪泽的家书中，语重心长地说："我家先祖世代相承，一直是寅正（凌晨四点）即起，至今二百年未改。从高祖、曾祖时代就代代早起，我曾见过曾祖父竟希公、祖父星冈公都是天未亮就起床，寒冬起坐约一个时辰，才见天亮。

---

　　① 散馆：清制，翰林院庶吉士肄业三年期满，通过甄别考试，谓之散馆。成绩优良者留馆，原为二甲进士者授编修，原为三甲进士者授检讨，散馆第一名则授武英殿协修；成绩属于次等者，改任各部主事或知县。

我的父亲竹亭公也是黎明即起，如果有事则不待黎明，每天夜里必定起来查看一两次不等。这是你们亲眼见过的……我曾经仔细观察，祖父星冈公仪表超人，全在一个'重'字。我的举止容貌也很稳重、厚道，就是效法星冈公……无论是坐还是行，均须重厚。"

京考两失利，闭门故园里

曾玉屏的奋斗使曾家拥有了一定的物质基础，所以后辈能够心无旁骛地走科考这条道路。在这方面，他功不可没。

而对曾国藩来说，肩负着家族的厚望，他的人生无疑是从寒窗苦读开始的。他5岁就开始识字，6岁进入私塾读书。当时他的父亲正忙于准备来年的县学考试，于是特地请陈雁门先生到家授课。入了私塾，自然得有个像样的学名，曾麟书反复琢磨推敲，最后由曾玉屏核准，正式为曾国藩取名"子城"，字伯涵，希望他将来成为捍卫国家的栋梁。但是，曾国藩在登进士之后觉得"子城"二字低沉隐晦，于是更名为"国藩"，此前他还曾自号"涤生"。从字面意思看来，"国藩"确实比"子城"响亮，且不失"子城"原义，而且曾家又兼以国为排行。

曾国藩跟随陈雁门这位启蒙老师，学习了《三字经》《百家姓》之类，相当于今天的学前教育。

嘉庆二十一年（1816年），也就是曾国藩进私塾这一年，曾麟书在县学考试中再次落第。曾玉屏失望之余，决定让曾麟书开馆授徒，馆名为"利见斋"，取《周易·乾卦》中"利见大人"之义，意思是说跟他读书的学生将来都能有出息。这以后，曾国藩便跟着父亲读书，开始系统地接受儒家教育，直到19岁为止，前后共十三年。

可惜曾国藩在读书上有点像他的父亲，成绩也不太理想。后来，他在为父亲所作的《台洲墓表》中说："国藩愚钝，从8岁起就跟着父亲在家塾读书，早晚讲授，耳提面命，不明白处就再教我一遍，有的甚至教我三遍。就是走在路上，或是已经躺在床上睡觉，父亲还要考问平时积攒的、学得不太牢固的课业，必到彻底弄懂为止。"从中可以看出，曾麟书对他的教育是何等耐心细致、循循善诱，甚至走在路上、躺在床上，都要督查一番，务必使他通彻领悟。道光二十二年（1842年）九月十八日，他在写给诸弟的信中还深情地回忆道："我生平对伦常之中，只有兄弟这一伦愧疚太深。因为父亲以他所知道的尽力教我，而我却不能倾囊教导弟弟们，是大不孝！九弟在京城一年多，进步不大，每每想起，真是无地自容。"

曾国藩共有兄弟五人，他自己居长，曾国潢排行第四；曾国华排行第六；曾国荃排行第九；曾国葆最小，称季弟。曾国藩认为，五个兄弟中除了曾国华比较聪明外，其他人和他不相上下，有的甚至比他更加愚钝。道光二十三年（1843年）正月十七日，他在给诸弟的信中说："四弟、九弟、季弟，天资较低。"他之所以说"不能倾囊教导弟弟们"，主要是指父亲的教育方法和态度，因为像他们兄弟这等资质的人，只有用父亲的那套方法才能奏效，而他没能做到这一点，所以深感愧疚，无地自容。

的确，良好的教育方法是一个人学有长进的必备条件。曾国藩本人虽然不是很聪明，但在父亲的精心教育下依然有所进步。仅用两年时间，他就读完了儒家经典的入门书——"五经"，即儒家的五部经典《易》《书》《诗》《礼》《春秋》。从10岁起，他开始试作八股文①，为考取功名做准备。

从14岁开始，曾国藩跟随父亲应童子试②。当时的童子试是三年两考，名额有限、竞争激烈，所以曾麟书父子久试不中。

---

① 八股文：明清科举考试的一种文体，以"四书五经"取题，写时必须用古人的语气，不允许自由发挥，而句子的长短、字的繁简、声调高低等也要相对成文，字数有限制。其文体有固定格式，由破题、承题、起讲、入题、起股、中股、后股、束股八部分组成，故称八股文。

② 童子试：即科举时代参加科考的资格考试，包括县试、府试和院试。县试一般由知县主持，本县童生要有同考者五人互结，并有本县廪生作保，才能参加考试。试期多在二月，考四至五场，内容有八股文、诗赋、策论等，考试合格后才可应府试。

道光十年（1830 年），曾麟书屡经科场失意，为改写曾氏家族"冷籍"的历史，几乎耗尽他大半生的心血。此时展望前程，他一片茫然。他不希望儿子遭受同样的挫折，于是在和父亲曾玉屏商量后，决定让曾国藩外出求学。

就这样，20 岁的曾国藩和其他士子一样，背上行囊，远离家乡和亲人，开始了外出求学的艰难历程。第一年，他师从衡阳著名学者汪觉庵，就读于衡阳唐氏家塾。道光十一年（1831 年），他又师从饱学之士刘元堂先生，就读于湘乡的涟滨书院。涟滨书院的前身是湘乡学宫，也叫文庙，既是当地祭孔的礼制性建筑群，又是当时学子们的读书之所，是湘乡开办官学的标志。曾国藩在涟滨书院度过将近一年的时间，思想认识有了很大的转变。他首先给自己改号涤生，"涤生"一词有浴火重生之意。涤，取涤其旧染之意；生，取明代袁了凡之言"从前种种，譬如昨日死；以后种种，譬如今日生也"。对此，当时的义理学派巨擘唐鉴①曾称赞道："有志气！涤生，望你今后涤旧而生新。"

道光十二年（1832 年），曾麟书父子再次参加县试，这一次，父中而子未中。这对曾麟书来说多少挣回点面子，但却给曾国藩留下终生的羞愧。他的羞愧不是因为自己没有考中，而是得到一条使他难堪的批语和一件同样难堪的差事。这次考试由一位姓廖的学使主考，他看了曾国藩的考卷后，用朱笔在试卷上这样批道："子城文理欠通，发充佾生。""佾生"是清代朝廷及文庙举行庆祀活动时充任乐舞的童生，文的执羽箭，武的执干戚②，合乐作舞，又叫"乐舞生"。能够充当佾生对学子来说本是一种荣誉，但廖学使却"别出心裁"，把它作为对写文章文理欠通的一种惩罚。

正所谓知耻而后勇，道光十三年（1833 年），曾国藩终于考入县学，成了名副其实的"秀才"。这一年，他 23 岁，较之父亲十七次应

---

① 唐鉴（1778—1861）：字镜海，号翕泽，湖南善化（今长沙市）人。清代理学大师，官至太常寺卿。倭仁、曾国藩、吴廷栋、何桂珍都曾求学于他。

② 干戚：亦作"干鏚"，古代的两种兵器，即盾牌与大斧。

试、43 岁进县学,整整提前了二十年,应该算是后来居上。

衡阳不但是曾国藩学业的一个转折点,而且他还在这里找到生命中的另一半,也就是后来与他终身相守的欧阳夫人。欧阳夫人的父亲是涟滨书院的主讲欧阳凝祉。欧阳凝祉是廪生①,颇负才名,但生性孤傲,与曾国藩的父亲曾麟书相交甚厚。道光四年(1824 年),他第一次看到少年曾国藩所作的八股文稿和诗作,大加赞赏,收其为徒,并将女儿许配给他。欧阳凝祉十分器重曾国藩,儒学经典及百家要旨无不悉心传授给他。曾国藩考中秀才不久,便娶了欧阳凝祉之女为妻。欧阳氏是曾国藩的正妻,也是一位传统女性,她嫁到曾家后,秉承丈夫意愿,适应曾家家风,克勤克俭,任劳任怨。她与曾国藩育有三子五女,除了长子曾纪第早夭外,其他七个儿女均被抚养成人。从过门到儿女长大成人,她始终亲自操持家务,纺纱织布,下厨做饭,毫无怨言。

考取县学生员只是进入科举仕途的第一步。在科举时代,很多人皓首穷经,却终身不曾踏进县学生员的门槛;也有不少人一生停滞在这个最低的门槛内,无法再前行半步。这除了与自身的资质有关外,也受到家庭条件的限制。曾家因有巨蟒入宅的祥兆及光耀门楣的期盼,自然是举全家之力支持曾国藩继续进取。因此,曾国藩于道光十四年(1834 年)顺利进入著名学府岳麓书院就读。

岳麓书院创设于宋代,它背倚岳麓山,前临湘江水,古树掩映,碧幽清雅,花香与书香交汇,松涛与书声相伴,环境静谧雅致,而它悠久的历史、深厚的文脉,更令天下学子神往。与朱熹、吕祖谦②并称“东南三贤”的南宋名儒张木式曾主持该书院,并写下著名的《岳麓书院记》,宣明了不拘于科举利禄之学,重在造就经世之才的办学宗旨,其务实求真之学风,对后世的影响极为深远。

---

① 廪生:古时科举考试中成绩名列一等的秀才称为廪生,可获官府廪米津贴。

② 吕祖谦(1137—1181):字伯恭,世称“东莱先生”,婺州(今浙江金华)人。南宋著名理学家、文学家,累官直秘阁、主管亳州明道宫。主张明理躬行,学以致用,反对空谈心性,创立了“婺学”,又称“金华学派”。

曾国藩求学于此时，书院的掌门人为欧阳厚均。欧阳厚均是嘉庆初年进士，做过御史，后以母老告归。他本人亦曾是岳麓学子，师从前任山长罗慎斋，后继任山长长达二十七年，门下弟子三千余人，颇有声望。名师高朋的求学氛围，地杰人灵的自然环境，使曾国藩如鱼得水，考试成绩常常名列前茅，平时吟诗作赋也深得师友称赏。

曾国藩进入岳麓书院当年，恰好赶上当年"大比"，他因诗文突出而获得推荐，参加本省乡试，得中第三十六名举人，名次稍后。其时乡试中试定额，湖南全省不过四五十人，应试与录取者的比例约为80：1。两年间接连中秀才、过乡试，实属不易。曾国藩对此也颇为自豪，经常以"科举早售"炫耀于人。

对于早年在岳麓书院的学习生活，曾国藩多年后回忆起来依旧兴味盎然，万分感慨，特作《温甫读书城南寄示二首》，其中第二首写道：

岳麓东环湘水回，长沙风物信佳哉！
妙高峰下携谁步？爱晚亭边醉几回。
夏后功名余片石，汉王钟鼓拨寒灰。
知君此日沉吟地，是我当年眺览来。

中了举人后，曾国藩兴致勃勃地准备参加来年在京举行的会试。他于当年十一月起程赶赴京城，途经长沙时还遇到同乡刘蓉①。刘蓉比他小5岁，但两人一见如故，曾国藩自此开始与这位桐城派古文家交往。

初次来到京城，曾国藩住进长郡会馆，在这里他一边紧张地温习备考，一边广交朋友，与他们切磋学问。

遗憾的是，这次考试曾国藩名落孙山。天下举子竞争有限的名额本属不易，何况曾国藩首次参试，落榜也不足为奇。让他备感庆幸的是，

---

① 刘蓉（1816—1873）：字孟容，号霞仙，湖南湘乡人。清朝湘军将领、桐城派古文家，官至陕西巡抚。代表作有《养晦堂文集》等。

来年有一届三年例考之外的"恩科"。这不仅可以弥补一时的不利，说不定还能一举夺魁，名扬天下。因此，他对来年的这场恩科考试充满期望与信心，希望自己多年来的心血有所收获。他在《岁暮杂感》组诗中感叹："频年踪迹随波活，大半光阴被墨磨。匣里龙泉吟不住，问予何日斫蛟鼍。"由此不难看出，他已经心挠手痒、迫不及待了。为了准备考试，他没有返回湘乡，而是找了个僻静的地方专心读书。这期间，他喜欢上"唐宋八大家"之一韩愈的文章，并终生未改。

然而，事实并没有曾国藩想象的那样乐观。海里的蛟鼍固然难擒，进士这个众人向往的"蛟鼍"更不好斩。在道光十六年（1836年）的恩科考试中，他再次榜上无名。对他而言这次失败的教训也许就在于不该留京读书。婚后首次离家独处，那些高堂闺阁、男女情事时常进入他的脑海，干扰他学习。他在《岁暮杂感》组诗中这样描述当时的心境："高嵋山下是侬家，岁岁年年斗物华。老柏有情还忆我，夭桃无语自开花。几回南国思红豆，曾记西风浣碧纱。最是故园难忘处，待莺亭畔路三叉。"他身处异乡，心中时刻想念家中的老母娇妻，自然无心读书，怎能不落第呢？但他毕竟是个明智之人，很快就总结出这次失败的教训，决定不再逗留京城，立即转由江南回家。

曾国藩回家时路过江苏睢宁，有一天他到书肆闲逛，看到一部印刷精良的《二十三史》，心中十分喜欢，于是不顾囊中羞涩，典卖自己的衣服，又向同乡、睢宁知县易作梅借钱，把书买了下来。回到长沙后，他又与刘蓉、郭嵩焘①在湘乡会馆相聚两个多月，回到家时已身无分文，他将借钱、当衣购书之事如实告诉父亲，曾麟书听了不但没有责备他，反而欣慰地说："你借钱买书，我不怕，尽力想法替你偿还便是，如你能圈点一遍，就算对得住我了。"曾国藩闻言感激父亲的谅解。他牢记父亲教诲，开始闭门苦读，每日黎明即起，读书不止，直至深夜。

---

① 郭嵩焘（1818—1891）：字筠仙，号云仙、筠轩，别号玉池山农、玉池老人，湖南湘阴城西人。晚清官员，湘军创建者之一，中国首位驻外使节。

整整一年时间，他都足不出户。

苦读入翰林，聚财有捷径

时间一晃而过，转眼到了道光十八年（1838 年），这一年又是天下举子进京会试的年头。闭门苦读的曾国藩自然惦记着进京赶考的大事，但这时家里已拿不出足够的路费，只得向同族和亲戚们借贷。为了节省开支，他没有提前起程，而是掐准时间，赶在正月进京，二月开考。三场考试下来，他总算没有辜负家人的厚望，考中第三十八名贡士。

同年四月，曾国藩参加殿试，取得第三甲第四十二名，赐同进士出身。所谓"同进士"，就是等同于进士，即不是进士的进士。因此，凡得中"同进士"者，都觉得低人一等。三甲不仅在称呼上与一甲、二甲不同，更重要的还在于，按照清代惯例，殿试列三甲的"同进士"不能入翰林院，而翰林院又是高官大吏升迁的平台。曾国藩自尊心极强，加上祖父、父亲对他倾注了满腔心血和希望，因此，这个让人难堪的"同进士"不仅让他觉得毫无荣光可言，反而羞愧难当，当天便想起程回家。幸亏时任翰林编修的同乡好友劳崇光①及时赶到，好心挽留劝慰，并答应帮忙奔走，他才回心转意，按时参加了朝考。

按照清制，考生要在殿试传胪②后三日于保和殿再进行一次考试，即朝考。经劳崇光奔走游说，曾国藩最后得中一等第三名，试卷进呈皇帝后，又被道光皇帝拔置为第二名，五月二日引进，最终入选翰林院庶吉士。

庶吉士实际上属于翰林院的见习生，一般为期三年，期间由翰林院里经验丰富的院士负责教习，授以各种知识，三年后进行考核。从清朝"非进士不入翰林，非翰林不入内阁"的惯例来看，一旦成为庶吉士就

① 劳崇光（1802—1867）：字辛阶，湖南善化（今长沙）人。晚清官员，历任翰林编修、广西布政使、广西巡抚、广东巡抚兼署两广总督、云贵总督等职。

② 传胪：科举时代进士殿试后，按甲第（即考试成绩的先后排名）唱名传呼召见。

有机会平步青云，所以庶吉士也号称"储相"。当时的汉人大臣多出自庶吉士。曾国藩在短短几个月之内，由举人到进士，又进入翰林院为庶吉士，终于爬到科举阶梯的顶点，跻身仕途已经毫无悬念了。

道光十八年（1838年）八月，曾国藩与同乡好友郭嵩焘等人由汉水南下，经襄阳回到湖南，于十二月抵家。

翰林荣归，喜讯早就传遍湘乡老家，自然是亲友纷至，阖家欢腾。曾国藩的祖父曾玉屏几十年的夙愿终于实现，但他心里也非常清楚，孙儿点翰林只是升官进仕的第一步，曾家门第的光大还需要投入更多的精力，关键是如何保证孙儿全心全意地投入事业，不受任何外来干扰。因此，他在亲友欢庆的酒宴上交代儿子曾麟书说："我们家以务农为业，虽然富贵，但不能丢掉本业。他做了翰林，事业刚刚开始，我们家中的日常开支不需他过问，以免操心过多。"这对曾国藩是一个很大的支持，使他在京可以安心做官。

实际上，曾国藩起初最缺乏的就是祖父的胸怀和气量，平时总爱关注家中鸡毛蒜皮的琐事。在京时，他一再埋怨家人给他写的信太短，不够详明。道光二十年（1840年）二月初九，他在给父母的信中说："来信须将本房及各亲戚家附载详明，堂上各老人须一一分叙，以烦琐为贵。"道光二十二年（1842年）七月初四，他又在信中说："儿子多次接到家信，都嫌写得不详细，以后希望详细训示。"同年九月十七日在给祖父母的信中，他更是说："孙儿每次接到家信，都嫌不够详细，以后务必写得详细明白。即使是乡里的田宅婚嫁之事，都不妨写出，使远在外地的孙子能像在家里一样，尤其是各族亲戚家，更务须一一告诉我。"

游子思乡心切，要求家信详明，倒也无可厚非，但另一方面曾国藩却养成爱管家中细务的癖好，许多不该他管的，甚至明知管也无用的，他都要插手。道光二十二年（1842年）八月十二日，他给父母写信说："正月十二所置办的寿具，不知是否漆过？万不可用漆匠黄二。这个人我非常讨厌他，而且他也不会尽心尽力地办好这事。"针对此事，他在九月十八日给诸弟的信中又说："在省城时买漆没有？漆匠请的是谁？来信请详细一些。"后来，他因为干预此事受到祖父和父亲的训斥，在十二月二十日的信中又解释说："既然已经请了黄二来漆寿具，也好，我决不会跟这样的小人计较，只是担心他不尽心尽力地做。"接着又说："听说瓷灰不能多用，用多了，时间一久就容易脱落，不如多漆一点，漆厚一点，有益无损，不知行不行？以后每年都要漆一遍，我每年一定给家里四两银子，专门用来买漆。"既已讲到付钱，他又怕家里人不专款专用，于是接着写："九弟上次带回银子十两，作为家里吃肉之用，不知是否已用完？"

从这些家信往来可以看出，曾国藩在"不为家事分心"的问题上的确有违父祖辈的告诫，但就整体而言，他仍然是曾家的孝子贤孙，处处关心祖父的爱好，而且能声息相通。

曾玉屏最大的心愿是希望子孙光大门楣，现在曾国藩点了翰林，正圆了他的门第风光之梦。眼下，他打算将这翰林的荣耀和声威送到所有的亲族家，尽量扩大影响。

当时，乡间盛行学子进学、中举后拜客的习俗。所谓"拜客"，就是新毕业的学生得到高升的喜报后，坐轿子戴红顶帽到各亲戚家上门拜访，然后在自家置办酒席，受拜的亲戚应邀前来喝酒庆贺，并送上贺礼。

由于曾玉屏有意扩大影响，所以曾国藩拜客的范围也就非同一般了。他不仅拜亲戚，还拜亲戚的亲戚；不仅拜同宗同祖的本家，还拜素无往来的同姓本家；连非亲非故的各地乡绅豪门也拜；拜访的地域除本地本县外，连湘中、湘南各州各县都去拜……这样一来，数月之间，曾国藩拜客的足迹遍布湘乡、宁乡、衡阳、清泉、耒阳、永兴、邵阳、武冈、新化、安化十个州县。更奇特的是，他拜客的酒饭不是由自家置办，而是由东家供给。每到一处，他往往是一宿三餐，有的地方甚至一住数日，而且每到一处，别人还要敬奉相当可观的贺礼，否则这位新授的翰林就会大发雷霆，让接待者"愧畏"不堪。

曾国藩拜客先从岳父家开始。他在道光十九年（1839 年）正月十六的日记中写道："饭后去欧阳沧溟先生家，跟随的有仆从一人，抬轿的八人。这天他家开了两桌酒席。十七日，饭后从岳父家去欧阳宗祠，共开八桌酒席。夜晚宿住在欧阳宗祠。"至于收了多少贺礼，日记中没有记载。

也许是为了行路方便，曾国藩拜曾氏宗祠反而安排到拜过欧阳宗祠之后。十八日之后，曾国藩在日记中写道："十八日，由欧阳宗祠去庙山家祠，夜里住在洣石渡的王家，家祖也在此住宿。十九日，由王家到宗祠。二十日，在家祠，到各处坟山扫墓。二十一日，在家祠，祠内的经管请外姓人吃酒，四十余席。"

四十余席，将近四百人，场面宏大。之所以请外姓人吃酒，无非是与异姓乡邻分享曾家的荣耀，也是变相地向外姓人炫耀。至于是否收贺礼，不得而知。曾国藩在正月二十三的日记中写道："由塘头湾回家，傍晚到。"

这是曾国藩第一次出门拜客，时间并不长，可能是因为本家和岳父家不是受纳贺礼的主要对象，即使收礼钱也不会太多，因此他在日记中既没有提到中途派人送钱回家，也没有直接提到贺礼的事。

但曾国藩第二次出门拜客就大不一样了。他原本定于正月二十七出发，抬轿跟班的也增加到十人，但因为他的儿子和妹妹的孩子突然病重，于是延期到二月初十才起程。这次拜客主要在湘乡本县，前后共四十四天。他在这段时间的日记中记载了有关礼钱的事情：

"二月十八日，晴。这天派屈二和萧三送钱叁拾仟回家，并顺带庚书和鞋样。"

"三月初八日，晴。以前寄钱肆拾捌仟在江行的八母舅家，这天夜晚写信给江行的舅母家，明天派人去取钱送回家。"

"十四日，阴。今天请客一席。上半天写对联，夜晚拆银封。"

"十五日，阴。昨日，仙舫回书来，送银贰拾两。"

曾国藩第三次拜客历时八十二天，行迹远至衡阳、清泉、永兴、耒阳等县。这次的收获更为丰厚，有些贺礼还是他自己撕破脸面争取来的。他在四月初八至十三日的日记中写道：

"初八日，早起下大雨，中午的时候天又大晴。由琥翰堂前往松陂曾祠，顺便扫墓三处……下半天过金兰寺，天黑才赶到曾祠。"

"初九日，晴。住松陂曾祠，写字数幅。"

"初十日，晴，天气炎热。由松陂祠步行四里，到黄蓉浦家。今天松陂祠没有准备贺礼。前年父亲到此祠送匾，他们还说要送钱来家里祝贺，后来食言，现在又说贺礼要到八月送去。另外，前天要我扫墓，情理不顺，我大发雷霆，祠内人都非常愧畏。"

"十一日，晴，天大热。黄蓉浦过生日，欧阳巨六也在昨天来黄家。今天唱戏，客人很多。"

"十二日，晴，大热。面湖凶昨天有人来接，订在十四日准时到……松陂曾氏请人说情，送来押钱陆拾肆仟。"

"十三日，晴，傍晚大风。由黄家起身，夜宿软比桥，派吴六送信和钱回家。"

如上所述，松陂曾氏被曾国藩盛气厉责，愧畏之余，请人说情并送来押钱陆拾肆仟。

曾国藩拜客敛财，大体上有其暗定的标准，尽管当时还没有完整的计时和计件的酬劳计算方法，但是他在松陂停留的时间很长，又是写字，又是扫墓，所以会多要钱，加上还有陈年旧账，所以要额外加收。当然，他也拜访一些书香门第、富裕人家，他们只讲接待排场而不在意贺礼。对此，曾国藩无从发作，只好在日记中叹息，比如："辰后仍写对联、条幅。益能叔侄款待非常丰盛，馈赠也很丰厚。"

从道光十八年（1838 年）十二月到家，至道光十九年（1839 年）十一月初二进京参加"散馆"考试，曾国藩在家停留将近十个月，计二百九十多天，先后外出拜客四次，最短的七天，最长的八十二天，共计一百九十八天。拜客期间，他除了给人写对联、条幅、匾额，偶尔作序跋之外，还兼做婚嫁保媒、田地买卖中介以及词讼等事，这些所谓的应酬实质上都是交易。由此可以看出，曾国藩点翰林后为庶吉士坐馆学习的一年，实际上是以翰林的荣耀身份通过拜客活动在家乡敛财的一年。这一举动反映了一个热衷功名的土财主的子弟，在考取功名后春风得意、炫耀乡里的心态，也是一种乡儒的酸腐心理。这种心态既有传统和地域风俗的因素，也来自他的祖父、父亲及其本人三代人长期以来的心理聚积。这些都发生在曾国藩成名之前，习俗如此，不必深责。

道光十九年（1839 年）十一月初二，曾国藩离家前往京城，经湘乡县城绕道宁乡，再由宁乡到长沙乘船，经岳州北上汉口，沿途继续拜客。路过汉口时，他又停留了几天，原因还是拜客。此后，他在路过河南开封时同样拜客四天，收获也很丰厚。他在道光二十年（1840 年）二月初九给父母的信中说："十二日至河南省城，拜客耽误四天，获百余金。"可见，曾国藩此次北上进京也是顺路敛财，而他拜客的范围已经遍及南北三省。

自省方惊觉，初立圣人志

道光二十年（1840 年）正月二十八，曾国藩抵达京城，不久住进圆明园挂甲屯的吉升堂客栈，开始用功应考。

四月十七日，散馆考试开始，这次考试内容是一赋一诗。曾国藩自称以诗赋见长，因此考得较为顺利。第二天考试揭晓，他得了二等第十九名。这天，他在日记中记述了考试的结果："十八日，搬回城内住宿。这天出榜单，我考取二等第十九名。一等共十七人，沈念农（沈祖懋①）第一。二等共三十六人，三等三人。"

这次考试，曾国藩虽然逃脱了三榜，但倒数第二十一名的成绩也并不理想。按照清朝惯例，他至多只能被派往各部任主事之类，甚至有可

---

① 沈祖懋（？—1870）：字念农，号恬翁，浙江杭州府仁和县人。晚清官员，历任翰林编修、提督山西学政、国子监司业、提督安徽学政等职。

能被外放到地方出任知县。中国传统的做官之道都是重中央轻地方，即使中央的俸禄比地方低，但可以结交朝中大臣，所谓"近水楼台先得月""朝中有人好做官"。更重要的是，在中央为官，尤其是在翰林院，属于天子近臣，与皇帝、皇子及近支王公有较多的接近机会，多蒙优待厚遇。同时，明清时期科举考试均由翰林官主持，形成座师①制度，文脉与人脉相互交织，使翰林的影响延伸至各个领域。翰林在知识界享有崇高声望，对社会的方方面面发挥巨大影响。

曾国藩眼看自己留京无望，心中不免忐忑不安。幸运的是，他遇上了千载难逢的好机会。这次参试的十六人中，仅两人被分发各部，三人被外放任知县。也就是说，只有五个人不留馆，这样一来，无论如何也轮不到倒数第二十一名的曾国藩了。这种情况前所未有，而且以后也没有出现过，仿佛是上天为了让曾国藩留京而特意安排的。

曾国藩侥幸留馆，自然就有了升迁的希望。不过，这时翰林院的官员已多至一百四五十人，竞争十分激烈，因此，升迁的希望十分渺茫。也许他认为既然能留在翰林院，一定会有被额外起用的机会，所以思想渐渐松懈下来，进取的锐气也随之消散，成天纵酒狂欢，一晃数十天就过去了。

在翰林院，读书养望、切磋交结是"本职工作"，无可厚非，但如果天天如此，终究学不到经世韬略。年轻气盛的曾国藩除了往来吃请、虚度光阴之外，还有好色和爱凑热闹的毛病。他在日记中记载了这样两件事：

道光二十二年（1842 年）十二月，曾国藩的朋友陈源兖新纳一妾，貌若桃花。曾国藩得知此事后，心中艳羡不已。一天，他借故到陈源兖家中拜访，极力称赞其艳福不浅，并强烈希望一睹芳容。陈源兖无奈，只得唤出娇妾。曾国藩见到美人后，忘乎所以，竟当面挑逗起对方来。

时隔数日，曾国藩听说要在菜市口处斩一名武臣，旁人邀他一同前

---

① 座师：明清时期举人、进士对主考官的尊称。

去看热闹，他欣然前往。杀人这样的事情都要去凑个热闹，连曾国藩也觉得自己"仁心丧尽"。走在路上，他开始后悔，但碍于朋友的面子又不好意思马上折返，因此徘徊良久才回去。

翰林身份毕竟是苦读得来，曾国藩不甘心就此毁了自己，更不敢辜负家中两代老人的一片苦心，他开始反省，最后决定用制度来约束自己的言行。他在这年六月初七夜间补写的日记中说：

散馆留京后，本该发愤用功，但天天玩耍虚掷光阴，不知不觉就过去了四十多天。前些日子写信回家，商议接家眷到京城来。此外，还寄了几封信，作了一首祝寿的应酬文章，其他的事情都被忽略了。这样懒散度日，所以也没有什么好记录的。现在打算从今往后，每天早起，先练习大字一百个，再作一点应酬文章。辰时过后开始温习经书，有什么心得就将它记到《茶余偶谈》中。从酉时到亥时读文集，也记录在《茶余偶谈》里；再有时间就作点诗文，天黑点灯后不再读书，但可以作文章。

计划是有了，但实行后究竟能达到什么效果？往日的志向是否还有可能实现？万一不能长进是否能守住已有的成就？万一守不住又将是何等难堪的局面？……所有这些，他根本无法预知，因而内心饱受折磨。对此，他用沉重的笔触接着写道：

回想自辛卯年改号"涤生"，"涤"，是取涤其旧染之污的意思；"生"，是取明代袁了凡的话"从前种种譬如昨日死，以后种种譬如来日生"。改号至今已有九年，但不学如故，岂不可叹！我今年已经三十岁了，资质禀赋都很愚钝，加上精神亏损，此后还能做出什么成就？但求勤俭有恒，不放纵逸欲，以丧失体内的元气；在不断克服困难中求得知识，有了知识就勉力实行，希望有一点点的收获，不至于有失翰林的体面。时时严格要求自己，不致因生活安逸而滋生贪念。就像种树一样，肆意滥伐之后，连牛羊都无法放养；又像点灯一样，灯油快要燃尽的时候，一点点微风就能将它吹灭。希望逐渐养好精神，不致死得太早。如果能够持之以恒地用功，则可以保身体，可以自立，上可以侍奉父母，下可以蓄养妻子，可以惜福，不使祖宗积累的福报被我一人独享而尽，可以无愧翰林这个称谓，还能以文章报国……

　　从这篇日记可以看出，曾国藩已经意识到自己改号"涤生"以来不但没有涤除旧染之污，反而愈染愈脏。想到这里，他不仅失去了锐意进取的勇气，甚至连活下去的信心都没有了。他以"斧斤纵虐之树"与"膏油将尽之灯"自比，竟然只求"逐渐养好精神，不致死得太早"。但是，他并不甘心如此，想来想去留给自己一个似有似无的希望：能够持之以恒地用功，则可以保身体，可以自立，上可以侍奉父母，下可以蓄养妻子，可以惜福，不使祖宗积累的福报被自己一人独享而尽，可以无愧翰林这个称谓，还能以文章报国……

　　古往今来，立志之人比比皆是，但是真正能实现自己人生理想和抱负的人却是凤毛麟角，更多的人在自我考验的关口被淘汰。曾国藩的与众不同之处正在于，他脚踏实地地实践了自己的志向。

　　作为清王朝统治的心脏，京城聚集了全国的顶尖人才，翰林院更是精英之渊薮。从这些人的言行举止中，曾国藩常常领略到清风逸气，与湖南乡下有天壤之别。他很快发现，这些人的精神气质和他以前的朋友大不相同，尤其是那些理学信徒，有着清教徒般的道德热情。他们自我要求严厉峻烈，对待他人真诚严肃，面对俗世红尘内心坚定。正是这些人给了他极大的影响——30 岁前他的人生目标只是功名富贵、光宗耀祖。30 岁之后，他检讨自己，自惭形秽，立下了"学做圣人"的宏伟之志。

　　"圣人"是儒学信徒的最高人生目标。儒家经典中的所谓"圣人"，是达到完美境界的人。圣人通过自己的勤学苦修体悟天理，掌握天下万物运行的规律。因此，他的一举一动无不合宜，对内问心无愧、不逾规矩；对外经邦治国、造福于民。这就是古来圣贤常说的"内圣外王"。

儒家认为，一个人修炼到圣人的状态，就会"无物、无我""与天地相感通"，就会"光明澄澈""从容中道"，达到极为自信、愉快的精神状态。

曾国藩把目标锁定为自我实现，也就是做个"完人"。在他看来，只要实现了这一目标，其他目标也就水到渠成。他在写给诸弟的信中说，不必占小便宜，要"做个光明磊落、神钦鬼服之人，名声既出，信义既着，随便答言，无事不成，不必爱此小便宜也"。转变了观念的他认为，如果你是一个光明磊落的伟人，那么人生的日用、建功立业等都不在话下。

以"完人"为人生目标，可称得上是"取法乎上"。这一志向，驱使曾国藩一生不在小诱惑、小目标、小成就面前止步，无论面对多大的困难都不苟且、不退缩。

第二章 修身齐家观天下，献言献策谋实政

尊师重友情，博采众人长

曾国藩立志自新后，开始注重慎交师友，对老师恭敬，对同僚敬重，对学友挚爱，博采众人之长，不但建立了一个细密的关系网，而且在处理人际关系上也轻重有别、拿捏得当，颇为老练。

翰林院是个带着浓厚学术色彩的官署，也是个官多事少的清闲衙门。其主要职责包括：一是充经筵日讲；二是掌进士"朝考"之事；三是论撰文史；四是稽查史书、录书；五是稽查官学功课；六是稽查理藩院档案；七是入值侍班；八是做扈从；九是充任考官；十是考选、教习庶吉士。

曾国藩进入翰林院时，正是翰林院的极盛时期，他先被派往国史馆充任协修官。协修官是在馆中额定纂修官不敷使用的情况下增设的纂修人员，主要由官职较低又具备修史才能的人组成。国史馆虽然也有考勤制度，但经常变化，开始时议定纂修官每月必须到馆十四五天，月月统计；后来改为半年一统计，凡半年到馆不满七十天的，下半年补足；再后来又采用"堂期考勤"，即规定每月三、六、九为堂期，届时到馆由考勤人员登记在册。因此，曾国藩的协修工作十分清闲自由，上班日子少，在家时日多，为他广交朋友、增长学问，进而扩大影响带来便利。

《礼记》说："独学而无友，则孤陋而寡闻。"曾国藩到达京师之后，深切感受到天外有天、人外有人的压力，于是对有用之人主动亲

近，而对于学无补、无益于仕途的人则"渐次疏远"。

据曾国藩的日记记载，在他充任协修这段时间，经常往来的有100多人，其中有跟他同期中举、中进士的在京同年，有湖南的同乡，有翰林院的同事，也有留京备考的举子，还有学界、政界的前辈。而且他交往的频率也很高，几乎每天都有客人来访或者自己外出拜访，最多的时候一天接待、外访客人数十位。

对于交友，曾国藩内心也有过矛盾。因为人际交往需要占用很多时间和精力，必然影响读书求知。因此，他曾想过不再花费时间去交际，而是用功读书，争取做个有学问而不失体面的"词臣"。但是，他又觉得自己出生于穷乡僻壤，见识太少，所知有限，需要在与人交往的过程中开拓眼界。所以，他与朋友的交往大多与学习有关，或探讨问题，或交流心得。他与朋友除了集体会课（也称联课）、个别交谈外，还以相互传阅、批改作业的形式题咏赠答。此外，为了宣传自己，他还经常将自己的文章墨迹赠送他人。

在交朋结友时，曾国藩并非"无的放矢"，而是有意结交四种人：一是忠义血性之人，二是胸怀大志之人，三是学富五车之人，四是品德高尚之人。在曾国藩看来，"相交可知人""习俗可染人"，所以他的交友原则是相交以诚、与人为善、大度宽容、胸襟坦荡、不苟求于世。因为只有这样，才能使自己的事业兴旺发达。事实上，也正是与诸多好友的相知相遇，才成就了曾国藩的辉煌人生。

比如刘传莹，专攻古文经学，精通考据。道光二十六年（1846年），曾国藩在城南报国寺养病时读了古文字学大家段玉裁的《说文解字注》，之后向刘传莹请教古文经学与考据。刘传莹也向曾国藩请教理学。二人互相切磋，取长补短，成为至交。

又如何绍基，精通书法，擅长吟咏，对文字学、经史都颇有研究。曾国藩在交往中发现何绍基的长处正是自己的不足，从此，他非常重视写作和赋诗，并常常与何绍基切磋诗文。

再如邵懿辰，少年时就有著作传世，是曾国藩讨教今文经学的主要对象。曾国藩到京师时，邵懿辰任军机章京，由于他才思敏捷、下笔成章，当时许多大型活动，尤其是皇帝颁发的诏谕，多由他草拟。在繁忙的军机之余，他与文章大家唐鉴、梅柏言等人"以文章道义相往来"。曾国藩后来师从唐鉴，因而对邵懿辰也格外敬重。

这一时期与曾国藩相交最为契合的是吴廷栋①。曾国藩在给家人的信中说：

吴竹如最近来得比较多，一来就坐下作终日的倾谈，所讲的都是一些修身治国的大道理。听他说有个叫窦兰泉的好友，见识十分精当平实。窦兰泉也熟知我，只是彼此至今未曾见面交往。竹如一定要我搬到城里去居住，因为城里的唐鉴先生可以当我们的老师，加上倭仁②先生、窦兰泉也可以作为朋友，经常来往。师与友从两边夹持着我，我想，自己即使是懦夫也会变得坚强起来。子思与朱子曾经认为学习之事就好像炖肉，首先必须用猛火来煮，然后再用小火慢慢煨。我反省自己，生平的功夫从来没有用猛火煮过，虽然也有一点小小的见识，但那都是靠自己的领悟能力得来的。我偶尔也用过一点功，但不过是略有所得。这就好比没有煮开过的汤，依然用小火慢熬，结果是越煮越不熟。因此，我急于要搬进城去，希望能摒除一切杂事，从事修身养性的克己之学。倭、唐两先生也劝我赶快搬。然而，城外也有些希望经常见面的朋友，如邵蕙西、吴子序、何子贞、陈岱云等。

翰林学问，文章经世，曾国藩为自己有那么多良师益友，有如此多值得学习的榜样而兴奋不已。他在信中不无自豪地告诉家人："我等来到京城后，才开始有志学习写诗写古文并习字之法，但最初也没有良

①　吴廷栋（1793—1873）：字彦甫，号竹如，安徽霍山人。咸丰、同治两朝历任刑部主事、直隶河间知府、山东布政使、刑部右侍郎等职。笃信程朱，著有《拙修集》。

②　倭仁（1804—1871）：字艮峰，又字艮斋，蒙古正红旗人。晚清大臣、理学家，担任过工部尚书、文渊阁大学士、文华殿大学士等职，作为"理学名臣""三朝元老"参预朝政，为同治年间顽固派首领。

友，近年来得到一两位良友，才知道有所谓治学者，有所谓躬行实践者，才知道范仲淹、韩琦等贤臣可以通过学习做到，才知道司马迁、韩愈的文章水平通过学习也可以达到。程颐、朱熹那样的境界也可以通过学习达到。"这些人物，在以前的曾国藩看来简直是高山仰止，可望而不可即。但在京师两年后，通过朋友们的开导，他终于认识到"圣贤豪杰皆可为"的道理。

在广交新友的同时，曾国藩也十分注意联络旧时志向相投的老朋友，尤其是他的湘籍朋友，比如江忠源、罗泽南、欧阳兆熊、陈源兖等。

江忠源，字岷樵，湖南新宁（今属邵阳）人，生性刚直豪爽，重视经世之学。他非常留心时势发展，尤以气节相尚。一次，他与同乡刘长佑①造访曾国藩，初次见面，曾国藩对他们称赞有加，说："江公与刘公皆有平定叛乱之才。"当时清王朝虽然危机四伏，但并没有战事，所以江忠源与刘长佑被夸得有点莫名其妙。由于三人同属湘籍，曾国藩只比江忠源年长 1 岁，因此江忠源在他面前毫不拘束，经常高谈阔论一番后告辞而去。曾国藩目送远去的江忠源，心中十分叹服，感慨"平生没有见过这样的人"，随后又说"此人必立功名于天下，然当以节义死"。后来的事实验证了曾国藩话里的玄机。在彼此的交往中，江忠源认为曾国藩有胆有识，曾国藩则称赞江忠源"儒文侠武"。后来，江忠源果真成为湘军的主要干将。

罗泽南，字仲岳，号罗山，与曾国藩是同县人，比曾国藩年长 5 岁。他幼年丧父，家境贫寒，母亲夜晚借着燃烧的糠粃或松香的光纺纱，他则借着微弱的火光读书，先后肄业于湘乡涟滨书院、双峰书院及省城城南书院。穷苦使他一早就承担起家庭的重负。19 岁那年，他走出家乡，开始以教书谋生。没过多久，他的母亲离开人世。道光十五年（1835 年）夏秋之交，湘乡大旱，瘟疫流行，罗泽南参加长沙乡试后徒

---

① 刘长佑（1818—1887）：字子默，号荫渠（一作印渠），湖南新宁人。晚清湘军名将，曾任广西布政使、广西巡抚、两广总督、直隶总督、广东巡抚、云贵总督等职。参与过镇压太平军起义、天地会起义、鲁西北白莲教起义、沧州盐民起义。

步回家，夜半叩门，却听见家中哭声大作，方知三个儿子都被瘟疫夺去了生命。七尺男儿无法接受这个现实，饥饿、贫困与灾难的多重打击使罗泽南昏倒在地。道光十八年（1838 年），罗泽南与同乡学者刘蓉相识，两人在一起探讨《大学》的明新之道，成为莫逆之交，此后经常书信往来，谈论先贤经世之学。次年，罗泽南第七次参加乡试，得入县学生。道光二十四年（1844 年），罗泽南在城南书院授课，曾国藩的两个弟弟曾国华、曾国荃都在他门下受业。他的教学内容和方法都不同于一般塾师，除了教人识字启蒙、应试科举之外，还教人静心养性，练习跳高和拳棒，上午讲学，下午操练。这种教学方法招来不少学生。曾国藩对罗泽南十分敬慕，称他为家乡的颜渊。

欧阳兆熊，字晓岑，湖南湘潭人，与曾国藩的岳父欧阳凝祉是同族。他家资丰厚，为人慷慨大方，因为屡试不第，就放弃了科举这条道路，以医术行走江湖。他可算是曾国藩的救命恩人，道光二十年（1840 年）七月，曾国藩病倒在果子巷万顺客栈，病情严重，卧床不起。同寓的欧阳兆熊当即将精于医术的吴廷栋找来，在他们的精心护理下，曾国藩大病三个月后渐渐康复。从此，他与欧阳兆熊、吴廷栋成为莫逆好友。

在与曾国藩同年的进士中，便有前文曾提及的的陈源衮。陈源衮也是湖南人，道光十八年（1838 年）会试京城、中进士时，曾国藩就与他建立了良好的关系。两人相互帮助，坦诚相见，彼此从不隐讳自己的观点。道光二十三年（1843 年），陈源衮大病一场，曾国藩几乎天天去看望他，有时甚至通宵达旦地守护在他身旁。次年，陈妻病逝，曾国藩帮助陈源衮操办后事。陈源衮与妻子感情深厚，对妻子的过度思念直接影响到为官处世，对此，曾国藩曾在信中严厉批评了他。

在为人处世上，曾国藩面对师长前辈总是遵循一个"敬"字，比如对老师吴文镕①，他逢年过节都要去拜谢。后来吴文镕升任江西巡

---

① 吴文镕（1792—1854）：字甄甫、云巢，号竹孙，江苏仪征人。晚清官员，官至云贵总督、闽浙总督、湖广总督，在黄州被太平军击败后投水自杀。

抚，赴任时，曾国藩更是送了一程又一程，一直送到彰仪（今河南省新乡市获嘉县）。

祁寯藻①当时颇得道光皇帝的信任，也算是曾国藩的师长辈。曾国藩知道他喜爱字画，便买来最好的宣纸，写了二百六十个一寸大的大字，恭恭敬敬地送上。祁寯藻为此高兴不已。

对于同辈同僚，曾国藩在交往中遵循一个"谨"字，即保持一定的距离，不过分亲近，但尽职尽责，比如他主持湖广会馆事务，每逢节令时日都办得很周到。对于同学，他在交往中则遵循一个"亲"字。他认为同学情谊不源于天然，但又胜过天然，因此主张对同学要有求必应，尽己所能。

在翰林院任职期间，曾国藩也有自己的兴趣和爱好，时不时会去庆和园、天和馆听戏，去琉璃厂逛街，或在家读《龙威秘书》之类的闲书。他对围棋更是又爱又恨，伤透了脑筋。当时，京中同僚友人如刘谷仁、何子敬、何子贞、黄鹤汀、汤海秋等，都是他的棋友，隔三岔五就要对弈几局。后来，曾国藩师从唐鉴等人，致力于程朱理学，开始每日求过改过、克己窒欲。烟戒了，"喜色"的毛病也改掉了，弈棋自然也要戒掉。他明白沉溺于围棋，不但有碍于自己进德修业，而且颇耗精力。因此，当友人劝他戒棋时，他也横下心来去戒。

道光二十四年（1844 年）四月的一天，他在日记中写道："夜晚，与筠仙（郭嵩焘）下围棋两局，头昏眼花，以后永戒，不再下棋。"但是，谁想他没隔一日就破了戒，次日与"筠仙下围棋，复蹈昨日之辙"，又次日与"黄鹤汀下围棋"。曾国藩一向讲究养生之道，只要身体略感不适，便会想到戒棋，但最终还是未能戒掉。至于后来，无论在军旅还是在总督任内，围棋都是他日常生活的一部分，而且棋瘾越下越大，每日非一两局不可，直到他去世为止。

---

① 祁寯藻（1793—1866）：字叔颖，号实甫，山西寿阳县人。历任军机大臣、左都御史、诸部尚书，体仁阁大学士、太子太保。世称"三代帝师"（道光、咸丰、同治）、"四朝文臣"（嘉庆、道光、咸丰、同治）、"寿阳相国"。

钻研圣贤书，修身养心性

在结交良师益友的同时，曾国藩还致力于修炼自己的内在素养、胸襟，提高自己的学识水准。

早在长沙读书时，曾国藩就接受了比较系统的儒学教育。成为翰林院庶吉士后，他更是踌躇满志，一心想要成为像诸葛亮、陈平那样的"布衣卿相"，要做孔孟那样的大儒。

为了成为一代大儒，成为世人仰慕的圣贤，他开始广泛涉猎儒家的经、史、诗、文，从司马迁、班固、杜甫、李白、韩愈、欧阳修、曾巩、王安石、苏轼、黄庭坚、方苞到近世诸家的著作，他都一一找来阅读详记。从道光二十一年（1841 年）正月起，他开始集中精力攻读正史，先读《汉书》，后读《明史》。由于正史内容庞杂，难以记忆，他又改读《易知录》，接着再读《汉书》，并穿插阅读《史记》。这些对他日后的帮助很大，尤其在草拟奏折方面发挥了很大作用。

道光二十一年（1841 年）七月，曾国藩因为大病后一直感觉自己的身体和精神状态不够好，开始注重心性修养，但是苦无良师。一天，他从朋友黄恕皆处再一次听说了有关唐鉴的情况，觉得很有必要再去拜访一下这位著名学者。

这一年，唐鉴由江宁藩司调任太常寺卿，道光皇帝在乾清门接见他时，曾国藩正好作为翰林院检讨侍驾在侧。道光皇帝极力称赞唐鉴对朱子之学的研究成就，并表彰他能按"圣学"之教去躬身践行，是朝廷的好官。道光皇帝的这番称赞，使曾国藩对唐鉴生出几分羡慕崇敬之情，于是主动到唐鉴家以弟子之礼拜见。

年过花甲的唐鉴对曾国藩这位小同乡略有耳闻，对他勤奋好学、自投门下的谦恭表现也很满意，两人谈得十分投机。这次谈话，可以说是曾国藩人生的一个转折点。

在谈话中，曾国藩向唐鉴请教读书、修身之法。唐鉴结合自己的人生经验告诉他，读书当以《朱子全集》为宗，这是修身的典籍，不仅要深读细研，还要躬身实行。而修身则要以"整齐严肃、主一无适"八字为诀。修身检讨自己的最佳办法就是写日记，写日记一定要诚实无欺，连最丑的私心也要写出来，最丑的事更不能漏，对着圣贤天天检讨，慢慢靠近圣贤的境界。

这是一次内容广泛且讨论极其深刻的谈话，理学的主旨要义以及治学修身的原则方法无不涉及，对曾国藩一生的治学和修身都产生了深远影响。

谈话中，唐鉴还向曾国藩介绍了倭仁，尤其称赞倭仁在"戒欺"上做得最好，不自欺、不欺人，可称为圣贤。

作为唐鉴的弟子，倭仁的读书、修身之法也是从唐鉴那里学来。倭仁笃守程朱理学，对道、咸、同三朝的士人影响极大，这种影响首先通过他的日记流传开来。倭仁的日记主要记载自己修身的心得体会，一般是格言警句式的语录。由于唐鉴的推举，曾国藩不久就拜访了倭仁。倭仁的教导与唐鉴如出一辙，在内省方面，他对自己的要求甚至比唐鉴更严格。他介绍说，自己的微念稍一萌动，就赶紧记在日记中，等到静坐时，再仔细辨别这些微念，将那些不合圣贤规范的意念消除在萌芽状态，使自己的心术、学术、治术归之于一。

与唐鉴交谈过后，曾国藩虽有"昭然若发蒙"的感觉，但没有立即付诸行动。与倭仁的交流，就像是对他致力于理学行动的一次督促，第二天他就行动起来，在日记中记述自己加强静坐和阅读《易经》的举动。首先，在读书方面，他从系统读史转向学《易经》。唐鉴平常最喜欢读的书是《易经》，而孔子也说"五十而学《易经》，可以无大过"，受他们的影响，曾国藩希望通过《易经》的哲理指导自己的修身行为。其次，他给自己定下一个高远的目标，要达到"天地位、万物育"的境界。再次，他开始检点自己的言行，反省个人不足。

此后，曾国藩经常与唐鉴一起研究学问，探讨朱子理义之学。在唐鉴的教导和影响下，他又为自己立下十二条"日课"。

一、主敬：整齐严肃，无时不惧。无事时心在腔子里；应事时专一不杂。清明在躬，如日之升。

二、静坐：每日不拘何时，静坐四刻，体验静极生阳来复之仁心，正位凝命，如鼎之镇。

三、早起：黎明即起，醒后不沾恋。

四、读书不二：一书未完，断不看他书，东翻西阅，徒循外为人，每日以十页为率。

五、读史：念二十三史，每日圈点十页，虽有事不间断。

六、谨言：刻刻留心，第一功夫。

七、养气：气藏丹田，无不可对人言之事。

八、保身：节劳节欲节饮食，时时当作养病。

九、日知其所亡：每日记《茶余偶谈》一则。分德行门、学问门、经济门、艺术门。

十、月无忘所能：每月作诗文数首，以验积理之多寡，养气之盛否，不可一味耽着，最易溺心丧志。

十一、作字：早饭后写字半时。凡笔墨应酬，当作自己功课，不留待明日，愈积愈难清。

十二、夜不出门：旷功疲神，切戒切戒！

这是曾国藩为了实现自己的抱负定下的规条。此后，他又立《立志箴》《居敬箴》《主静箴》《谨言箴》《有恒箴》，并将它们高悬于书房内，严格要求自己。唐鉴也经常检查他的日记，帮助他修身自省。

曾国藩谨遵唐鉴和倭仁的要求一一实践，但打坐静思十分困难，每次刚坐下来他就打瞌睡，瞌睡中又尽做些升官发财的美梦。于是，他在日记中痛骂自己，并把日记交给倭仁看，让他帮着骂自己。几个月后，他得了失眠症，整日精神不振，身体也一天比一天虚弱，对"日课"中的"静坐"一节再也无法坚持下去。对此，他的解释是"天既限我不能苦思，稍稍用心，便觉劳顿，体气衰弱，耳鸣不止"。

　　静坐是理学家的修养功夫之一，曾国藩初学之时难以做到，是因为他物欲过盛，不可致静，但他在体会静的意境时，却注意到理学修养的静坐与佛教入定的区别。理学家的求静与释家入定的根本区别在于两者的世界观不一样。理学家认为，宇宙运动的根本规律是由静到动，唯有其静，才能有动。根据这个原理，人的心性修养必须更多地保持静态，只有平常能静，动时才会有效地动作。释家则认为一切都是虚幻，世界原本就是空的，所以人的身心必须保持绝对的静，而这种绝对的静实际上是不可能达到的境界。

　　自身的修养，贵在从生活细节入手，从那些看似微不足道的小事开始，从遏制恶念贪欲的萌芽开始。《易经》说："善不积不足以成名，恶不积不足以灭身。"这是关于修养最具有实践意义且最富哲理的名言。一个人要想"积善"而不"积恶"，要想成为"君子"而非"小人"，首先必须严格要求自己。

　　现实中，每个人身上都或多或少存在缺点，而要改正自身的缺点，首先要认识它们；而要认识自己的缺点，首先要承认它们。在这一点上，曾国藩确有过人之处。他对理学的"戒欺论"身体力行，不仅勇于剖析自己，严于自责，更能把自己生活中的不检点之处、内心世界的不光明之处，及时大胆、毫无保留、深刻彻底地加以揭露和批判。例如，道光二十二年（1842年）十月初八，他在日记中记述了自己为好友何绍基的画册题诗一事，大胆地说出心中的隐晦：一是自己写诗时好胜心强，总想压倒他人，邀取名誉；二是坦白在何绍基来时自己表现出来的那种迫不及待、等待赞誉的心理。如果只是个人收藏的日记，如此大胆地剖析倒也无所谓，但是，他的日记不只当成日课来做，而且要在朋友之间浏览批阅，如果没有极大的决心和超常的勇气，是不可能做到的。

　　曾国藩一生不得心静，却一直在寻找致静的秘诀。他一生讲求修身，不但身体力行，而且在实践中用心体会，不断总结经验教训，再用简短的语言概括出一套理论，比如"十个三"即三经、三史、三子、三集、三实、三忌、三薄、三知、三乐和三寡。

曾国藩修身体会的顶峰之作，无疑是他在同治九年（1870 年）十一月所作的"慎独、主敬、求仁、习劳"四论。这可以说是他一生修身的经验总结：

一是"慎独则心安"。自我修养之道，最难莫过于养心。心里知道有善有恶，却不能尽自己的力量去行善去恶，这是自欺。是否欺骗了自己，别人并不知道，只有自己才清楚。所以《大学》中的"诚意"一章，两次提到"慎独"。如果能像贪恋美色一样喜欢善，像厌恶恶臭那样讨厌恶，尽力戒除人欲，保存天理，那么《大学》中的"自慊"，《中庸》中的"戒慎恐惧"，也都能切实做到了，这也就是"自我反省而有收敛"，孟子所说的"上不愧天，下不愧地"，所谓养心一定要清心寡欲，都是这个道理。

所以，能做到慎独的人，自我反省而不感到内疚，可以在天地鬼神面前毫无愧色，绝不会有言行不够检点而内心有愧的情况。一个人如果没有愧疚的事情，自然心情泰然，经常保持快乐和平和，这是人生第一个自强之道、第一个快乐法则，是修身养性的第一件大事。

二是"主敬则身强"。"敬"这一个字，孔子以此教育后人，春秋时士大夫也常常提及，到了程颐、朱熹则千言万语不离这个宗旨。内心纯净专一，外表整齐严肃，这是"敬"的功夫；出门如见重要宾客，让百姓如同奉行重大祭典，这是"敬"的气象；修养自己以安定百姓，忠诚恭敬使天下太平，这是"敬"的效验。程颐说，如果所有人都统一于恭敬，那么，天地万物就会各安其位，各自发育成长，气氛没有不祥和的，人的聪明才智也因此而产生，以此事奉天地，没有不完备的。"敬"字最切实的功效，尤其在于能使人强壮筋骨，健全体肤。讲求庄重恭敬，身体将日渐强壮。追求安逸放纵，身体也会日渐衰败，这是必然的结果。即使年老体病，一遇到登坛祭祀或战争危急之时，也不由得振作精神，这就足以证明"敬"能使人身体强壮。如果不论面对的人有多有少，事情是大是小，都能一一做到恭敬，不敢怠慢，那么身体强健是毫无疑问的。

三是"求仁则人悦"。人生下来，都是得到天地之理才形成品性，得到天地之气才形成体形。众人万物从根本上说同出一源。如果只知道自私自利，而不知道爱民爱物，就违背了大家同出一源的道理。做了高官享受丰厚的俸禄，高居众人之上，自然有拯救百姓于水火饥饿的责任。读书学习古人，粗略地知道了大义所在，自然有启蒙后学使人觉醒的责任。如果只满足于自己知道，而不教导众人，就是辜负了上天对自己的厚爱。

孔子教育人，最核心的莫过于"求仁"，而其中最重要的就是"己欲立而立人，己欲达而达人"几句话。所谓立，是能够自立不用害怕，犹如富人万物有余不向他人求借；所谓达，是四通八达一切顺利，犹如贵人登高一呼群山响应。人能自立自达，还能推而广之，做到立人达人，那就是与万物共享春晖了。

后世论述"求仁"，没有比张载①的《西铭》更精辟的了。他把关心和爱护他人，当成是人的天性中自然而然的事。只有这样做，才可以称得上是人；不如此，就是"悖德"，就是"贼"。如果真是如此，那么天下所有人都能够自立自达，人们能不高高兴兴地归附于他吗？

四是"习劳则神钦"。人的性情，都是好逸恶劳的，无论高贵还是卑贱、聪明还是愚蠢、年老还是年少，都贪恋安逸而厌恶劳苦，在这一点上古今相同。人每天穿的衣服、吃的饭食，与每天做的事、用

---

① 张载（1020—1077）：字子厚，凤翔郿县（今陕西宝鸡市眉县横渠镇）人。北宋思想家、教育家，理学创始人之一，与周敦颐、邵雍、程颐、程颢合称"北宋五子"。其"为天地立心，为生民立命，为往圣继绝学，为万世开太平"的名言，被当代哲学家冯友兰称作"横渠四句"。

的力相称，别人就不会指责他，鬼神也会赞许他，因为他自食其力。像农夫、织妇终年劳苦，才收获数石粮食，织成数尺布匹；富贵之家终年享乐，无所事事，但吃的是美味佳肴，穿的是绫罗绸缎，高枕无忧，一呼百应。这种天下不平之事，鬼神都不会答应，怎么能长久呢？

古代的圣君贤相，像商汤天不亮就起床，文王天不黑不休息，周公夜以继日、通宵达旦，都是时刻以勤勉自励。《尚书·天逸》一篇，提到以勤劳就能长寿，安逸就会夭亡，这是不错的。为自己考虑，必须学习各种技艺、磨炼筋骨，在困境中奋力前进、殚精竭虑，然后才可以增进智慧、增长见识。为天下考虑，必须把自己置于饥渴水火中经受锻炼，有一个人没有得到拯救，都要引以为罪。大禹治水四年，过家门而不入；墨子摩顶放踵，以使天下人获利，这都是自己俭省，却勤奋地忙于拯救民众的先贤。荀子极力赞扬大禹和墨子，就是因为他们极为勤苦。

自从我领兵打仗以来，每当看到谁有一才一技，且能吃苦耐劳，都加以重用，而他们也都有所成就。那些无才无技又不愿意劳苦的人，都被人们唾弃，以致饥冻而死。所以，勤劳则长寿，安逸就夭亡；勤劳且有才干必被重用，安逸而又无能必被厌弃；勤劳就能广济百姓而被神灵钦佩，安逸则于事无补而遭鬼神唾弃。所以，君子要受到人神的赞许，最好的办法就是勤劳吃苦。

在这篇"四论"里，曾国藩视"慎独"为修身养性第一大事，"忠诚恭敬"为强身健体之根本，"宽厚仁爱"为自立自达之基础，"勤劳吃苦"为人鬼神灵皆赞许的美德。这些观点既是他个人的感悟，也积淀了传统文化的精华，即使现在读来依然意味深长，有很强的现实借鉴意义。

幸得贵人助，柳暗复花明

不管是广交师友扩展人脉，还是潜心修炼致力于理学，曾国藩都做足了功课，所以自从走进翰林院成为清王朝的储备官员那一刻起，他就像一匹蓄势待发的千里马在等待自己的伯乐，但现实往往是：千里马常有，而伯乐却不常有。

在翰林院的七年时间里，曾国藩主要是读书养性，参与的重要政事并不多。自道光二十年（1840 年）四月散馆至道光二十一年（1841 年）十月，他担任国史馆协修官，仅去过礼部磨勘和核对试卷两次，上朝祝贺、站班、宣听各一次。道光二十一年（1841 年）六月，他接管了驻京长郡会馆公事，带人略加修整，然后就租了出去。这不仅提高了他的个人声望，也带来一些经济效益。

道光二十三年（1843 年）三月，朝廷要举行翰林院、詹事府在职官员的大考，俗称"翰林出痘"，在清朝历代都十分重要。"出痘"就是出天花，在那个时代只能听天由命，许多人过不了"出痘"这一关，结果一命呜呼。翰林、詹事们将参加大考喻作"出痘"，十分准确形象。这一关过得好，往往官运亨通，青云直上，否则便仕途无望，郁郁不得志。由于升黜所系，面对大考，众人无不诚惶诚恐。如果大考得第，要不了几年，不是升为总督、巡抚，便是尚书、侍郎。但如果大考失败，就会成为"穷翰林""黑翰林"，前途渺茫。

大考一般是六年一次，而这次大考距上次仅四年。直到三月初六，曾国藩才得知当月初十要举行大考，由于毫无准备，而且久不作赋，平常写的折子也很少，因此他十分担心，连忙收拾笔墨出门拜客，探听各路消息。

三月初八这天，曾国藩待在家里专心准备，一口气写了折子六开，作论两篇。但他写完后并不满意，责怪自己平日不努力，大考快到了才临时抱佛脚，好比干渴到极点才想起挖井一样，即使用十匹马拉的车子去追赶，又怎能赶得上呢？

三月初九，曾国藩看了陈秋舫、吴伟卿两人所作的应对赋，感觉气势如虹，古不乖时，对他们不承袭旧制、敢于创新的思想和才华十分佩服，自叹不如。他内心十分惆怅，反观自己一向自以为是，却胸无点墨，这样下去怎么得了呢？

三月初十，一百二十四人参加的大考在正大光明殿举行。这次大考的赋题是《如石投水赋》，论题是《烹阿封即墨论》。监试官为定郡王载铨。曾国藩因准备不充分，出考场后与别人对赋时才发现自己犯了一个大错，但悔之晚矣。回到家里，他与欧阳夫人相对而坐，默然无语。他强迫自己振作起来，但怎么做都无济于事，一夜未眠。

三月十二日这天，曾国藩如热锅上的蚂蚁，焦躁不安，一直到夜间仍然没有得到考试结果。他四处打探，终于在三月十四日得到消息，他居然位列二等第一名！一等只有五人，他实际上是第六名。如此骄人的成绩完全出乎他的意料。按照清朝的规定，二等第一名必然能得到升迁。因此，亲朋好友纷纷上门祝贺，曾国藩应接不暇。待会完客后，又兴奋地理了发，准备接受天子召见。

这次考试，一等第一名、第二名都以编修升学士。翰林院编修的主要职责是诰敕起草、史书纂修、经筵侍讲。相对于翰林院最高层的学士、侍读等官职，编修一职的主要作用在于培养人才，类似于现在的实习生。第三名以庶子①升少詹②，第四名以中允③升侍读④，第五名以编修升侍讲⑤；二等第二名也以编修升侍读。曾国藩"以大错谬而忝列高等"，以翰林院侍讲升用，其中是否另有原因呢？曾国藩在日记中提到，

① 庶子：明清左右庶子，位正五品，作为词臣迁转阶梯，非太子僚属。
② 少詹：正四品官职，设置于詹事府，主要辅佐詹事等主官。
③ 中允：官名，全称为太子中允。东汉始置，为太子属官。清代设满汉中允各一人，均为正六品官。
④ 侍读：清代内阁所置官，负责勘对本章、检校签票。
⑤ 侍讲：从四品官职，主要配置于内阁或翰林院，辖下有典簿、侍诏等。主要任务为文史修撰、编修与检讨。

他在皇帝召见、恭升侍讲后，穆彰阿当面向他索要大考诗赋。三月二十八日，他将此赋誊写清晰，亲自送到老师家中。穆彰阿作为曾国藩的老师，一向对他颇为关爱，他在曾国藩升任侍讲后索要大考诗赋，似乎是在暗示这一切与他有关。

穆彰阿是满洲镶蓝旗人，进士出身，历任庶吉士、刑部侍郎、左都御史、理藩院尚书、漕运总督、军机大臣、翰林院掌院学士、文华殿大学士等职。道光皇帝最信任的两个宰辅，一个是曹振镛①，另一个就是穆彰阿。穆彰阿嘉庆十年（1805 年）考取进士，但在嘉庆皇帝在位期间官运不佳，辗转于中央六部，但始终只是担任侍郎（相当于副部级），从未担任过尚书（相当于正部级）。这些经历使他对官场险恶有了切身体会，为获取更大的权势，他变成一个世故圆滑、逢迎拍马、结党营私的"老油条"。他担任军机大臣二十多年，因善于揣摩上意而深受宠信，权倾朝野。

道光十八年（1838 年），27 岁的曾国藩第三次赴京参加会试时，主考官就是穆彰阿，这次考试，曾国藩顺利考中第三十八名进士，同乡郭嵩焘名落孙山。殿试后，曾国藩考取三甲第四十二名，赐同进士出身。曾国藩十分郁闷，因为三甲进士进翰林院的希望十分渺茫，一般分配到各部任主事，或到各省当地方官。进不了翰林院，意味着终身沉沦官场底层，蹉跎岁月，默默无闻。所以，曾国藩想放弃朝考。郭嵩焘觉得这样放弃太可惜，提醒他去找同乡劳崇光，看看能否指条出路。

劳崇光当时在京城任御史，曾国藩前两次参加会试时曾拜访过他。劳崇光爱才且结交广泛，他十分欣赏曾国藩的才华及为人，答应如果将来需要帮忙，他将尽力而为。劳崇光是穆彰阿的门生，两人私交甚好。他知道穆彰阿愿意接纳一些青年才俊，要提拔曾国藩，首先必须得到穆

---

① 曹振镛（1755—1835）：字怿嘉，号俪生，安徽歙县人。乾隆年间进士，历任翰林院编修、侍读学士、少詹事、体仁阁大学士兼工部尚书、首席军机大臣、武英殿大学士、军机大臣兼上书房总师傅，以平定喀什噶尔之功晋封太子太师，旋晋太傅，并赐画像入紫光阁，列次功臣之首。

彰阿的赏识。果然，穆彰阿听说三甲同进士曾国藩的诗文甚为出色，特地调来试卷，先看其策论。文章开头便吸引了他的目光："皇帝不可能遍知天下事，所以要委任贤官，官员好坏，他无法悉数知道，这就要靠身边人推荐。然而身边人称赞的，未必都是好官；左右否定的，未必都是坏官……好官往往有正直的节操，不哗众取宠，不标新立异，不离经叛道。"穆彰阿边看边点头，俨然遇到了知己。

原来，穆彰阿才能平庸，朝野很多人诋毁他。道光皇帝曾婉转地责问他："你在位多年，何以无突出政绩？"穆彰阿答道："自古以来，贤臣顺时而动，不标新立异，不求一己之赫赫名望，只求君主省心，百姓安宁。"他这番话与曾国藩的策论如出一辙，两人可谓不谋而合。穆彰阿当即圈定曾国藩为翰林院庶吉士，排名时列为一等第三名，又在道光皇帝跟前将曾国藩的诗文大大称赞了一番。穆彰阿针对道光皇帝极重天伦的特点，特别禀报曾国藩家里祖父母、父母、弟妹、妻子、儿女一应俱全，堪称有福之家。道光皇帝粗略浏览了一遍曾国藩所作的诗文，也觉得清明通达，于是用朱笔将其画为第二名。

当天晚上，穆彰阿接见了前来拜谒的曾国藩，顺便对他进行面试考察。两人寒暄几句，进入正题后，穆彰阿开始为曾国藩仕途指点谋划。首先，他让曾国藩珍惜以三甲进翰林的机会。接着又直言相告，说曾国藩天赋并不高，只有中等素质，优点是勤奋诚实，并鼓励他自古成大事者靠勤奋而非天赋。最后，他勉励曾国藩："翰林院是为国家培养栋梁之材的要地，藏龙卧虎，起点高，你一生事业从此地发祥，愿好自为之！"

穆彰阿的一番话，让曾国藩茅塞顿开，感动不已，当即表示将永不忘恩师的谆谆教诲，永不忘恩师的大恩大德，立志做一个对国家有用之人，以报知遇之恩。穆彰阿久居宰辅之位，阅人无数，看出这个湖南乡下读书人的一番誓言是真心话。这种质朴实在之人，一旦确立一种信念，产生一种情感，便会终身不变。穆彰阿随即将话题转向国家大事。

当时正值鸦片战争爆发前夕，英国人在东南沿海挑衅，小规模冲突接连不断。清廷在对待英国人的问题上分为"主战"和"主和"两派。穆彰阿是主和派，但追随者寥寥无几。借此机会，他想试探一下曾国藩的政见与自己是否合拍，于是谦和地问道："这几年，英国人在东南沿海屡屡滋扰。去年东印度公司率海军在广州耀武扬威，老夫承蒙皇上信任，掌中枢之位，内事好办，唯独对此事深感难以处置。今夜无人，想听听足下高见。"

曾国藩也主张"和抚"英国。面对恩师垂询，他首先痛斥英国人的罪恶，接着表达了对穆彰阿的理解和支持，说老师老成谋国、苦心孤诣，主战者空谈误国、不明事理、不负责任。这番话不偏不倚地说到了穆彰阿的心坎上，他深感欣慰，以赞赏的眼光示意曾国藩说下去。曾国藩感叹地说："自南宋以来，书生好诋毁议和，以主战博爱国美名，而驾驭夷狄之道绝于天下已五百年。"接着，他说出三个"和抚"英国的理由：首先，英国国力强盛，不易打败，不如"和抚"为上；其次，对英国人也要用忠信态度；最后，可以用合法的外交、法律手段解决鸦片问题，这样才可釜底抽薪，如果与英国人开战，结果将事与愿违。穆彰阿听了十分满意，觉得他是自己的门生中最具远见卓识的人才，前途不可限量，于是提拔他为翰林院七品检讨。有了穆彰阿做靠山，曾国藩在翰林院果然一帆风顺，加上他勤奋好学，又颇有几分才干，还经常以求学为借口向穆彰阿请教，借此接近穆彰阿，因此甚得穆彰阿的器重和赏识，自然处处得到穆彰阿的关照。

如果说三月的翰詹大考对曾国藩是一大喜事，那么五月的"考差"可谓喜上加喜。考差是为了选出前往各省主持乡试的考官，由于京官数量太多，僧多粥少，所以只能通过考试确定人选。曾国藩觉得自己又没考好，因而对放差不抱任何希望，结果喜从天降——他接到了派充四川正考官的钦命。

曾国藩的四川之行可谓牛刀初试，上下都较为满意。这次充当主考官不仅提高了他的声望，还因此收了一批门徒，官运渐有起色。

十一月二十日，曾国藩在回京复命时，以翰林院侍讲充文渊阁校理。官品虽然未升，但事务较以前具体，而且接近皇帝的机会也多了一些。

道光二十四年（1844年）十二月，曾国藩转补翰林院侍读。至此，他离翰林院掌院学士这个最高职位只差侍讲学士、侍读学士两个台阶了。

道光二十五年（1845年）对曾国藩来说又是官运亨通的一年。三月，他被派为会试同考官，分管第十分房，荐卷六十四本，中进士十九人，颇得人望。五月，曾国藩升授詹事府右春坊右庶子。詹事府是辅导东宫太子的机构，分左右春坊、司经局及主簿厅。左右春坊设左右庶子、左右中允、左右赞善，主管记注、纂修事务。汉族官员分别兼翰林院侍读、侍讲、编修、检讨等衔。六月，他又转补左庶子，九月再升授翰林院侍讲学士，官至四品，完成了一年三迁。

道光二十七年（1847年）四月，曾国藩第二次奉旨参加翰詹考试，尽管成绩并不理想，列二等第四名，但他五月即被召见，奉旨记名遇缺题奏，并赏大缎两件。六月，曾国藩升授内阁学士兼礼部侍郎衔。这一年也是他跻身高层、真正涉足政治的开始。时年37岁的曾国藩高兴之余，也感受到肩上的重任，在写给弟弟的信中说自己骤升高位，担心无补于国计民生。

曾国藩之所以时来运转，官运亨通，原因有内在的，也有外在的。内在原因，即他本人学有专长，为同僚所称许，而且对政务尽职尽责。比如他升授礼部侍郎次日，蒙道光皇帝召见，并受到嘉勉。每隔八天到圆明园当班奏事，有事他就主动加班，而且同僚都很佩服他做事条理清晰。此后，他多次受到道光皇帝召见，"每有奏对，都比较合乎皇上的心意"。而外在原因，主要是受到穆彰阿的赏识提携。

穆彰阿善于玩弄权术，他利用自己的权势，通过举荐、提拔等方式，广纳门生，培植亲信，以至于门生故吏遍布朝野，人称"穆党"。穆彰阿最大的本事在于他通天有术，善于揣度、逢迎圣意。史称穆彰阿与道光皇帝最"有水乳之合"，他极其善于揣摩道光皇帝的心理，并趁机施加自己的影响。曾国藩属于"寒士"，与穆彰阿有师生之谊，托庇于他，是顺理成章之事。

封建时代的官场是势利之场。京官们见曾国藩是穆彰阿的爱徒，前来拜会结交者络绎不绝。而年轻气盛的曾国藩秉持儒家以天下为己任的传统，关注国家大事，并给道光皇帝上奏折，高谈阔论，没想到不合道光皇帝的心思，被批"迂腐欠通"。此事传开后，京城纷纷传言曾国藩圣眷已失，还是少和他往来为妙。曾宅门前一度车马冷落。关键时刻，又是穆彰阿拉了曾国藩一把。

一天，道光皇帝召见穆彰阿，说完大事后，穆彰阿趁机保荐曾国藩，说他"遇事留心"，请皇上重用。不久，道光皇帝下旨要在养心殿召见曾国藩。养心殿是皇宫收藏历代名人字画的宫殿，皇帝一般不在这里接见臣下。翌日，曾国藩来到养心殿，静等了整整两个时辰，到正午仍未被接见，心中生疑。不久，当值太监告诉他，皇上今天不来了。

曾国藩在翰林院当差七年，被皇上召见过好几次，从来未遇到这种情况，也未听说这样的事情。预感其中蹊跷的他赶忙去找穆彰阿，请教其中原委。穆彰阿仔细询问了事情的经过，马上拿出400两银子，派人悄悄送给在养心殿值班的太监，让他把曾国藩恭候时室内所挂的图画、文字等，统统抄下送来。晚上，从宫中送出一大包白折，穆彰阿指着一本白折郑重其事地对曾国藩说："这是那间屋内挂的几张屏条的抄录件，上面记录了乾隆帝六巡江南的事迹。当今皇上经常和我说起，也想学乾隆爷下江南，但一直没有机会。皇上既不能了此心愿，只好把乾隆南巡之事读得烂熟，也算神游了。我揣测明日召见，必然会问及此事。你赶紧回去，连夜熟读，牢记于心，不可遗忘一个字，将来能否青云直上，在此一举。"

翌日，曾国藩一早进宫候见，道光皇帝在养心殿召见了他。果然不出穆彰阿所料，道光皇帝问及那间房里的字画上所书的大清历朝圣训，曾国藩因早有准备，自然对答如流。道光皇帝频频颔首，从此对他青睐有加。

清末举人、历史地理学家汪士铎①在《汪悔翁乙丙日记》中这样评价穆彰阿："在位二十年，亦爱才，亦不大贪，唯性巧佞，以欺罔蒙蔽为务。"意思是说，穆彰阿在位二十年，既爱才，又不贪墨，只是性格奸诈诡媚，擅于窥测上意，把道光皇帝的心理揣摩得十分透彻，进而蒙蔽欺骗君主，施加自己的影响力。不过，从他扶持曾国藩来看，至少证明他是一个颇有洞察力的大臣。

道光二十九年（1849 年）正月，曾国藩升授礼部右侍郎，不但品级提升，而且从只有头衔的虚职转成有职有权的实授。八月，他又奉旨兼署兵部右侍郎。五年之内，他从七品一跃成为二品大员，可以想见穆彰阿在曾国藩的升迁过程中起了何等重要的作用。

道光三十年（1850 年）正月，因鸦片战争蒙羞受辱的道光皇帝在圆明园病故。临终前他立下遗嘱，说自己无德无能，丢损祖宗脸面，决定死后灵位不进太庙，也不用郊配②，不让臣民祭奠。这样的惩罚可以说是很严重了。道光皇帝临终前亲笔书写遗嘱，这就不能不令他的继承人格外重视，咸丰皇帝即位后立即召集臣下讨论此事。

作为礼部侍郎，曾国藩责无旁贷要拿出意见来。在他上奏之前，朝中大臣已经进行了集议，都认为"大行皇帝功德懿铄，郊配既断不可易，庙祔尤在所必行"。按说有了大臣们集体讨论的提案，曾国藩顺水推舟是最好的做法，但他经过十余天的思考后却提出不同意见。正月二十八日，他上疏说，诸臣集议乃是"天下细思，大行皇帝谆谆告诫，必有精意存乎其中"；他明确提出进太庙应是确定无疑的，但又从其他几个方面分析了不应郊配、不敢遵从、不敢违背的理由。

在阐述道光皇帝不应郊配的第一个理由时，曾国藩指出："庙坛的规模尺寸有一定标准，增之不能，改之不可。现在大行皇帝以身作则，

① 汪士铎（1802—1889）：字梅村，江宁（今江苏南京）人。清末历史地理学家，经过商，中过举人，一生以游幕和接徒为业。著有《汪梅村先生集》《悔翁笔记》《南北史补志》《水经注图》等。《汪悔翁乙丙日记》是历来议论中国人口问题最多的一部著作。

② 郊配：指帝王行郊天祭礼时，以始祖配祭。

不予郊配，是久远之图。今日不敢说的，乃世代臣子都不敢说的；今日不该说的，是世代臣子都不该说的。在这次朱谕如此严厉、朝中大臣共同评议的情况下，尚不肯裁决遵行，那么，后世之人又怎肯冒天下之大不韪？将来必然修改基址，轻易改变旧的规矩。这是不敢违背的第一个理由。"

他提出的第二个理由是古来祀典兴废不常。"大行皇帝以身作则禁后世，越严格越表明他对列祖列宗的尊仰。大行皇帝以圣人制礼自居，我们这些臣下的浅短见识怎么能考虑得那样长远呢?"

第三个理由则是"我朝以孝治天下，而遗命在所尤重"。他举出两个例证：第一个例子是孝庄文皇后①，她病逝前留下遗嘱，愿安葬到遵化孝陵②近地。当时所有大臣都认为遵化离太宗昭陵相隔 1000 余里，不合祔葬的惯例。因为孝庄文皇后是太宗之妃，理应和太宗葬在一起，即迁到盛京（今辽宁沈阳市）昭陵③去安葬。孝庄文皇后的遗命给一生敬仰她的康熙皇帝出了个大难题，他不敢违背遗命，但又不敢违背成例，于是在孝陵旁建暂安奉殿，三十余年未敢安葬到地宫，直到雍正即位后才完成这一典礼。第二个例子是乾隆皇帝。乾隆皇帝把大清推向全盛时期，他的功绩大业死后完全可以称"祖"，但他临终前留下遗命："庙号毋庸称祖。"嘉庆皇帝只好遵从，因此乾隆皇帝的庙号为高宗，并将此载入《会典》，"先后同一法则"。在举出这两个有力的例证后，曾国藩说："此次大行皇帝遗命，唯第一条森严可畏，若不遵行，则与我朝家法不符，且朱谕反复申明，无非自处于卑屈，而处列祖于崇高，此乃大孝大让，亘古未有之盛德。"

---

① 孝庄文皇后（1613—1688）：博尔济吉特氏，名布木布泰，皇太极孝端文皇后之侄女，顺治帝之母。顺治即位后，她与孝端文皇后两宫并尊，称圣母皇太后；康熙即位后尊为太皇太后。一生培养、辅佐顺治和康熙两代皇帝，是清初杰出的女政治家。
② 孝陵：清世祖爱新觉罗·福临（顺治帝）的陵寝，也是清朝统治者在关内修建的第一座陵寝。
③ 昭陵：清太宗皇太极和孝端文皇后的陵墓，在盛京三陵中规模最大、结构最完整。因坐落在沈阳北端，又叫"北陵"。

曾国藩的奏疏可谓有理有据，而且很有说服力。最后，他说："今皇上如果不按大行皇帝的遗命行事，就有'违命之歉'；如果按照遗命行事，大行皇帝未能郊配，自己的孝心也'有歉'。考虑到将来又'多一歉'，与其他日成礼时'上顾成命，下顾万世'，左右为难，不如现在慎重考虑，再作决断。"

尽管曾国藩的奏疏理由充分，符合儒家的礼仪规范，但讲出来仍需要很大的勇气。因为道光皇帝很可能只是做做样子以示悔意，并非真心想要如此，更何况他的继承人也不会听任自己的父皇自贬自损。再者，大臣们已有明确的"公议"，曾国藩如此"不识时务"，自然要冒很大的风险。因此，他在上疏末尾用"不胜惶悚战栗之至"的话作结，也是袒露心声的真话。

咸丰皇帝看过奏折后，在御批上虽有肯定之词，但心中却很不满意。而曾国藩认定自己所奏的是天下之理，因此并没有很在意皇帝的反应。

上疏勇谏言，胆略心中藏

在咸丰皇帝初政的日子里，曾国藩似乎是最忙碌的人，上疏、建言接连不断，而且每一次上疏都切中时弊，绝无腐儒之见。

当时，曾国藩以内阁学士兼礼部侍郎，又兼署兵部、工部、刑部、吏部侍郎。他的"部务"官职虽是兼署，但他并没有因为"署理"的名分而得过且过、放任自己。相反，他总是利用每一个机会锻炼自己的政务才能。同时，在紧张的工作之余，他仍然手不释卷，对"经世之务及在朝掌故"按类别进行分汇记录。从咸丰元年（1851年）起，他再次恢复了中断数年的日记写作，每天的工作安排也逐渐变得有条不紊。

在中央六部中，户、刑两部号称繁要，尤其是刑部，由于关系到许多命案，曾国藩"值班奏事，入署办公，从不间断"，期间还参与审理了琦善在任妄杀番族一案。

琦善是满洲正黄旗人，世袭一等侯爵。嘉庆十一年（1806 年）由荫生授刑部员外郎。他深得道光皇帝的宠信，又倚重大学士穆彰阿，因此官运亨通，20 岁就当上河南巡抚，一时春风得意。然而好景不长，在第一次鸦片战争中，他因抗旨求和而获罪，拟绞监候，全部家产都被查抄入官。

《南京条约》签订后，琦善靠贿赂穆彰阿，被重新起用，于道光二十九年（1849 年）调任陕甘总督，次年兼署青海办事大臣。或许是因为在鸦片战争中表现懦弱而遭治罪，他到兰州后一反常态，重典治国。在办理雍沙番族一案时，他多次遭到蒙古郡王参劾，咸丰皇帝便派满洲都统萨迎阿①查办此事。萨迎阿经过调查，向朝廷上奏说："琦善将雍沙番族严刑逼供，杀毙多名，实系妄加诛戮。"咸丰皇帝阅览之后，认为琦善有负圣恩，下令将他革职并交刑部审讯。由于关系重大，咸丰皇帝钦派军机大臣与三法司②会审此案。

琦善回京后，自写供折千余言，称自己被萨迎阿陷害。会审人员大多畏惧琦善，于是避重就轻，只找一些微琐细事让琦善回答，实际上是为他开脱罪责。有人甚至还认为是萨迎阿原奏不当。当时萨迎阿尚未回到京城，因为无人对质，琦善更加有恃无恐。这时，军机章京邵懿辰对琦善供词中的十九事逐一驳斥，审案人员为了将大事化小，提议传萨迎阿随带查办的司员与琦善对质。这时，兼署刑部侍郎的曾国藩说："琦善虽然位至将相，但既然奉旨查办，审问便是他们的职责所在；司员职位虽然卑微，但没有传入廷尉与犯罪官员对质的道理。若因此受到惩罚，将来大员有罪，谁敢过问？而且谕旨只是说会审琦善，没有说要讯及司员，如果一定要传讯司员，应该奏请奉旨。"由于曾国藩据理力争，传司员对质一事总算搁置下来。直到咸丰二年（1852 年）四月，此案

---

① 萨迎阿（？—1857）：钮祜禄氏，字湘林，满洲镶黄旗人。清朝将领，担任过哈密办事大臣、礼部侍郎、热河都统、伊犁将军等职。

② 三法司：刑部、都察院、大理寺的合称。刑部掌审判，都察院掌监察，大理寺掌审核。遇有重大案件，由三法司会审，也称"三司会审"。

才以琦善革职发往吉林效力赎罪告结，其他有关人员也被发往军台①效力赎罪。

此案中的琦善本来倚重的是穆彰阿，而曾国藩又是穆彰阿的门生。在审理此案时，曾国藩清正耿直，不徇私情，既显示了他熟谙朝章国故的才能，又获得了秉公执法的美誉。

咸丰皇帝即位之初，很想有一番作为。道光三十年（1850年）二月初八，他发布上谕，令九卿科道②凡有言事之责的人，就国家用人、行政一切事宜，据实直陈，封章密奏。

曾国藩作为二品侍郎，一改往年旧习，积极响应，将久积心中的治国大计倾吐出来。三月初二，他上了一道《应诏陈言疏》，内容如下：

二月初八日奉皇上谕令，九卿科道有言事之责者，于用人、行政一切事宜，皆得据实直陈，封章密奏。仰见圣德谦冲，孜孜求治。臣窃唯用人、行政二者，自古皆相提并论。独至我朝，则凡百庶政，皆已著有成宪，既备既详，未可轻议。今日所当讲求者，唯在用人一端耳。方今人才不乏，欲作育而激扬之，端赖我皇上之妙用。大抵有转移之道，有培养之方，有考察之法，三者不可废一，请为我皇上陈之。

所谓转移之道，何也？我朝列圣为政，大抵因时俗之过而矫之，使就于中。顺治之时，疮痍初复，民志未定，故圣祖继之以宽。康熙之末，久安而吏弛，刑措而民偷，故世宗救之以严。乾隆、嘉庆之际，人尚才华，士鹜高远，故大行皇帝敛之以镇静，以变其浮夸之习。一时人才循循规矩准绳之中，无有敢才智自雄，锋芒自逞者。然有守者多，而有酞有为者，渐觉其少。大率以畏慈为慎，以柔靡为恭。以臣观之，京官之办事通病有二：曰退缩，曰琐屑。外官之办事通病有二：曰敷衍，

---

① 军台：清代传递军报的机构。清制，除全国腹地设有相当数量的驿所外，通向沿边地区专司军报的是站、塘、台。

② 九卿科道：九卿是指六部尚书、都察院左都御史、通政使、大理寺正卿。科道是六科给事中与都察院十三道监察御史的总称，俗称为两衙门。科道官主要以他人具揭和风闻为据进行弹劾，文武官员的犯罪、违法、违纪、失职等不法行为均在其弹劾之列。

曰颟顸。退缩者，同官互推，不肯任怨，动辄请旨，不肯任咎是也。琐屑者，利析锥铢，不顾大体，察及秋毫，不见舆薪是也。敷衍者，装头盖面，但计目前剜肉补疮，不问明日是也。颟顸者，外面完全，而中已溃烂，章奏粉饰，而语无归宿是也。有此四者，习俗相沿，但求苟安无过，不求振作有为。将来一有艰拒，国家必有乏才之患。我大行皇帝深知此中之消息，故亚思得一有用之才以力挽颓风。去年京察人员，数月之内，擢臬司者三人，擢藩司者一人。盖亦欲破格超迁，整顿积弱之习也。无如风会所趋，势难骤变。今若逮求振作之才，又恐躁竞者因而幸进，转不足以收实效。臣愚以为欲使有用之才，不出范围之中，莫若使之从事于学术。汉臣诸葛亮曰："才须学，学须识。"盖至论也。

……所谓培养之方何也？……

曰"教诲"，曰"甄别"，曰"卜保养"，曰"超擢"。……所谓考察之法何也？古者询事、考言二者并重。近来各衙门办事，小者循例，大者请旨。本无才猷之可见，则莫若于言考之。而召对陈言，天威咫尺，又不宜喋喋便佞，则莫若于奏折考之矣。国家定例，内而九卿、科道，外而督抚、藩臬，皆有言事之责。各省道员，不许专折谢恩，而许专折言事。乃十余年间，九卿无一人陈时政之得失，司道无一折言地方之利病，相率缄默，一时之风气，有不解其所以然者。……臣之愚见，愿皇上坚持圣意，借奏折为考核人才之具，永不生厌释之心。涉于雷同者，不必交议而已；过于攻讦者，不必发抄而已。此外，则但见其有益，初不见其有损。人情狃于故常，大抵多所顾忌。如主德之隆替，大臣之过失，非皇上再三诱之使言，谁肯轻冒不韪？如藩臬之奏事，道员之具折，虽有定例，久不遵行，非皇上再三迫之使言，又谁肯立异以犯督抚之怒哉！臣亦知内外大小群言并进，即浮伪之人，不能不杂出其中。然无本之言，其术可以一售，而不可以再试，朗鉴高悬，岂能终遁！方今考九卿之贤否，但凭召见之应对；考科道之贤否，但凭三年之京察；考司道之贤否，但凭督抚之考语。若使人人建言，参互质证，岂不更为核实乎？臣所谓考察之法，其略如此。三者相需为用，并行不悖。

　　臣本愚陋，顷以议礼一疏，荷蒙皇上天语褒嘉，感激思所以报。但憾识见浅薄，无补万一。伏求皇上怜其愚诚，俯赐训示，幸甚，谨奏。

　　在这篇奏疏中，曾国藩对清朝开国至咸丰之初的人才问题提出中肯的批评，认为人才有转移之道，有培养之方，有考察之法，三者缺一不可。

　　所谓"转移"，就是要皇帝以身作则，以自己好学、勤奋的作风影响朝臣，鼓舞天下。对于"转移之道"，他提出，清朝的几代皇帝都能根据时势的变化调整人才政策，希望达到宽猛适中，但也有矫枉过正的弊病，如道光皇帝实行"镇静"的政策，使人才循规蹈矩，没有敢以才智自雄、锋芒自逞的人，守成者多，而有贡献、有作为者少。大多以畏惧胆怯为慎，以柔弱萎靡为恭。

　　接着，曾国藩又进一步指出官场的四大通病：京官办事的通病有二，一是退缩，二是琐屑；外官办事的通病有二，一是敷衍，二是颟顸。所谓退缩，就是同官互相推诿，不肯负责任，动不动就请旨，不敢认错；所谓琐屑，就是在利害面前锱铢必较，不顾大体，以至于经常因小失大；所谓敷衍，就是装头盖面，只管眼前剜肉补疮，不问明日，目光短浅，只顾眼前利益，不看长远发展；所谓颟顸，就是只会花言巧语，不办实事，表面花团锦簇，但里面已经溃烂，章奏一味粉饰太平。有此四大通病，习俗相沿，但求苟安无过，不求振作有为，将来国家一旦面临危难，必将缺乏栋梁之材来支撑国家度过危局，所以必须要用教育转变官场作风和社会风气，而培养人才乃是当务之急。

　　因此，他提出要让天下英才辈出，又使之不逾矩，既不做非分之事，又必须倡导学习之风，而且这种学风要落到实处。这就需要皇帝以身作则做好表率。皇帝勤奋好学，奖励好学者、惩戒无学者，以"其几在此"之功，通过潜移默化达到"其效在彼"之果。这样一来，通过十年努力，人才必大有起色。

所谓"培养"，就是强调六部大臣对属员的了解和教诲、甄别、保举，强调皇帝对被保举人员的超擢使用，以调动六部属员的积极性。在"培养之方"中，他将培育人才形象地比作农夫种田：教诲犹如农夫种植庄稼，而甄别则像拔除其中的野草；保举就像灌溉，而皇帝的超擢则是久旱逢甘霖，必使人才精神大振。

曾国藩还特别指出，在人才的发现和培养过程中，堂官①起关键作用。可是，以当时官场的状况，很多人连堂官都难得一见，更不要说皇帝掌握国家用人的实际情况了。同时，他还指出官场上下级之间、部门与部门之间缺乏沟通，导致政务彼此不熟悉、上级与下级之间互相不了解，这不但是官员之间缺乏沟通的问题，而且直接影响到人才的才智发挥。当时的官场不是没有人才，而是没有人去发现人才，导致人才被埋没。

所谓"考察"，主要是强调询事、考言，即通过面询和奏折的方式对内外大员进行考察，以了解他们的工作、人品及对朝政的态度。在"考察之法"中，曾国藩建议咸丰皇帝广开言路，鼓励各级官员陈时政之得失，言地方之利弊，弹大臣之过失，以核实大臣们所说的真实性，避免他们蒙蔽圣听。

曾国藩最后指出，以上"三者相辅相成，并行不悖"才能收到效果。他在奏疏中列举了前朝的诸多不是，实际上相当于是对道光皇帝的批评，因而心中不无恐惧。为保险起见，他又在篇末以附记的形式写道：臣愚钝浅陋，近来以议礼的奏章承蒙皇上天语褒奖，感恩不已，一直思以为报，无奈见识浅薄，无补万一。伏求皇上怜悯臣之愚诚，俯赐训示。出乎他意料的是，奏折很快就批了下来，咸丰皇帝肯定了他的奏折，使他大受鼓舞。

曾国藩上这份奏疏时已在京师为官达十年之久，从七品小官晋升为二品大臣，对于官场风气了如指掌，因而能直陈利害，提出诸多发人深

---

① 堂官：明清对中央各部长官如尚书、侍郎等的通称，因在各衙署大堂上办公而得名。

省的问题。

　　清朝的政治风气在嘉庆、道光以后日见泄沓萎靡，人才也日见寥落，这与皇帝的好尚及执政者的逢迎谄谀有密切关系。所谓上梁不正下梁歪，皇帝的行为在很大程度上影响甚至决定着朝中大臣的行事方式。道光皇帝在经受鸦片战争的打击后，一蹶不振，很忌讳听到与外国有关的各种事务及灾荒盗贼诸事，因此，他身边的军机大臣便报喜不报忧。当时京师流传着这样一副对联：

　　著、著、著，祖宗洪福臣之乐
　　是、是、是，皇上天恩臣无事

　　在这样的形势下，曾国藩基于十年京官的经历以及对官场陋习的厌弃，反其道而行之，在大家都缄声萎靡之时，敢于迎风独立、挺身而出。这一举动无疑提高了他的政治声望，展现了在时局艰难时担当大任的决心。

　　曾国藩的可贵不仅在于他的"敢"，更在于他针对种种官场弊端提出了切实可行的改正措施，而且有理有据，这不仅反映出他对清朝官僚体制的研究十分透彻，亦折射出他力图革除旧弊、成就一番事业的宏图大志。他从民间走来，深谙万物生长的客观条件与自然规律，他在奏疏中用通俗新颖的语言把八大衙门的正副长官比喻为农夫，把皇帝比喻为太阳，而把中下级官员比喻为禾苗，形象生动地描述了官场的结构与职能，又很贴切自然地说明皇帝与大臣之间的关系。

　　同时，这一奏疏也体现了曾国藩胆识中藏的谋略。正是平时的思考加上长期的积累，形成了他对当时人才问题的系统认识，而这些也成为指导他日后治军打仗、磨砺人才的思想基础。

　　受咸丰皇帝批语的鼓舞，四月初，曾国藩参照《会典》等书，将自己拟定的日讲十四条《条陈日讲事宜疏》上奏；专就由讲官每天向皇上进讲之事提出详细方案，意在通过强化咸丰皇帝的听讲学习来提高其素质，以利其"以身作则"的落实。这两道奏疏有一定的内在联系。咸丰皇帝阅后，再次嘉奖了他，并决定采纳他的建议，下令部院九卿举贤才。随后，在荐举人才时，曾国藩举荐了李棠阶①、吴廷栋、王庆云②、严正基③、江忠源等人。由于他接连几次的奏疏甚合咸丰皇帝心意，所举荐的官员又堪使用，于是在六月初四奉旨兼署工部左侍郎。

新旧君主更迭之际，是礼部最繁忙的时候，对道光皇帝的盖棺定论需要礼部拿出意见，一切丧仪也要办得有章有法，而新君的即位大典也由礼部一手承担策划。曾国藩因公务繁忙，没有时间兼顾家事，于是写信请四弟曾国潢到京帮忙料理。三月十五日，曾国潢抵达京都，兄弟二人相见极欢。随后，曾国藩全身心地投入公务中，他的辛勤很快获得咸丰皇帝的赏识，九月十八日他又奉旨兼署兵部左侍郎。至此，他以礼部侍郎的本职同时兼任工部和兵部左侍郎，可谓一身任三职，照此发展下去，日后定当前途无量。

曾国藩这次兼署兵部左侍郎一职，可能与道光二十七年（1847年）派充武会试正总裁有关。这次兼任之后，他又被派充顺天武乡试的校射大臣。校射差事看似简单，其实风险颇大。曾国藩在道光二十九年（1849年）十一月初五写给诸弟的信中说：

我从十月初五起到十一日止，在考场校射，十六日出榜，四个考场一共考中一百六十四人，我的考场内中了五十二人。根据惯例，武举人、武进士复试，如果有弓力达不到标准的，王公大臣各罚俸禄一年半。我的考场侥幸没有不符合标准的，不然要罚俸一年半，银子近五百

---

① 李棠阶（1798—1865）：字树南，号文园，河南河内（今河南温县）人。清朝官员，历任太常寺少卿、工部尚书、礼部尚书、军机大臣、户部尚书等职。

② 王庆云（1798—1862）：字家镇、贤关，初号乐一，又号雁汀，福建闽县（今福州市鼓楼区）人。清朝官员，官至两广总督、工部尚书。

③ 严正基（1785—1863）：字仙舫，湖南溆浦人。清朝官员，历任河南知县、郑州知州、江宁知府、署理淮扬河道、河南布政使、湖北布政使、通政使司副使、通政使等职。

两，这对京官来说，那是切肤之痛。

就在曾国藩为部务尽心竭力之时，太平军在广西揭竿而起，屡败清军。清廷闻报后，即派大学士赛尚阿①南下督师。曾国藩的好友邵懿辰认为赛尚阿一介书生、素不知兵，以朝廷重臣督师，不仅毫无胜算，一旦失利，更有损朝廷威严，因此上书称"七不可"，但清廷没有采纳他的意见。后来，赛尚阿果然一败涂地。

清廷屡派朝廷重臣督师作战，这些重臣几乎毫无胜绩。这并非将帅不用命，也不是调度无方，主要由清廷的军事体制造成。早在咸丰元年（1851 年）三月，曾国藩就上奏《议汰兵疏》，提出"天下大患，主要有两个方面：一是国用不足，一是兵伍不精"的看法。

对于国用不足，曾国藩说，自道光时即已捉襟见肘，道光皇帝每当与臣下论及开捐纳税，"未尝不叹息，憾宦途之滥杂，悔取财之失策"。如今形势更加严峻，"以天下之大，若没有三年的积累，极力追求，恐怕只能取得一日的成效"。

对于兵伍不精，曾国藩提出训练军队，提高战斗力的办法。他说："本朝共举行过二十几次大阅，皇帝亲自检阅，外藩跟随观看，军容整齐威武，使藩部不敢轻举妄动。但自嘉庆十七年（1812 年）至今，已有四十年没有举行大阅。凡兵以劳而强，以逸而弱，承平日久，京营之兵既不经战事，又不见操练，精力更加懈怠，势所必然。恳求皇上在三年之后举行大阅之礼，明降谕旨，早示定期。练习三年，京中军队必将大有起色。外省的军队一时难以全面展开，可以先选取几个重要的地方，物色将才，分布天下要害之地。如果七十一镇之中有十余镇可为腹心，五十余万之中有十余万可为长城，则缓急之际，隐然可恃，天子之精神一振，山泽之猛士云兴，在于皇上特别留意

---

① 赛尚阿（1794—1875）：字鹤汀，蒙古正蓝旗人。历乾隆、嘉庆、道光、咸丰、同治、光绪六朝，授文华殿大学士、首席军机大臣，管理户部。晚年因督剿太平军失败而被革职查办，平定太平天国后准戴罪立功，再升官至副都统。

而已。过去，宋臣庞籍①淘汰庆历兵八万人，得以大苏边储；明臣戚继光练金华兵三千人，得以荡平倭寇。依臣愚见，以为今日论兵，正好可以效法这两件事。"

曾国藩上疏总是有根有据，从无虚文。他上此疏时，将乾隆朝增兵、嘉庆朝和道光朝二次汰兵成案一并进呈，请咸丰皇帝发交九卿大臣讨论实施。这些建议得到户部的响应。咸丰二年（1852 年）四月，清廷根据曾国藩的奏疏及其进呈的三个成案发布上谕，要求各省督抚会同提督总兵等武职大员，以乾隆四十六年（1781 年）原额为基准，三年内裁兵四万八千人。

曾国藩上疏直言军国大事得到嘉奖后，不由得信心大增。不久，他又针对社会某些积弊，上《备陈民间疾苦疏》《平银价疏》等，陈述诸如"银价太贵""盗贼太众""冤狱太多"等致使民间疾苦深重的具体情由，将原因归结为"外间守令"不肖，弄得民不聊生。这几次上疏，表现出曾国藩不同于一般官宦的抱负和远见，同时也显示了他直道而行的书生本色。就在他上疏后不久，好友胡大任②来信，盛赞他不顾个人安危，直言上疏，并请他将自己的上疏呈转。

同僚的督促激励和厚望，使曾国藩逐渐放开手脚，他力求不负众望，"言人所不能言、不敢言者"，而"慰天下豪贤之望，尽大臣报国之忠"。

咸丰元年（1851 年）四月二十六日，曾国藩上了一道《敬呈圣德三端预防流弊疏》。此疏在论说所谓"圣德"的辞令掩饰下，专门讽谏新君的缺憾之处，希望皇帝引以为戒、预防流弊。奏疏开头，曾国藩先摆下一个迷魂阵："臣闻美德所在，常有一近似者为之淆。辨之不早，则流弊不可胜防。"意思是说，美德与缺憾之间，通常存在着容易混淆

---

① 庞籍（988—1063）：字醇之，单州成武（今山东菏泽市成武县）人。北宋官员，累迁至枢密副使、枢密使、太子太保等，封颖国公。与韩琦、范仲淹等人交好，还提携了司马光、狄青等人。

② 胡大任（1804—1891）：字莲舫，湖北监利人。清朝官员，曾在乡督办团练与太平军作战，后经曾国藩保举赴广东办理厘务。历任内阁侍读学士、山东布政使、河南按察使等职。

的近似之处，如不及时查辨防范，便有可能产生流弊。那么，与新君"圣德"近似而可能产生流弊者为何呢？曾国藩认为主要有以下三端：一是与"敬慎"之美德近似的"琐碎"，主旨在于言其拘于小节而疏于大计；二是与"好古"美德近似的"文饰"，主旨在于言其追求浮夸而忽略实际；三是与"广大"之美德近似的"骄矜"，主旨在于言其刚愎自用而不纳谏言。曾国藩这样拐弯抹角，实际上是想指出皇帝存在的三大缺点：一是对人才苛求小节而疏忽大局；二是在纳谏时徒好文饰而不重实用；三是于己有骄矜之气而少谦虚之风。

与此同时，曾国藩还抓住咸丰皇帝刊布自己诗文的事大做文章，说有臣工奏请刊布《御制诗文集》，已蒙皇帝允许，但他考查先帝圣文集刊布的年龄都在三四十岁以后，皇帝正是春秋鼎盛之时，如果稍迟数年再行刊刻，则足以表明圣度的谦冲，且明示天下以敦崇实效、不尚虚文之意。

在奏疏的最后，他甚至还引用夏禹谏舜、周公诫成王的话说："从前禹诫舜曰，'无若丹朱傲'，周公诫成王曰'无若殷王受（纣）之迷乱'。"不仅处处针对咸丰皇帝的缺点和不足，其措辞用字较以前也明显带有几分放肆。

这份奏疏，可以说曾国藩绞尽脑汁地运用他的生花妙笔，博古论今，引经据典，曲不掩直，激胜于缓。他在文尾还特别直言："臣谬玷卿陪，幸逢圣明在上，何忍不竭愚忱，以仰裨万一。虽言之无当，然不敢激切以沽直声，亦不敢唯阿以取容悦。"显然他在剖白自己这样做完全是因忠诚驱使，毫无私念。这相当于为自己布设了一道护身符。由此观之，对于这份奏疏即将引起的震动，他已经做好思想准备。

在曾国藩还没有上疏直陈咸丰皇帝的缺失前，他的同乡好友罗泽南就写信严词责怪他上疏只言枝叶，不讲求根本："你要是怕说真话，证明你有贪恋权位的私心；你要是只讲细枝末节，不说到症结上，那就是苟且偷生的文字游戏。"曾国藩读后感触颇深。实际上，他当时已经上疏咸丰皇帝，只是罗泽南还不知道。随后，曾国藩回信给罗泽南说：

"罗山兄的批评与我上疏的意见相符，万里神交，真是不可思议。"他还将上疏抄录全文附在信后，请罗泽南阅读并指教，又请同乡老友刘蓉、郭嵩焘、江忠源、彭筱房、朱尧阶①、欧晓岭等人一一阅看。

中国古代礼制对于大臣的职责有明确规定，即所谓的臣道。也就是说，为人臣者，最重要的不是每天忙于公务，而是要把他的智慧、知识与经验贡献给朝廷，辅佐皇帝治国理政，使皇帝成为造福天下万民的一代圣君。当然，这只是儒家期望的理想状态。实际上，地位与权力营造的高高在上的威势，使皇帝更乐于独断专行，更偏信顺从听话的官员，而且自以为是，听不进不同意见。只有当形势危及统治时，他才会听取、采纳臣下的建议。

咸丰皇帝正是这样一位君主。所以，曾国藩等来的结果可想而知。咸丰皇帝御览奏疏后龙颜大怒，掷之于地并大喝道："狂悖！该当何罪！"当即要治曾国藩之罪。幸亏大学士祁寯藻、左都御史季芝昌②出班跪求，说曾国藩罪该万死，但冒死直陈是出于对国家的忠诚，视皇帝为舜尧，望免其罪。咸丰皇帝数日后复阅，才勉强心服纳谏，并对曾国藩加以褒答。

曾国藩无疑是幸运的，这样一份措辞激烈的奏章居然没有给他带来噩运，反而更加得到咸丰皇帝的赏识和信任。他在曾国藩的奏折末尾批道：

曾国藩条陈一折，朕详加批览，意在陈善责难，预防流弊，虽迂腐欠通，意尚可取。朕自即位以来，凡大小臣工奏章，只要是对国计民生、用人行政等方面有所补益的，无不马上施行；即使详尽地陈述治理国家的方针、政策、措施等，对身心有益的，也都留置左右，以备随时

---

① 朱尧阶（1802—1872）：名讳龚，湖南双峰县杏子铺镇人。学识渊博，工于诗文，尤擅对联。以庠生讲学乡里，与曾国藩、罗泽南为道义之交，湘军名将刘蓉、曾国荃兄弟、朱星槛等均为其门下学生。

② 季芝昌（1791—1861）：字仙九，江苏江阴人。深得道光皇帝赏识，官至军机大臣、闽浙总督。

审阅；如果有的阻碍太多，难以实行，有驳斥者，也有明白宣谕者，想要委婉地提出意见以供接纳，并非故意以纳谏之名谋取名誉，岂能以"毋庸议"三字置之不论呢！他所奏事项，除广西地利兵机已查办外，其他或言语过激，有失偏颇；或过于片面，拘执太甚，念在他目的在于进言，朕不加以斥责。至于他所说的君主动念之间若过于自负，必然导致喜谀恶直等语，颇为切要。朕才德微薄，日夜勤奋，时常检点自身，只怕哪里做得不够妥帖，若因一二过分之言不加听取，采纳不广，就容易变得骄傲自负。朕思为君之难，诸臣也当思为臣之不易，相互警醒，坐言起行，或许治理国家可以收到实际功效。

由此看来，登基不久的咸丰皇帝还算宽容大度，办求树立一个虚心纳谏、从善如流的圣君形象，更是以治理国家收到实际功效为念，而不是贪享安逸无所作为。

咸丰元年（1851 年）五月，曾国藩奉旨兼署刑部左侍郎。第二年正月，他又兼署吏部左侍郎。至此，朝廷六部中，除掌管钱粮的户部外，曾国藩在其余五部都有了实权兼职。咸丰皇帝对他的信任恩宠比之旧主有过之而无不及，曾国藩的感恩戴德之情自然也有增无减。

第三章　赤胆忠心护清廷，恣意诛戮留恶名

"丁忧"与"夺情"，忠孝难两全

就在曾国藩官运亨通之际，他不可避免地遇到人生的一个重大转折，陷入两难境地。

自道光十九年（1839 年）赴京就职以来，为了仕途前程，曾国藩已经整整十二年没有回过湖南老家。道光二十六年（1846 年），曾国藩的祖母病故，他得知消息后本打算南归，但最终未能成行。第二年春天，他的祖父身患重病，他闻讯急忙写信给父母、弟弟详商治疗办法，并决意回家一趟。但人在宦途又怎能自主？自京城往返湘乡，行程需要三四个月，加上小住一两个月，至少需要半年时间。按照规定，请"长假"只能"开缺"①，等到休假结束回京再重新"补缺"②。重新补缺往往需要一年左右的时间，而且能否补上"优缺"也难以预料。这是曾国藩离乡多年听从高堂之命，难以下定决心回乡省亲的一个重要原因。此外，从京城到湖南路途遥远，往返需要很多路费，他虽然担任京官多年，但却"负债累累"，如果再增加支出，将不堪重负。因此，他在给弟弟们的信中讲到回家的"三难"：

---

① 开缺：指官吏因故不能留任，免除其职务，另外选人充任。
② 补缺：指候补的官吏得到实职。

我从去年接到祖母去世的消息，就时时想着抽时间回一次家乡，但要回老家，有三个难处：现在京城家中欠债五百多两银子，如果回老家就没钱还债，往返的路费还要花去四百多两银子，这些银子也很难筹齐。这是第一个难处。如果不带家人回去，又怕我在老家因为什么事情拖延，短时间内不能回京城，两边都牵挂着；如果把家人带回去，路费就更多了，家里又没有地方住。这是第二个难处。我一个人回家，轻身快马，不超过半年就可以回到京城，等到免去我现在担任的职务以后，明年或许还没有新的任命下来，又得在京城闲住一年。这是第三个难处。因为这三个难处，所以直到现在仍犹豫不决。而在睡梦之中却时时想念家中老人，望各位兄弟把我的意思详细告诉祖父和父母。如果老人希望我回家，那就写信告诉我，我把家中大小全都留在京城，马上动身返湘。如果家中老人没有希望我回家探亲的意思，那我也不敢轻举妄动。下次弟弟来信，一定详细写清楚家中各位老人的意思。

曾国藩的祖父何尝不希望与久宦京师的孙儿团圆，但他也知道不能因区区私情而耽搁国家大事，并妨碍孙子的前程。因此，曾国藩的父母回信让他一意服官，曾国藩只好回信表示："儿上一次给朱家的信说无时无刻不在思念家乡，这也是长期在外做官的人难免会有的感情，所以上次给家里写信也谈到这一点。现在既然承蒙父亲大人的教诲，儿就一心一意在外做官，不敢违背，也不再那样想了。"不久，曾国藩升任内阁学士兼礼部侍郎，连升三级的佳绩似乎也是对他的一种补偿。

道光二十九年（1849年），曾国藩的父亲曾麟书年届六十，按照传统，周甲之年应该把寿辰办得风光体面。曾国藩想次年请假回乡再办。他写信给几位弟弟说："我在官场，很厌烦官场的繁文缛节、庸俗虚伪，这对于国计民生并没有补益，只是身处这个位置，想跳出来也不行。但愿弟弟们稍有进步，家中略微有一点仰事父母的资本，便辞官归家，我行我素。现在弟弟们科举考试不得志，而我在这里，公私百忙，万事集中，无人帮忙；每每想到这里，未尝没有茫茫大海看不见靠岸地方的感觉。我已经决定明年八月请假探亲，后年二月回京城，专等家中回信，详明指示。"

但他这次省亲的计划仍然未能如愿。不久，他的祖父病逝。他闻讣之后请假两个月，在京中寓所穿孝，以寄托哀思。他还向亲友同僚发讣帖五百余份，并特别写明"谨遵遗命，赙仪概不敢领"。由于不收银钱，曾国藩将收到的祭幛做成马褂数十件，分别寄给家中的族人亲戚。

咸丰二年（1852 年）六月十二日，曾国藩在焦躁不安中等来充任江西乡试正考官的消息。江西毗邻湖南，距湘乡尤近。因此，他在次日递折谢恩时就奏请乡试结束后准假两月回籍省亲，并得到批准。

六月二十四日，曾国藩满怀着为朝廷取士的热望以及与家人久别重逢的期待，告别京师，驰驿而行。他无论如何也没有想到，这一次离京，一别就是十几年；他也没有想到，时代的激荡会把他引向一条从未预料到的人生道路；他更没有想到，这一次离京，儒生真的转变成"蛟龙"，他的命运与清王朝的关系更加休戚相关。

经过一个月的奔波，曾国藩于七月二十五日行抵安徽太和县境内的小池驿①。就在这时，他突然接到母亲已于六月十二日逝世的消息。曾国藩想起十几年前的分别竟成母子之间的永别，想到操持一生的母亲，到死也没有见到身穿二品官服的儿子，他内心十分悲痛，立即改服奔丧，迅速由九江乘船西上。当他行至武汉时，从湖北巡抚常大淳②那里得知太平军正全力攻打长沙。

太平军是太平天国军队的简称。道光三十年（1850 年）末至咸

---

① 小池驿：今名小池，位于太湖县东 20 公里，东有一带小山，临街有一条小河。相传原是小湖，后淤为陆地。

② 常大淳（1792—1853）：字兰陔、正夫，号南陔，衡永郴桂道衡州府衡阳县（今衡阳市衡阳县金兰镇瑞芝村）人。清朝大臣，官至山西巡抚。在武昌被太平军攻破后，举家自杀殉国。

丰元年（1851 年）初，洪秀全①、杨秀清②、萧朝贵③、冯云山④、韦昌辉⑤、石达开⑥组成的领导集团，在广西金田村发动反抗清王朝的武装起义，后建立"太平天国"。因清朝推行剃发易服，太平天国则不剃发、不结辫，披头散发，故太平军被称作"长毛"，清廷蔑称其为"长毛体贼""毛贼""发贼""发逆"等。又因太平天国领袖洪秀全为广东花县人，故清廷亦蔑称其为"粤贼""粤匪""粤逆""粤寇"等，而太平军则蔑称清廷为"清妖""胡妖"等。

咸丰二年（1852 年），太平军冲出广西，进入湖南，连克州县，湖南官兵望风溃散，湖南各地"会党"四起。

同年八月，太平军围攻长沙，全省震动，地主豪绅纷纷逃命，郭嵩焘兄弟及湘中名宦左宗棠⑦兄弟也带着家眷躲到玉池山⑧的梓木洞。

正在奔丧途中的曾国藩则从岳州改行陆路，经湘阴、宁乡，于八月二十三日回到久违的湘乡白杨坪。面对母亲的灵柩，42 岁的曾国藩扶棺痛哭。九月二十二日，曾国藩的母亲被安葬在老家宅后。

同年年底，太平军兵指湖北，水陆并进，犹如风卷残云。

与太平军的势如破竹相反，清军可以说是一触即溃，接连丢失重要

---

① 洪秀全（1814—1864）：原名火秀，族名仁坤，广东花县人。太平天国建立者，太平天国运动领袖。

② 杨秀清（1823—1856）：祖籍广东嘉应（今梅州），太平天国重要领袖之一，封"东王"，称"九千岁"，是太平天国重要领袖之一。

③ 萧朝贵（约 1820—1852）：广西武宣罗渌垌人，太平天国初期名将，封"西王"，称"八千岁"。

④ 冯云山（约 1815—1852）：广东花县（今属广州市）禾落地村人，拜上帝会的始创人之一，太平天国运动初期的重要领袖之一，封"南王"，称"七千岁"。

⑤ 韦昌辉（1823—1856）：广西桂平金田村人，太平天国前期领导人之一，封"北王"，称"六千岁"。

⑥ 石达开（1831—1863）：绰号石敢当，广西贵县（今贵港市港北区奇石乡）客家人。16 岁受访出山，19 岁统率千军万马，20 岁获封"翼王"，称"五千岁"。

⑦ 左宗棠（1812—1885）：字季高，一字朴存，号湘上农人，湖南湘阴人。晚清军事家、政治家，湘军著名将领，洋务派代表人物之一，与曾国藩等人并称"晚清中兴四大名臣"。

⑧ 玉池山：位于湖南汨罗市南端，属幕阜山余脉，被称为"长沙北往第一山，岳阳南来隔独秀"。

城池，大有土崩瓦解之势。这年年底，太平军用地雷轰塌武昌城墙，攻克了武昌。这是太平军攻下的第一座省城，举国震动。

眼看大清半壁江山换了颜色，咸丰皇帝气急败坏。他对八旗兵与绿营兵①的软弱涣散虽然早有觉察，但没想到竟如此不堪一击。前方局势急转直下，促使清廷不得不另寻救急之策。不久，清廷饬令各省在籍的大臣举办团练，自卫桑梓。正在老家为母服丧的二品大员曾国藩自然也在其中。

咸丰二年（1852年）十一月末，咸丰皇帝下谕给湖南巡抚张亮基②说："丁忧侍郎曾国藩，籍隶湘乡。对于湖南的地方人情，自然十分熟悉。着该抚传旨令他帮同办理本省团练，搜查土匪事宜，他必定尽心不负委托……"

中国封建社会历来讲究"以孝治天下"，清朝时更有明文规定，无论职位多高的官员，父母去世后必须离职守制。如果遇到特殊情况朝廷需要这位官吏，必须发特诏，命其不必去职，以素服办公，可以不参加吉礼；或者在守制尚未期满之时，即令其复职，这种制度称为"夺情"。但有的官员为了表示尽孝的诚心，连皇帝"夺情"的谕旨也可以不听。封建社会讲"君要臣死，臣不得不死"的"忠"，但臣子若以"孝"来对抗，皇帝也无可奈何，因为包括皇帝在内，都要以孝为先。当然，这样做要冒着被君主厌弃的危险。

就历史上被"夺情"的大臣而言，可谓各怀心事。有的人是为了不离开权力核心而自愿"夺情"；有的人是为了辅理朝政而不得不"夺情"，但结果大多会招来士人的讥笑嘲讽，有的甚至因此身败名裂。

明代内阁首辅张居正就是一个典型的例子。万历五年（1577年），张居正的父亲在湖北江陵病逝，当时万历皇帝尚年幼，于是令张居正

---

① 绿营兵：清朝常备兵之一。顺治初年，清朝在统一全国过程中将收编的明军及其他汉兵，参照明军旧制，以营为基本单位进行组建，以绿旗为标志，称作绿营，又称绿旗兵。

② 张亮基（1807—1871）：字采臣，号石卿，江苏铜山（今徐州）人。清朝官员，历任云南巡抚兼署云贵总督、湖南巡抚、湖广总督、山东巡抚、贵州巡抚等职。曾参与镇压太平天国起义、云南回民起义及苗民、号军和斋教起义。

"夺情视事"。张居正听从王命，移孝作忠，结果招来士人的强烈反对，他因此廷杖反对者。

曾国藩熟悉历代掌故，对清代理学家李光地①的"夺情"也有自己的看法。当年康熙皇帝优待汉族大臣，对福建籍的李光地尤为信任。他准备收复台湾时，曾多次咨询李光地，李光地也直抒己见，献计献策。但"中年夺情"对理学家李光地而言，却成为士人诟病他的根源。如今，曾国藩也面临和李光地一样的两难抉择。

曾国藩一向笃信理学，视"诚、孝"为人臣之大节。因此，当他接到那份要他出山的上谕时几乎没有任何迟疑，立即草拟奏折，恳请离职守制，并呈湖南巡抚张亮基代为上奏，极力陈述自己不能"夺情"出山的缘由，但奏表还没有发出，他便陷入矛盾之中。饱读诗书的他，深知忠孝的大节是为国尽忠，是去建功立业，是成就"三不朽"。但母亲尸骨未寒，自己就披着热孝上战场，即使不被天下人耻笑，他自己也心有不忍。

十二月十五日，曾国藩又接到张亮基的来信，得知武昌城已于十二月初四被太平军攻占，十分震惊。他认为湖北失守关系甚大，又担心长沙人心惶惶，自己理当出来保护家乡的父老乡亲。现在的情形不同于和平时期，武昌被攻克，长沙则不保，一旦湖南倾覆，即使他想为母亲服丧也不可能办到。覆巢之下，岂有完卵！曾国藩内心开始动摇了。

恰巧这天曾国藩的好友郭嵩焘赶到湘乡为曾母吊唁，湘乡县令朱孙诒知道郭、曾二人关系非比寻常，不敢怠慢，立即派官轿送郭嵩焘前往曾家。经过120里的山路跋涉，郭嵩焘赶到曾家时已是深夜。

郭嵩焘出生于湖南湘阴的一个地主家庭，后来家道中落，14岁为饥寒所迫，发愤读书。18岁时郭嵩焘考中秀才，第二年进入岳麓书院就读，与曾国藩建立同窗之谊，但他们并非同期，也未曾谋面，直到道

---

① 李光地（1642—1718）：字晋卿，号厚庵，别号榕村，福建泉州府安溪（今福建安溪）人。清代理学名臣，历任兵部右侍郎、直隶巡抚、文渊阁大学士兼吏部尚书。曾协助康熙皇帝平定"三藩之乱"，统一台湾。

光十六年（1836 年）曾国藩科考失败回到长沙，经刘蓉介绍，三人结为至交。道光十七年（1837 年），郭嵩焘考中举人；次年与曾国藩一同赴京会考。曾国藩考中第三十八名进士，郭嵩焘则名落孙山。道光二十年（1840 年），家贫如洗的郭嵩焘二次上京，大有破釜沉舟之气势，但依旧落榜，从此开始了为期两年的江浙幕僚生活。道光二十四年（1844 年），郭嵩焘第三次赴京会考，住在曾国藩家中，但会考仍旧失败；直到道光二十七年（1847 年）第五次参加会试时他才高中进士，从此跻身仕途。此时他因父亲病逝而居丧在家。

两人久别重逢，秉烛畅叙。谈及时事时，曾国藩认为自己应当守制，不能出来主持团练。郭嵩焘素知曾国藩野心勃勃，一直以整治封建秩序为己任，现在既然面临"时势造英雄"的机会，为什么不趁机施展抱负呢？他还为曾国藩分析了太平军无法成功的原因。他说，太平军的致命之处在于崇拜上帝，迷信《新约》，而以中国传统的儒教为敌，所到之处毁官学、砸孔庙、杀儒士，文人学士无不切齿痛恨。即使乡野草民、贩夫走卒也对他们毁关庙、烧寺院的行为痛恨至极。这时若能挺身而出，捍卫道统正义，争取民心，可以说是应天命、顺人心，灭洪杨、振国威，正可一展宏图。接着，郭嵩焘又举了"夺情"之事古已有之的例子来说服曾国藩，其苦口婆心、情真意切，不可言表，给标榜"忠孝"的曾国藩一个很好的台阶。但为了表示自己尽孝的决心，曾国藩仍然没有同意。

此后，郭嵩焘又反复耐心地与曾国藩的父亲谈"保卫家乡"的道理，曾父认为他所言有理，便把曾国藩叫到面前劝导一番。曾国藩这才勉强应允，但他应允之后却迟迟没有起程。

郭嵩焘见状，又和弟弟郭昆焘①一同前往曾家劝说，曾国藩趁机以郭氏兄弟入幕参赞作为条件，郭嵩焘只好答应下来。此后四年，郭嵩焘

---

① 郭昆焘（1823—1882）：原名先梓，字仲毅，自号意诚，晚号樗叟，湖南湘阴人，郭嵩焘之弟。因会试两次落第，遂绝意科举。曾参与镇压太平天国，以功赏国子监助教衔，又以协赞军事，官内阁中书。

大部分时间都在曾国藩的幕府中度过，成为湘军初创、曾国藩"大业"初起时的得力干将之一。

其实，曾国藩之所以不敢贸然出山，除了"忠""孝"不能两全的矛盾之外，还有另一重顾忌。他是个十分务实的人，深知自己讲理学、佐朝政尚可称职，但对于兵法阵战、练兵打仗则是不折不扣的外行。而且，打仗是人命关天的大事，与写文章不同，尤其是朝廷让地方乡绅自筹饷项，而他平素所交之人大多是贫寒之家。筹不到银子，自然不可能招到兵勇。这些顾虑沉重地压在他心头，无从解决。因此，当乡间名流好友及巡抚大员一再请他出山时，他最初一概拒绝。

咸丰二年（1852年）十一月，曾国藩在写给刘蓉的信中解释自己迟迟不赴团练局的真正原因："我之所以在各位君子之后才迟迟来到这里，是因为七月二十五日闻知母亲去世的消息，至十一月初五才脱去热孝的丧服，如果匆忙奔赴县城，又不能身着缟素而入公门。况且局中要务，不外乎训练武艺、催收捐项两件事。我对行军用兵的道理并不熟知，至于平时的训练，所谓拳经棍法不尚花拳绣腿，我都一概不懂，就像分不清菽麦一样。又听说石樵先生（指朱孙诒）的胆量与勇气，及左右与罗山、赵、康、王、易等诸君子讲求切实，我扪心自问，实在不及其十分之二三。至于催促捐项，无论多么紧急，也不可随便进入人家。即使贸然从事，我少年的故交大多不是殷实之家；那些稍有资产和能力的，大多只闻其名而不识其人，一旦前往劝捐，别人将对我敬而远之，于事无补。这也是事理常规。所以再三踌躇，迟迟未出。"

曾国藩办事一向讲究条理，往往要从最根本处讲求。让一个身带墨孝的人出入乡绅富户之家，是对先人不孝，也是对他人不恭。况且，他的"人脉资源"在筹集饷项上几乎无甚大用。但是，他又是一个有责任感的人。他对刘蓉说："国藩居湘乡之土，为湘乡之民，从大义上讲，不可不同心合力保护桑梓，打算在百日之后前往县门，以表明同舟共济之义。"并提出自己的意见，"壮勇贵精而不贵多，设局宜合而不宜分"，认为"但得敢死之士四百人，则固可以一战"。

十二月十五日，曾国藩又给自己的内兄欧阳秉铨写信，请他前往京师，帮他将家眷接回湘乡；还说自己在家服丧仅四个月，家中诸事尚未料理，此时若立即出山办理官事，则不孝之罪更大。为了取得昔日好友对他内心苦楚的理解，他还将折稿寄到京师，请欧阳秉铨转交昔日同僚相好。

奉旨办团练，借势辟蹊径

尽管有着这样那样的隐忧，但在父亲的殷切期许中，在好友的再三劝说下，曾国藩终于决定出山筹办团练，从此走上"以杀人为职业"的道路。

咸丰二年（1852年）十二月十七日，曾国藩和郭嵩焘一起从家乡动身前往长沙。途经湘乡县城时，他特地拜访了朱孙诒、罗泽南、刘蓉、王鑫①等人。当时，他们刚好接到巡抚张亮基征调一千名湘乡练勇赶赴省城的札令，于是和曾国藩一道起程，由此组建成曾国藩办理团练、训练湘军的最初班底。

十二月二十一日，曾国藩一行赶到长沙，与张亮基连夜会晤后，二十二日便具折上奏。

遵照咸丰皇帝的旨意，曾国藩到达长沙后的第一要务就是帮办团练，那么，他如何开始这一转变人生的事业呢？

曾国藩在京师曾兼任兵部左侍郎，对清王朝的军政腐败有透彻深入的认识。他清醒地意识到，只有改弦更张，才能走出困境。

当时清朝正规军主要由八旗兵和绿营兵构成。在编制和待遇等方面，两者的差别很大，八旗兵在许多方面的待遇都优于绿营兵。但早在康熙皇帝平定"三藩之乱"时，八旗兵的衰弱已是不争的事实，因此，

---

① 王鑫（1825—1857）：字璞山，自号四愿居士、养拙子、返璞山人。湘军早期重要将领，一手创建调教了湘军老湘营部。治军极严，闲时教士兵读《孝经》、"四书"。后病逝于江西战场，年仅33岁。

这场长达八年的战争，最后主要靠绿营兵终结。"三藩"平定之后，八旗兵对绿营兵的依赖日益严重，后来乾隆皇帝评价说："打起仗来，八旗不过随众行走，还不如绿营奋勇，深为可恨。"这说明八旗兵的主力地位已被绿营兵取代。

绿营兵不仅在平时担负繁重的地方杂役，战时还要为八旗兵打先锋、当后勤，待遇远不如八旗兵，还处处受压制，加上装备落后、兵将不亲，因此，自嘉庆初期五省白莲教起义①以来，绿营兵也逐渐走向衰落。

除了这两支正规军之外，清朝还有乡兵。乡兵始于雍正、乾隆时期，当时只是随机招募、随时解散，没有一定的编制。它的存在只是权宜之计，作为正规军的补充及特殊情况下的应急之用。后来，因为在镇压白莲教起义时起到不可忽视的作用，更因为八旗兵和绿营兵的衰落，乡兵的地位日益重要起来。

太平天国起事后，清廷先后调派李星沅②、赛尚阿、徐广缙③、向荣④等多位高官前去镇压，但都没能扑灭起义的火种，太平军势如破竹，一路高歌奋进。

李星沅是接替卒于南下途中的林则徐的又一位钦差大臣。此前，他主要服官地方，也算有所作为。十年前，曾国藩赴四川充正考官时途中患病，多亏时任陕西巡抚的李星沅延医护侍，李星沅的母亲还为曾国藩做了好几天的祈祷，曾国藩因此对他颇为感念。李星沅于道光三十年

---

① 白莲教起义：指嘉庆年间爆发于四川、陕西、河南和湖北边境地区的白莲教徒武装反抗清王朝的事件。从嘉庆元年（1796）到嘉庆九年（1804），起义历时九年，是清代中期规模最大的一次农民事件。

② 李星沅（1797—1851）：字子湘，号石梧，湖南湘阴人。历任兵部尚书、陕西巡抚、陕甘总督、江苏巡抚、云贵总督、云南巡抚、两江总督等职。曾参与禁烟及鸦片战争，有文才。

③ 徐广缙（1797—1869）：字仲升，一字靖侯，安徽太和大新镇徐寨人。历任福建按察使、顺天府尹、四川布政使、江宁布政使、云南巡抚、广东巡抚、两广总督和两湖总督等职。

④ 向荣（1792—1856）：字欣然，四川大宁（今重庆市巫溪县）人。晚清名将，官至四川提督、固原提督、广西提督、湖北提督。

（1850 年）年底奉旨到达广西，断定洪秀全等人来者不善，于是上书朝廷，建议调集兵力，一鼓作气，聚而歼之。同时，他还认为前方将帅存在"事权不一"的弊端，请派大将军出征统率。但这些建议不但未被采纳，反而遭到咸丰皇帝严词训斥。忧惧交加的李星沅不久便卒于军中。曾国藩闻讯后，作挽联以示哀悼：

八州作督，一笑还山，寸草心头春日永

五岭出师，三冬别母，断藤峡外大星沉

李星沅去世后，继任的赛尚阿贵为首席军机大臣，位高权重，他调集四万多人的兵力，但左右既无得力之人，又无谋士，加上长期沾染内务府的习气，因此，当太平军攻打湘潭时，他被革职拿问。

继赛尚阿之后的徐广缙，以钦差大臣署理湖广总督之职，与太平军周旋。但是，当太平军围攻长沙时，徐广缙却躲在湘潭；太平军围攻武昌时，他又在湖南逗留不进，并奏报："数日之间即可解围。"清廷刚接到他的奏报，武昌即被太平军攻下。咸丰皇帝在上谕中愤慨道："该大臣如此料贼，真是让人长叹！"随后，徐广缙被革职押解回京，定为斩监候，原籍家产及任所资财也全被查抄。

随后，清廷以向荣替代徐广缙之职。向荣是一位行伍出身的战将，读书不多，统兵行阵，尚能面面俱到；运筹帷幄，则非其所长。他终身镇压农民起义，谋划并不少，战绩却不显著。

自咸丰三年（1853 年）春受任钦差大臣后，向荣不断遭到咸丰皇帝的严责和痛骂："似此等打仗，不过谨免大败……若不能攻克金陵，汝亦无颜见朕。""汝在江南，劳师糜饷，日久无功，任贼纷纷窜逸，蔓延畿辅。虽立斩汝首，尚不足蔽汝一人之罪，稍泄数省积忿万人之心。第一时乏人，姑念汝自广西至今，情形尚熟，暂留汝项上之首，以待汝奋勉立功。若每次奏报仍不过敷衍塞责，是汝无福承受朕恩，自速其死。"咸丰六年（1856 年）因屡战屡败，向荣在丹阳军营忧愤而死。

向荣虽略胜李、赛、徐三人，但无异于五十步笑百步而已。军队的情况十分糟糕，当时一位路过两湖的官僚这样概述："兵畏贼，不畏将；将畏兵，不畏法。"向荣所部战斗力不差，但每打一次胜仗，一名士兵就要赏银一两。后来听说要改为三钱，军中立即哗然，众士兵发誓再也不出力效命。将帅之间互相掣肘，将与兵的关系如同路人。这一切表明，清朝原有的军事体制已经无法适应当前战争的需要，而团练正是在这样的形势下走上历史舞台。

道光三十年（1850 年），清廷命两广总督徐广缙到广西劝谕士绅兴办团练，以协助绿营兵一起对付太平军。咸丰二年（1852 年），太平军北上湖南，咸丰皇帝命令两湖，尤其是湖南加紧兴办团练，并下令原湖北巡抚罗绕典①劝谕当地士绅协助湖广总督及湖南巡抚。咸丰三年（1853 年），清廷进一步明确要求全国各地普遍兴办团练，任命丁忧或在籍的官员为团练大臣。一时间，全国各地的团练大臣达四五十人之多，仅山东一省就任命了十三位团练大臣，江苏有八位，浙江、福建也各有四位。为了取得实效，清廷还将咸丰皇帝的有关谕旨以及嘉庆年间明亮②、德楞泰③的《筑堡御贼疏》、龚景瀚④的《坚壁清野议》等奏折刊刻印发，以供团练大臣在实际操作中参照执行。

湖南兴办团练可以说早有传统，也很有成效。乾隆年间的傅鼐⑤、道光年间的江忠源都是因此而名扬四海。曾国藩的家乡湘乡县也是湖南兴办团练最早的县之一，他的弟弟曾国潢就曾在家乡组织"安良会"，

---

① 罗绕典（1793—1854）：又作老典，字兰陔，号苏溪，湖南安化大福坪（今大福镇）人。博学多识，诗文俱佳。历任陕西督粮道、山西按察使、贵州布政使、湖北巡抚、云贵总督等职。曾参与镇压太平天国起义及少数民族起义。

② 明亮（1736—1822）：富察氏，字寅斋，满洲镶黄旗人。清朝将领、外戚，官至大学士。

③ 德楞泰（1749—1809）：伍弥特氏，字惇堂，蒙古正黄旗人。清朝名将，从征金川、石峰堡、台湾有功，累迁参领，赐号继勇巴图鲁。

④ 龚景瀚（1747—1802）：字惟广，一字海峰，福建闽县（属今闽侯县）人。历任靖远知县、中卫、循化同知、固原知州、邠州知州、庆阳知府、兰州知府等。

⑤ 傅鼐（1758—1811）：字重庵，顺天宛平（今属北京）人。清朝官员，擅长苗疆事务，官至湖南按察使。

用于对付聚众抢劫者。

当曾国藩带着湘乡练勇来到省城时，湖南巡抚张亮基从湖南以外省份调来的一千多名乡兵已经赶到，其他各县如新宁、辰州（今湖南怀化市北部地区）、宝庆（今湖南邵阳市）、浏阳等地的练勇也陆续赶到。曾国藩与张亮基就如何训练团勇、加强防卫进行商讨。曾国藩认为，团勇用于维持地方稳定尚可，嘉庆年间虽然依靠团练武装镇压白莲教取得了成功，但现在形势发生了很大变化，团勇已经不能适应当前的任务。首先是粮饷发放不同。嘉庆初年，团练的费用出自国库，因而可以大力举办，不会增加地方和民间的负担。到了咸丰初年，朝廷财政拮据，军饷尚且难以为继，哪有余力供给团练费用？因此，团练的饷项概由地方绅士自筹解决，与官府无关，这显然不是长远之计。其次是作战对象不同。白莲教人数较少而分散，此起彼伏，内部矛盾突出，没有统一的指挥，有利于各地团练武装围追堵截、各个击破；而太平军组织严密，指挥统一，水陆并进，号称百万之师。正规军都逃之唯恐不及，团练武装又何异于螳臂当车？更有甚者，如果委任不得其人，承办者趁机搜刮民财，迫使走投无路的民众起来反抗，无异于火上浇油，加速自身的灭亡。因此，曾国藩主张将所调各县团勇改为募勇，将他们训练成军，用以抵抗太平军及镇压本省各地的会党活动。张亮基也同意曾国藩的意见，于是将调集至省城的各县团勇改编为官勇，由湖南巡抚和团练大臣负责指挥，并发放粮饷。

不久，曾国藩又与张亮基、潘铎①共同商议长沙的防御大计，决定将留在云南、河南的士兵撤回长沙，然后在招募的士兵中挑选勇敢善战者留下。经过一番淘汰，这次总共留下三千多名兵勇，足够长沙防守使用。

要想办好团练，捐钱敛费是非常必要的，但真正实施起来却面临很

---

① 潘铎（？—1863）：字木君，号振之，江宁（今江苏南京）人。清朝官员，历任广东盐运使、四川按察使、山西布政使，署巡抚，官至云贵总督。

多棘手的问题。曾国藩反复思量，考虑以什么方式办团练更适宜。他首先想到并村结寨，可以筑墙建碉，多置器械，广延教师，招募壮士，进行常规训练，但这需要花费很多钱，民众反对的可能性较大。假如不并村结寨，不立碉堡，不置旗帜，不募勇士，尽管住得分散，也很容易聚集，干活的农具亦可当成武器，如此一来花费将大大减少，民众也会特别支持。他权衡再三，最后决定采用第二种方式，因为这样不仅省钱省力，而且赢得民心，使百姓深受鼓舞。

曾国藩初办团练离不开几个人鼎力支持，他们是罗泽南、王鑫、李续宾①和李续宜②兄弟。他们在团练组建中进行先期的经验探索，并致力于资源力量与人才的储备。

太平军进入湖南后，湘乡县令朱孙诒曾募勇千人，在衡州协助清军防堵。他还召集各地乡绅订立章程，在湘乡县城设立总团，在湘乡、永丰（今湖南娄底市双峰县）和娄底（今湖南娄底市娄星区）分设三个团练局，并请曾国藩的父亲曾麟书出面筹办，又请乡绅罗泽南、刘蓉协办湘乡团练。

罗泽南长期在善化（今湖南长沙市）、湘乡等地教书，培养了一大批学生，其中不少人后来都成了湘军初建时期的重要人员，如王鑫、李续宾、李续宜等人。咸丰二年（1852年），太平军从广西进入湖南。罗泽南以一介书生在湘乡操办团练，带领弟子组织起一千多人的队伍，决心将平生所学化为匡救时难的经世之功，也正是这支队伍坚定了曾国藩建功立业的信心。因此，曾国藩出山后首先想到的人就是罗泽南。后来，罗泽南成了湘军中有名的儒将、曾国藩的左膀右臂。

王鑫作为罗泽南的得意门生，早在道光二十九年（1849年）夏天便出面组织了富绅自卫队，用来弹压在湘乡县南抢掠富户的饥民。太平

① 李续宾（1818—1858）：字如九，一字克惠，号迪庵，湖南湘乡人。晚清湘军名将，常当前锋、打硬仗。后在三河之战中陷入太平军的重兵包围，最终战死（一说自杀）。
② 李续宜（1823—1863）：字克让，号希庵，湖南湘乡人。晚清湘军名将，多次大败陈玉成、石达开等部太平军，积功至安徽按察使、湖北巡抚、安徽巡抚、钦差大臣等。

军攻破道州后，他又上书县令朱孙诒，请求编办团练，并协助罗泽南挑选乡勇，积极组织训练。

李续宾、李续宜兄弟家境贫困，李续宾自幼膂力过人，善于骑射，早年以贩煤养家糊口，并供胞弟李续宜读书。罗泽南很赏识他，于是将兄弟二人一并收为学生，除了免收他们的学费以外，还从自己微薄的收入中省出一部分来让他们供养双亲。罗泽南练勇之初，李续宾兄弟成为他最得力的助手。

罗泽南最初在湘乡练勇一千多人，分为左、中、右三营，分别由他本人和王鑫、李续宾率领。太平军离开湖南，顺长江东下以后，阻击长沙的各路清军也尾随而去。一时间，长沙城内防务空虚，巡抚张亮基急调罗泽南率湘乡练勇前来守城，曾国藩则以此为基础，开始编练新军。

在时代提供了一个转换人生角色、施展抱负才华的新契机时，曾国藩这个信奉程朱理学的学者型官僚，适时地抓住了这个机会，利用这一"变局"，把自己由守制官员变成军队将领。从咸丰二年（1852 年）奉旨兴办团练到同治十一年（1872 年）去世的二十年间，他一直没有离开过军营。用他自己的话说，"以杀人为业，择业极为不慎，有违书生奉义"。但纵观曾国藩的一生，如果没有这次不慎的"转业""改行"，他也不可能成为"办事兼传教之人"。

作为团练大臣，曾国藩的职责是帮同办理本省团练、组织乡民搜查土匪等事务，咸丰皇帝并没有让他募勇练兵、建立军队。但曾国藩善于抓住机会，他打着咸丰皇帝的"练"字招牌，开始了驰骋疆场、建功立业的人生历程。为了使自己的计划能够名正言顺地实施，他在"团练"二字上大做文章，将它们分为"团"和"练"。他说"团练"二字宜分开来看，"团"是保甲之法，包括清查户口、不容留匪人等；"练"是制造武器、挑选兵勇、请师造旗等。由此可见，他既没有机械地执行皇帝的旨意，也没有盲目效仿前人、照搬他人办理团练的模式，而是根据实际情况，打着办理团练的旗号"另起炉灶"。

团练本是用来防守地方小股盗寇的，如果用来防御强敌便无能为力。若干年后，曾国藩的幕僚薛福成①在总结曾的成功之道时颇有感触地说："以团练辅助得力的劲旅进剿强寇，尚可作为坚壁清野之计；若专门依靠团练进剿强寇则不可行。"他同时还指出，无论是决策层还是言官，都认为团练可以成功，因为它不像正规军那样，没有筹饷之难，没有募兵之劳，反而能坐享其成。但薛福成一针见血地指出："天下事没有实际意义的很少收到成效，而务虚名的多留后患。"为此，他还举出三个例证，一个是罗绕典，当时在籍"丁忧"，闻诏后即赴长沙与本省巡抚会办军务；另一个是前刑部尚书陈孚恩，在南昌与江西巡抚帮办军务。他们是清廷最早任命的两位团练大臣，由于他们与巡抚同在城中，时间又非常短，因此虽然没有收到实际成效，但也不至于互相倾轧。而后来者就不同了，安徽的吕贤基②以工部侍郎在籍办团练，但在皖北危急之时，无兵无饷，赤手空拳，最后殉难于舒城（今属安徽六安市）。与这些人相比，曾国藩走出了一条新路，也就是打着"练"字招牌，将团勇改练成军。

咸丰皇帝在兴办团练的谕旨中曾一再申明办兵原则，即不能取代正规军："着各该抚分饬所属，各就地方情形妥筹办理，并出示切实敦切的文告，或筑寨浚濠，联村为堡；或严守险隘，秘密捉拿违法作乱之人。无事则各安其业，有事则互卫身家。一切经费均由地方上的士绅掌管，不假吏胥之手。所有团练壮丁，不得远行征调。"这样规定的目的在于遏制太平军扩大兵力，防止"驱民为寇"。由于团练不脱离生产，不拿官府军饷，不离本土本乡，同时还要接受地方大吏的督促和管辖，因此团练大臣只是帮同办理。

但曾国藩认为这种办团练的方法并不恰当，他一心想要另辟新路。在他看来，对付势头正盛的太平军，必须有一支强悍敢战的军队。有了

---

① 薛福成（1838—1894）：字叔耘，号庸庵，江苏无锡宾雁里人。近代散文家、外交家，洋务运动的主要领导者之一，资本主义工商业的发起者。

② 吕贤基（1803—1853）：字羲音，号鹤田，安徽旌德人。清朝官员，历任编修、监察御史、工部左侍郎、刑部左侍郎等职。

这样的军队，当太平军返回湖南时，就可以据城抵抗，守卫桑梓；当太平军主力远离湖南时，则可以出省作战，主动进攻。要想达到这一目的，这支军队就必须靠自己募勇训练。因此，他一到长沙，便向湖南巡抚张亮基表明自己的想法。正所谓"英雄所见略同"，张亮基也早有此意，两人一拍即合。

管它"盗""教""会"，剿杀唯干净

正当曾国藩大致捋清了办理团练的思路，圣旨也送到了湖南。咸丰二年（1852 年）十二月三十日，咸丰皇帝下旨，命张亮基、潘铎与在籍侍郎曾国藩共同办理湖南招募兵勇事宜。

咸丰三年（1853 年）正月初三，咸丰皇帝又下谕旨，说他日夜思考除暴安良之事，认为即使在匪徒横行的地方，也是良民居多。作为封疆大臣，只有把匪徒铲除，才能保证百姓不受伤害，让地方得以安宁。浏阳、攸县（现湖南株洲市辖县）等地的匪徒，各署督抚要认真查办，并与在籍侍郎曾国藩一道参照地方形势，统筹办理，完全剿灭。所有这些，都说明咸丰皇帝为剿匪一事忧虑万分。

曾国藩对此责无旁贷，他在长沙上任没多久，便把严惩土匪作为首要大事来办理。

咸丰三年（1853 年）二月十二日，他向咸丰皇帝上了一道《严办土匪以靖地方折》，系统表述了对"会匪"要严刑峻法的观点：

湖南会匪之多，人所共知。去年太平军进入湖南、湖北，凡加入天地会的人，大半都跟随他们而去，但是仍有余孽未尽。此外，又有所谓串子会、红黑会、半边钱会、一股香会，名目繁多，往往成群结党，啸聚山谷，如东南的衡阳、永州、郴州、桂州（今广西桂林市），西南的宝庆（今湖南邵阳市）、靖州（今属湖南怀化市），万山丛薄，成为匪徒聚众发展的地区。这些都因为近年官府亦深知会匪不可遏止，更不想

在自己任内爆发祸事，因而相互掩饰补救，以苟且求安，积数十年应办不办之案，而任其拖延；积数十年应杀未杀之人，而任其横行，最终酿成今天的巨患。如今乡间无赖之民，嚣张而不安分。不仅往年命案、盗案的首犯逍遥法外，而且近年粤匪、土匪的肆行皆猖獗而莫测，于是以为法律不足依靠，官长不足畏惧。平日在家造作谣言，煽惑人心，白日抢劫，毫无忌惮。如果没有严刑峻法，痛加诛戮，就不能打击他们的斗志，而将其消灭在萌芽状态。

依臣之愚昧的想法，应重用严刑峻法以锄灭强暴。只希望良民百姓有安宁的日子，即使个人落下严酷的坏名声也绝不推辞。但愿通省无不破之案，即使剿办有棘手万难之处也不敢推辞。誓当尽除湖南大小各会匪，涤瑕去秽，扫荡廓清，不敢稍留余孽，令皇上担忧。至于教匪、盗匪，与会匪一律惩处。

曾国藩在这份奏折中描述匪徒残忍的话语令人触目惊心，所以咸丰皇帝接到他的奏折后，马上同意他的看法，批阅道："办理土匪，必须从严，一定要斩草除根。"

这份奏折的标题虽然是"严办土匪"，但奏折中却只字未提土匪，而满篇都是"会匪""教匪""盗匪"。实际上，土匪与所谓"会匪"有根本区别，土匪是指以抢劫为生的人，"会匪"则是曾国藩认为具有政治倾向的民间秘密组织。在湖南少数地区，"啸聚山谷"的土匪确实存在，但只是极少数的不法之徒。为了从根本上摧毁民间的反清基础，曾国藩借严办土匪之名有意扩大打击面，将会党、教民都称为"匪"，列入打击范围。不仅如此，他还将打击面扩大到因生活无着而有可能倾向革命的一切人群，他在奏折中说："三者之外（教匪、盗匪、会匪）又有平日的痞匪与近期新出的游匪。何谓游匪？逃兵、逃勇，奔窜而返，没有路费回家。"对于这些人，一经拿获，"即用巡抚令旗，恭请王命，立行正法。对于平常的痞匪，如奸胥、蠹役害民的差役、讼师、光棍之类，也应加倍严惩，不再拘泥成例，概以宽厚为心"。在他看来，不仅教匪、盗匪、会匪要杀，痞匪、游匪要杀，甚至连因家贫而娶不起妻室的光棍也在"加倍严惩"之列，难怪他后来干脆标榜自己"以杀人为业"。

既要杀"数十年应杀未杀之人"，就必须具备数十年应有未有之杀人手段，尤其需要数十年应有而未有的杀人机构。曾国藩凭借自己的特殊地位，在极短的时间内建立起一套完整的、与湖南巡抚并行的行政系统，即在省城长沙建立"协办团练大臣公馆"，内设审案局等办事机构，又在全省各州县建立听命于己的绅团。他可以不通过巡抚，而以个人名义向全省发布文告，向团绅以及部分他认为可靠的州县官员布置相关事务。

曾国藩在省城办理的街团，凡遇到游匪或者形迹可疑的人，便立即抓获调查。对于抢掠结盟的，用巡抚令旗便可将他们一一正法。他认为，只有这样才能保护大清皇帝的统治基业。

曾国藩不但自己随意杀人，动不动就将人处以千刀万剐、五马分尸的极刑，同时还授予审案局杀人权，甚至公开布置各县绅团在自己的辖区内杀人。他初到长沙，先后发出《与湖南各州县书》《与湖南省城绅士书》《与湖南各州县公正绅耆书》等，命令各州县官吏、士绅迅速从严剿办土匪，称"自太平军滋事以来，各省的坏人常怀不肖之心，总想犯上作乱，如果一次不加以惩处，则会胆大藐视法令；二次不加以惩罚，则聚众横行"。他还指出，如果各县力量不足，尽可派人前来禀报，审案局将立即发兵前去协助剿灭，"只希望处理迅速，去一匪，则一乡清净；剿一巢，则千家安眠"。他主张采取治安联防的办法，要求长沙的地主士绅严加防范太平军回窜，查拿奸细，"以本街之良民，查本街之土匪"；每一栅栏之中，选择四五家良民专司其事，白天留心查访，晚上轮流看守，遇有形迹可疑者，则扭送至审案局查办。这样，"内奸既清，外寇自不得入"。

在要求湖南各州县普遍推行并村结寨、团练保甲经验的同时，曾国藩还以严刑峻法来打击"坏人"的反抗，"对于素行不法、造谣惑众的人，由各团练处死也无不可；对于聚众排饭（即吃大户）、持械抄抢的匪徒和痞棍，格杀勿论"；如有"剧盗"成群，啸聚山林，打家劫舍，则发兵"剿杀"无余。这样一来，连乡绅团长都有了杀人的权力。

为了调动州县官员和地方豪绅的积极性，曾国藩将过去衙门办案的大部分程序省略掉，为他们捕杀和捆送农民大开方便之门。处置被捆送者时，既不依照法律条文，也不需要任何证据，仅以豪绅的言辞和要求为据，稍加讯问便立即结案，重则砍头，轻则杖毙，最轻的也要鞭之千百。此时，曾国藩的审案局成了众人口中的"阎王殿"，豪绅犹如无常鬼，凡是被各地团练头子捆送审案局的人，休想活着回去。

曾国藩不但给湖南各州县绅耆写信，鼓励他们杀一儆百，而且在他的私人信件中也经常出现这种连篇累牍的指令。咸丰三年（1853 年）正月十四，他在写给左宗棠的信中说："听说长江下游败退的兵丁乡勇纷纷南下，你们应该加强军务防范，以不让溃散兵勇进入各城为上策。兵勇中尤为桀骜不驯的，可杀几个来惩戒众人……"

此外，他还在写给欧阳兆熊的书信中颇为得意地说："匪类解押到我这里，重则立即处决，轻则死于棍棒之下，再轻的则鞭之千百。我这里所做的，只有这三项事，大案自行汇奏，小案则由我处理，希望早点结束，无所挂碍牵掣于其间……"

作为一方巡抚的张亮基很支持曾国藩的行为，认为"宁失之于严，不失之于宽"。这样一来，曾国藩残酷杀人的行为就相当于得到朝廷及地方长官的默许。因为他是"杀土匪"，即使告到皇帝那里也无济于事，此时咸丰皇帝最恨的就是"土匪"太多。凡捉到的都是"匪"，因此无须过多审问，只要"验明正身"，就可以"杀"！很快，张亮基上折奏报朝廷，称赞曾国藩"有胆有识，刚强干练"。

曾国藩把审案局设立在长沙鱼塘口自己的寓馆内，委派候补知州刘建德等人负责案件的审理。他对处理案件的速度和效率颇为自得，在给僚属的信中对自己的所作所为更是直言不讳："国藩以前月下旬于寓中设审案局，十日内已杀五人。"

即使如此，曾国藩还觉得不够，他于四月十六日写信给好友陈源兖说："实际上，三月以来仅杀五十人，与过去严刑峻法之人相比，还远远不如。"按他所说，每天大约杀三人，并且仅限于长沙一地，至于全省就更加无法统计了。

曾国藩所杀的究竟是一些什么人呢？是否都是"数十年应杀未杀之人"？

据《曾国藩年谱》记载，安化县（今湖南益阳市辖县）下属的蓝田（今属湖南涟源市）有串子会聚众谋乱，曾国藩下令湘乡县令朱孙诒派练勇前去捕拿，并于五月写信给张亮基说："安化蓝田有串子会，啸聚三四百人。弟密信朱石翘（指朱孙诒）刺史带兵勇四百人，借查团、查账为名，乘其不备而加以逮捕，得要犯九十人，于四月底押解到。现在坚决不招供，我打算根据该处绅士吁请，一概处以磔刑。"事后，他在给朝廷的奏折中说："安化县蓝田地方土匪，纠集结盟拜会，意图勾引粤匪谋逆情事，密令现准升补郴州直隶州前署湘乡县知县朱孙诒前往掩捕，当即设法诱获九十二名，报解来省。唯该犯梁治殷等狡狯至极，能熬刑审，坚不认供，而且诬陷绅士，指为同伙，尤其刁诈。不久，据安化县知县李逢春先后拿获四十余名土匪押解到省城。陆续斩决六十七名，监毙狱中者三十六名，永远监禁者四名。"由此可知，蓝田一案实际处死了百余人，而被判决永远监禁的四人也必死无疑。

蓝田乃丘陵地区，周围数十里并无大山，哪来的土匪啸聚？而且这里是典型的四塞之地，与两广相距甚远，也不是太平军所经之地，何谈勾结粤匪？但曾国藩就是这样先将会党诬为"会匪"，又把"会匪"升格为土匪，然后清剿捕杀。

当然，在此期间，湖南地区的确出现过"会匪"暴动的事件，在曾国藩的严酷打压下，被一一平息。

在长沙设立审案局的同时，曾国藩将自己的势力范围逐渐扩大到湖南各地。起初太平军主要由两部分人组成，一部分是洪秀全的"拜上帝会"徒众，另一部分是洪大全①的天地会会众。他们路过湖南的时候，吸引了一批湖南天地会的会众随他们一起北上，但湖南会党依然有很强的势力。在太平军的影响下，这些抗清力量的斗志分外高昂，起义军的烽火燃遍全省各地。抗清的火焰遍燃东南的宝庆、靖州各地。

咸丰二年（1852 年）冬，浏阳的周国虞②、曾世珍、邓万发等人率领忠义堂暴动，但很快被江忠源镇压下去。咸丰三年（1853 年）正月，攸县洪利父子率领的暴动也被张荣祖③等人镇压下去，这支军队由骆秉章④和曾国藩派出。同年二月，曾国藩派刘长佑、李辅朝、王鑫等人镇压常宁白沙堡的农民暴动；派张荣祖出兵宜章（今湖南郴州市南）、桂东、临武，镇压来自广东阳山（今广东清远市阳山县）、江西大庾（今江西赣州大余县）的农民暴动等；派刘长佑、王鑫前往镇压会党曹戴、李跃在衡山草市（今湖南衡东县下辖镇）、吴集（今湖南衡东县下辖镇）发起的暴动。三月，戴正洸率领的永兴、安仁等地的农民暴动，被曾国藩所派的夏廷樾、张荣祖等镇压。这以后，湖南各地的反抗活动比以前收敛了许多。

曾国藩近乎疯狂的"剿匪"行动，使他得到一个外号"曾剃头"。杀人像剃头一样简单，既形容他杀人之轻易，又表明他所杀人数之多。

曾国藩之所以采用如此残忍的手段对付反抗的民间力量，不外乎以下几个目的：

一是制造白色恐怖，使当地百姓不敢接近太平军。当听说江西百姓纷纷欢迎太平军，并以粮食、用品接济时，曾国藩咬牙切齿地说："太

---

① 洪大全（1823—1852）：原名焦亮，亦称焦大，湖南兴宁（今湖南资兴市）人。清末湖南天地会首领，创立了招军堂，称"天德王"。后来在蒙山突围时被俘虏并杀害。

② 周国虞（？—1861）：明朝将领周天赐之后，湖南人。太平天国将领，官至地官又正丞相，战死于黄州。

③ 张荣祖（1806—1872）：字锡圭，号湄卿、润农，湖南省新田县人。清朝官员，历任衡州知府、广西右江兵备道、按察使等职。

④ 骆秉章（1793—1867）：字籥门，号儒斋，广东广州府花县华岭村（今广州市花都区炭步镇华岭村）人。晚清中兴名臣，湘军统帅之一。历任侍讲学士、御史、湖北按察使、湖南巡抚、四川总督、协办大学士等职，一生清廉，被誉为"晚清第一清官"。

平军如果侵犯湖南，敢有助纣为虐的民众效仿江西百姓善待太平军，我即使不能剿灭太平军，也必先剿灭这些为非作乱的坏人。"他认为，只有使民"畏我远过于畏贼"，才能达到孤立太平军的目的。这样做，即使有一天太平军打进湖南，也得不到当地百姓的支持，自然无所作为。

二是杀一儆百，使在太平军鼓舞下反清情绪日趋高涨的广大民众重新屈服于统治者的威权之下，尽快恢复被太平军和会党冲乱的社会秩序。曾国藩认为，由于几十年来"应办不办之案""应杀未杀之人"层积无数，各地农民纷纷造反，尤其是受到太平天国起义的鼓舞，社会底层的贫苦农民纷纷聚敛效仿，若非严刑峻法、痛加诛戮，就不能打消民众企图摆脱清朝统治的念头，使一些即将造反的农民重新回到封建秩序中来。所以，他要用极为残酷的手段对付敢于反抗的民众，惩既往而儆效尤。

三是为地方豪绅撑腰，以便发动他们举办团练，重新组织队伍对抗农民革命。早在咸丰元年（1851年），曾国藩就已经看到，在会党活跃的湘南地区，已有一部分地主士绅向当地农民低头，他们虽然心里不情愿，表面上却不得不低声下气，甚至送钱送酒讨好会党，以求旦夕之安。他认为，在当时地主阶级人心惶惶、垂头丧气的情况下，如果不把农民起义的气焰压下去，乡里的大多数地主老财便不能抬起头来，更不敢公开响应他的号召，组织团练对抗太平军和当地造反的民众。

"曾剃头"这个谑称并不好听，但曾国藩并不在意，他曾对咸丰皇帝说过，因执行皇命被人称为残忍严酷之人，他仍要坚守自己的职责。所以他不会因为"曾剃头"这个恶名而改变自己的"剿匪"计划。

第四章　深谋巧虑建湘军，初试牛刀遭重创

仁礼义勇勤，募勇练新军

在严办湖南土匪的同时，曾国藩并没有放松团练工作。他深知一般的团练没有经过正规训练，根本不足以对付太平军，况且团练在乡里扰民，不得人心。基于这一考虑，他决定改弦更张，组建一支新的军队，即以忠义之气为主的"湘军"。

但是，组建新军显然有违朝廷的初衷。面对重重困难，曾国藩深思熟虑后上了一道《敬陈团练查匪大概规模折》，向咸丰皇帝奏明督办团练的难点和解决之法。

对于清王朝的政治运作机制，曾国藩是很了解的，所以他在奏折中写得很委婉，第一层讲自己遵照皇帝谕旨，前往长沙办团练，是"勉竭愚忠，稍分君父之忧"；第二层讲团练虽好，但今昔相比，嘉庆年间由官府发饷，现在则需要乡绅出钱，弄不好会走向反面；第三层则讲到长沙现今兵力空虚，必须加强练兵才能缓急可恃；最后提出他的练兵计划。他首先总结阐述了官军屡次失败的原因和看法：太平军起事已两年有余，官军军饷消耗甚巨，调集的军队人数众多，但是，官军往往一见到太平军便溃不成军，至今没有与贼寇激烈战斗过；官军往往在贼寇的后面追击，尚未听说迎头痛击一次太平军的；官军所用的武器都是大炮、鸟枪，从远处轰击，没有听说短兵相接，与贼寇交锋的。他痛心疾首地指出，出现这种情况的原因是"所用之兵，未经练习，无胆无艺，

所以临阵便产生怯意"。因此，他强调自己想改弦更张，以练兵为第一要务。将没有经过训练的新兵仓促投入战场，不但对战事无益，连战连败还将大损士气。接着，他在奏折中诚恳请示："我现在打算草拟训练新兵的章程，参考明朝戚继光、本朝傅鼐制定的章法，只求兵精，不求兵多；只求有所成效，不求速度。"

当时清廷急于平定太平军，因此只要是于此有利的建议，都大开方便之门。咸丰皇帝批阅之后，随即令曾国藩"悉心办理，以资防剿"，曾国藩的练兵计划就此获准通过。

毫无疑问，曾国藩的政治眼光要比同时代的官僚们长远许多。至少，他看到了问题所在，尤其是利弊相权取其轻。他是文章高手，更是通达时变的高人。在计划获准后，他立即改造"团练"一词的含义，使自己与同时受命的四五十位团练大臣分道扬镳。而且，由于"改造迅速"，所以"立竿见影"。当然，其中的艰辛也非三言两语可以概括。

太平军刚刚兴起时，咸丰皇帝下诏求言，当时作为二品大员的曾国藩就上疏说："明朝的戚继光训练金华兵三千人，依靠它荡平了倭寇。依臣所见，现在的用兵形势正适合这种方法。"但他的建议仅仅被当作书生议兵而未受重视。一年半以后，当他作为团练大臣上奏练兵之法时，仍旧取法"戚家军"。

戚家军是戚继光为抗击海盗，在义乌招募农民和矿工而组建的一支新军。这支三千人的队伍在戚继光的严格训练下，成为一支精锐部队。戚继光还根据南方多沼泽的地理特点，创设了一种特别的阵法——鸳鸯阵，又给部队配发火器、兵械、战舰等装备，戚家军因此名闻天下。当时戚继光和戚家军的大名让倭寇闻风丧胆。戚继光依靠这支队伍，最终平定了为患东南沿海数年之久的"南倭"，并为后人留下军事史上的重要著作——《纪效新书》，这本书也是曾国藩组建、训练湘军的原始"教材"。

《纪效新书》非常重视选兵，开篇第一句话便是"兵之贵选"，并提出选兵之法"唯在精"，明确反对"用城市油滑之人""奸巧之人"，主张用"乡野老实之人"。对于选兵的具体标准，认为"丰伟""武艺""力大""伶俐"四条既不可废，也可不专恃，"唯有平素便负有胆气，加上力气大、身材魁梧、聪明灵巧，再习之以武艺，此为锦上添花"。这种选兵之法，成为曾国藩组建湘军的基本原则之一。

在练兵方面，《纪效新书》特别强调按实战要求从难、从严训练，反对只图好看的"花架子"，认为"假如平日所练习的号令营艺，都是按临阵实况训练，等到上了阵地，就按平日所练习的对敌，如此，操练一日，必有一日的效果；熟一件兵器，便得一件之利"。该书还指出，"武艺，不是答应官府的公事，是你来当兵、防身、立功、杀贼、救命的勾当。你武艺高，击杀了贼，贼如何会杀你。你武艺不如他，他击杀了你。若不学武艺，是不要性命的呆子"。戚继光还很重视号令训练，而号令务求简明、易记，要求将士"耳只听金鼓，眼只看旗帜""大家共作一个眼，共作一个耳，共作一个心"。

通过总结治军的实践经验，戚继光把政治训练放在首位，而政治训练的重中之重就是选将。他认为，将帅的根本在于心术。所谓"心术"，就是指政治素质，即"光明正大，以实心行实事，纯忠纯孝，思思念念，在于忠君、敬友、爱军、恶敌、强兵、任难"。他还对将帅提出许多具体要求，如要求"将官先以舍生为本""刚不可吐，柔不可茹（不可欺软怕硬）"，习武艺学兵法，必身先士卒，做好表率。

戚继光还将军民关系、行军纪律提升到影响军队能否打胜仗的高度。他规定："行营排阵间，将领敢于队伍中抽一人一骑者，军法从事。""军士擅自发掘坟墓，焚烧房屋，杀害老幼妇女，践踏禾稼，砍伐树木，奸犯人妇，及将妇女带入军营者，军法从事。"戚继光认为，将与兵虽位有贵贱，但身无贵贱，反对下级对上级"唯唯奉命，甚至增美其说"。

昔日威名远扬的"戚家军"和一部《纪效新书》，成了曾国藩每天都要学习的功课，他希望从中找出"新"意，为组建湘军提供参考。

促使曾国藩从团练中"另起炉灶"的原因，还基于他对清朝正规军队的彻底失望。他在咸丰三年（1853 年）初写给宝庆知府魁联的信中这样说："将现在的额兵①经过一番训练之后再加利用，虽然是好办法，但是额兵的不良习气太盛，怎能让他们脱胎换骨、洗心革面？恐怕即使岳王（指岳飞）复生，也要半年才能教成他们武艺；即使孔子再世，三年也无法根除他们的恶习。因此，依我看来，现在的额兵不可能练成劲卒，而新募的乡勇却可以练成一支劲旅，用于替补额兵。"

同时，他认为，太平军之所以无往不胜，还在于其内部团结，誓同生死，因此，"除非练兵万人，合成一心"，否则断难置此强敌于死地。因而，他要训练一支能够"呼吸相顾，痛痒相关，赴火同行，蹈汤同往，胜则举杯酒以让功，败则出死力以相救"的队伍。他把"生死不弃"作为建军的原则之一，对中国军队的近代化有相当程度的借鉴意义。当然，更直接的效果是彻底打败了太平军。

由于认定官军之病已"深入膏肓，牢不可破"，曾国藩在招募新勇时要求不能混杂一名官军，不要滥收一名逃兵，认为只有别开生面，真正从头创新，才能扫除因有恶习，练成劲旅。他仿效"戚家军"，士兵主要招募"技艺娴熟、年轻力壮、朴实而有农夫士气者。其油头滑面，有市井气、衙门气者，概不收用"。军官则主要招聘绅士、文生来充任，对政治思想和身体条件都有一定的要求。在写给朋友的信中，他明确提出四个标准：

带兵之人，第一要有治民的才能，第二要不怕死，第三要不重名利，第四要耐受得了辛劳。治民的才干，不外乎公、明、勤三个字。不公不明，则兵勇必定不会心悦诚服；不勤，则兵营大小事务都会松懈荒废，所以这是第一要紧之事。不怕死，临阵当先，士卒才能跟在后面仿效他，因此是次要的。为了名利而来的人，在保举时稍微晚了点就会抱怨，稍不如意就有怨言，与同辈争薪水，和士卒争毫厘，所以这又次要

---

① 额兵：指清代八旗兵和绿营兵。

些。身体弱的人，稍微劳累就生病；精神不够，时间久了就不能专心，因此这又更次要。这四条似乎有点求全责备，但只要缺少一条，就万不可让他带兵。所以，我常说带兵之人必须是智深勇沉之士、文经武纬之才。

他还说，但凡有忠义血性的人，四者都可相随而至；而没有忠义血性的人，表面上四者具备，但是终不可靠。确实，后来成为湘军名将的塔齐布①、周凤山、鲍超②、杨载福③等人，都是营弁或营兵出身，都属于忠义血性之人。

在编制与饷银方面，曾国藩遵循实用及厚饷养兵、厚饷养将的原则。按他最初的设想，湘军要想有所作为，起码得有上万人。这上万人的队伍，必须有严格的编制，否则就是一盘散沙。

湘军以营为基本单位，一营五百人，每营分为前、后、左、右、中五哨，每哨分为五棚。营官之上，有分管数营的分统；分统之上，有自主一路的统领；统领之上，有独当一面的统帅；统帅之上有总统全军的大帅，大帅就是曾国藩。曾国藩深知，打仗势必要死人，因此他在组建湘军时采取厚饷养兵用其死力的办法。在确定一名勇丁的月饷时，他找来几名勇丁，对他们在家务农的收入情况进行调查，又对现行的绿营饷章进行认真计算。他想，当兵的饷银应该比种田的收入多数倍，这样一来，每月发给一个士兵白银四两左右。这个数字正好略低于绿营月饷与行粮的总和。于是，他将湘军正勇的月饷定为白银四两二钱。

---

① 塔齐布（1817—1855）：字智亭，满洲镶黄旗人。晚清湘军名将，出身清军火器营，后为湖南绿营都司，累升至副将，并辅佐曾国藩创建湘军。转战湘鄂，屡为军锋，收复岳州、武昌、田家镇等地，后因久攻九江不下，愤恨呕血而死，时年39岁。

② 鲍超（1828—1886）：初字春亭，后改春霆，夔州安坪藕塘（今重庆奉节）人。晚清湘军著名将领，募湘勇创立霆字五营。历官湖南绥靖镇总兵至浙江提督，封一等子爵加一云骑尉世职。一生参加过五百多场战役，身上受伤一百零八处。

③ 杨载福（1822—1890）：字厚庵，后因避同治皇帝讳改名岳斌，湖南善化（今长沙市）人。晚清湘军水师统帅，累官湖北提督、福建陆师和水师提督、陕甘总督。在中法战争中率湘西苗兵协助左宗棠作战，再立战功。

为了让士兵卖命，曾国藩还给每营增加长夫一百二十人，以减轻士兵的劳役负担，这一举措对提高士兵的战斗力很有好处。它使军队中兵役混杂的情况大为改观，作战部队与后勤部队明显分开，军队向近代化转变。

至于将官的待遇标准当然更高，曾国藩规定陆师营官每月薪水银五十两、办公银一百五十两、夫价银六十两，共计二百六十两。凡帮办、书记、医生、工匠薪水及置办旗帜、号补各费用，统统包括在内。低级武官和士兵每月饷银为：哨官九两、哨长六两、什长四两八钱、亲兵护勇四两五钱、伙勇三两三钱、长夫二两。优厚的薪饷大大推动了湘军的发展，兵源也就不成问题了。曾国藩采用的正是"重赏之下，必有勇夫"的策略。

为防止士兵离营，曾国藩还有意拖欠军饷，或扣下大部分银饷存入公所，等士卒遣散或休假回家时再进行核算，平常酌发部分现银以充路费，其余部分由粮台发一印票，再拿到湖南后路粮台付清。士兵若擅自离营，欠饷、存饷即被没收，不再发给。这样，士兵苦无路费，又舍不得饷银，也就不会轻易离营了。同时，士兵一旦假归或遣散回家，就能领到一大笔银两，这对未曾应募入伍的贫民产生巨大的诱惑力。曾国藩由此达到"一箭三雕"的目的：既减轻筹饷困难，又防止士兵逃跑，还能吸引大批农民和书生踊跃应募。

将、勇来了，如何训练也是一大学问。曾国藩认为，必须把思想灌输和精神教育放在首位；其次才是技艺、阵法等训练；第三是搞好军民关系，严明军纪。

军事并非曾国藩的长项，湘军的创建、组织、训练等实际上只是他的一个"试验品"。而后来的事实证明，他的这一试验成功了。

湘军创建初期，将领们在建军的指导思想、组织原则、目的等方面，存在较多分歧。曾国藩练勇是为了"往江南杀贼"，是"为大局起见"，而王鑫等人是"为复仇起见"，后来他们因此分道扬镳。就纪律而言，湘军仍如同一盘散沙。比如江忠源的弟弟江忠淑带新募楚勇支援南昌，中途听到太平军将要到来的传言，即刻哗然逃走，军械饷银丢弃不管。后又因闹饷，全军大乱，拥至抚院衙门，杀伤江忠源的家丁。次日，一千余人乱纷纷地解散回乡。

以上种种，使曾国藩清醒地认识到对湘军加强思想统领的重要性。湘军的将领大都是书生，信奉儒家思想，而士兵都是农夫，容易受感化教育。因此，曾国藩想通过书生出身的将领将儒家思想灌输给士兵们，因而他对将领的训导尤为认真和严格。

一是用礼法来训导将领，巩固其忠义血性。首先是以身作则转移习气。曾国藩平生最恨"官气"，也就是圆滑取巧，敷衍塞责，不能负巨艰、担大难之人。他推崇"乡气"，任用久困场屋、职位低微，有用世心肠而无从致用的人。这种人谨守"拙"字，遇事能身到、心到、口到、眼到，能忍辱负重。其次是勤教，兢兢自持，身先士卒。教人早起，自己首先就要早起。在批牍里，在书信中，他对身边人谆谆告诫，不厌其烦地言传教育。再次是严绳，用严师管束弟子的方法进行约束。大至领兵作战，小至平日不睡懒觉、不撒谎，自立准绳，自为守之，互相规劝。

二是强调将领对兵士的影响和帮带作用，尤其注重以义理来带兵。他指出，带兵的方法，用恩情不如用仁义，用威严不如用礼遇。所谓"仁"，就是要想立身成事，应先让别人立身；要想达到目的，先要达到别人的目的。对待士兵要像对待自己的子弟一样，希望他成事立业，希望他发达兴旺，那么士兵自然会感恩于你。所谓"礼"，就是人与人之间平等相待，不分年龄大小，不分位置高低，彼此不侮慢，安适平和而不骄傲自大。衣冠端正，庄严肃穆，人们看见就生敬畏之心，觉得威严持重而不猛烈。做事敬业，待人稳健，无形无声中显示出崇高不可侵犯的气概，这样别人自然会尊重他的威严。遵守这两个方面，即使身处落后的国家也行得通，更何况带兵治军呢？

曾国藩自诩为"训练之才"，他训练湘军的重点不在技艺阵法而在思想教育，也叫"训家规"和"训营规"。他讲的"训"，就是教育、灌输、训导；他讲的"练"，才是练阵法、习技艺、演方阵等。他说，新招募来的兵勇全在立营时认真训练。"训"有两个方面，一是训打仗的方法，二是训做人的道理。训打仗要求军纪严明，必须使兵勇在临阵之际，敬畏主将的法令甚于害怕敌人的枪炮；训做人的道理则要求诚挚，如父母教子，有望其成功立业的殷切希望，这样人人易于感动。"练"也有两个方面，一是练技艺，二是练队伍。练技艺要达到一人足以抵御数人，练队伍则要使数百人如同一人。

每逢三、八操练的日子，曾国藩都亲临校场训话长达一时数刻之久。他常常这样反复开导：

本部堂招你们来充当乡勇，为国家出力，每日给你们口粮，养活你们，都是皇上的国帑。原是要你们学些武艺，好去与敌人打仗拼命。你们平日如果不早将武艺学得精熟，将来遇贼打仗，你不能杀他，他便杀你；你若退缩，又难逃国法。可见学的武艺，原是保护你们自己性命的。若是学得武艺精熟，大胆上前，未必即死；一经退后，断不得生。这个道理非常明白，况且人之生死有命。你如果不该死时，虽千万人将你围住，自有神明护佑，断不得死；你如果命里该死，就算坐在家中，也是要死。可见，与敌人打仗，是怕不得的，也大可不必害怕。如今要你们学习拳棍，是操练你们的筋力；要你们学习枪法，是操练你们的手脚；要你们跑坡跳坑，是操练你们的步履；要你们学习刀、矛、钯、叉，是操练你们的技艺；要你们看旗帜、听号令，是操练你们的耳目；要你们每日演阵，住则同住，行则同行，要快大家快，要慢大家慢，要上前大家上前，要退后大家退后，是操练你们的行伍，要你们齐心。你们若是操得筋力强健，手脚伶俐，步履便捷，技艺纯熟，耳聪目明，而又大家齐心，胆便大了。一遇贼匪，放炮的放炮，放枪的放枪，刀、矛、钯、叉一齐上，见一个杀一个，见十个杀十个，哪怕他千军万马，也不难一战成功。你们得官的得官，得赏的得赏，也不负皇上的深仁厚泽。

当然，仅仅"训"是远远不够的，"训"的目的在于提高将士的思想政治素质，但没有真本领必然会打败仗。因此，曾国藩在"训"的同时也加强"练"的内容。

曾国藩初到长沙时训练的三营湘勇，其后在镇压湖南各地的会党起义中非常得力。而派往江西的一千名湘勇则有两营因从未训练而伤亡惨重，不堪一战。正反两面的经验教训，使曾国藩增强了练兵的信心和决心。

对于湘军的操练，曾国藩强调勤与熟。他为湘军营制订了《日夜常课之规》，共有七条：

一、五更三点皆起，派三成队站墙子①一次。放醒炮，闻锣声则散。

二、黎明演早操一次，营官看亲兵的操练，或帮办代看。哨官看本哨的操练。

三、午刻点名一次，亲兵由营官点，或帮办代点。各哨由哨长点。

四、日斜时演操一次，与黎明早操相同。

五、灯时派三成队站墙子一次，放定更炮，闻锣声则散。

六、二更前点名一次，与午刻点名相同。计每日夜共站墙子两次，点名二次，看操二次。此外，营官点全营之名，不定期地看全营的操练，每月四五次。

七、每夜派一成队站墙子，唱更，每更一人，轮流替换。如离敌军很近，则派二成队，每更二人，轮流替换。如果只传令箭而不唱者，谓之暗令。仍派哨长、亲兵等常常稽查。

---

① 站墙子：即防守营墙。湘军的营垒为圆形，最外面一圈是鹿砦，中间为两条壕沟，最里面一圈是营垒的核心，一圈土墙——正墙高2米多，顶部留有枪炮眼，内侧的子墙高度是正墙的一半，墙顶有2尺宽，士兵可以站立在上，依托正墙上的枪炮眼向外观察、射击。湘军将这样的营垒称为"墙子"，由此引申出"站墙子"。

　　这七条规定，突出一个"勤"字，使士兵在营中日夜都有一定功课可做，严格遵守点名、演操、防守、巡更、放哨等营规。

　　曾国藩将操练分为两项：技艺和阵法。"练技艺的，要求刀、矛能保身，能刺人，枪、炮能命中目标，能打得远。练阵法的，要求行军作战队伍不杂散零乱"。

　　为更好地提高湘军将士的技艺，熟悉阵法，曾国藩又详细制订了一套操练计划：

　　一、每逢三、六、九日午前，本部堂（曾国藩）下教场，看试技艺，演阵法。

　　二、每逢一、四、七日午前，由本营官下教场演阵，并看抬枪、鸟枪打靶。

　　三、每逢二、八日午前，由主要营官带领赴城外近处跑坡、抢旗、跳坑。

　　四、每逢五、十日午前，即在营中演练连环枪法。

　　五、每日午后，即在本营练习拳、棒、刀、矛、钯、叉，一日不可间断。

　　曾国藩还十分强调"熟练"。只有"熟"才能临阵发挥自如，否则，一见敌人就自乱阵脚。他说，"总不外一个熟字：技艺极熟，则一人可敌数十人；阵法极熟，则千万人可如一人使用。"所以，他要求训练不可间断，在循序渐进的基础上熟练掌握技艺。

　　与旗、绿各营相比，湘军除了训练抓得紧之外，每天两次点名、站墙子也成为其一大特点。点名是为了防止士卒随便离营，士卒离营会使部队减员，战斗力下降。站墙子形式上属于班哨、排哨之类，但效果又不相同，因为早晚派三成队伍站墙子，对防止敌人的突然袭击很有效果。可以设想，三分之一的人时刻处于戒备状态，一旦受到袭击就可以暂时抵挡进攻，使其余的人有足够时间做好准备，投入战斗，不至于一触即溃。

湘军的行军扎营也有具体规定，择地、布局有规定，挑沟、筑墙有尺寸，每次驻扎下来必须大修工事，在工事修好前既不准休息，也不准与敌人开战。

一支军队对待百姓如何，往往是决定其能否最终战胜对手的关键因素。所以，曾国藩的先期目标是改变老百姓心目中"兵不如匪"的看法。他说："如果失去民心，就不可挽回，定要练成一支秋毫无犯的劲旅，以挽回民心而改变百姓的说辞。每逢三、八操演，集合各部一起教导，反复开说甚至于千叮万嘱，只求他们勿扰百姓。有了百姓的支持，有了民心的向往，打了败仗也能有源源不断的兵源，就可以反败为胜。"为此，他苦口婆心地劝导士兵严守纪律，爱护百姓，甚至亲自创作一首《爱民歌》：

三军个个仔细听，行军先要爱百姓。

贼匪害了百姓们，全靠官兵来救人。

百姓被贼吃了苦，全靠官兵来救生。

第一扎营不贪懒，莫去人家取门板。

莫拆民房搬砖头，莫踏禾苗坏田产。

莫打民间鸭和鸡，莫借民间锅和碗。

第二行路要端详，夜夜总要支帐房。

莫进城市占铺店，莫向乡间借村庄。

无钱莫扯道边菜，无钱莫吃便宜茶。

更有一句紧要书，切莫掳人当长夫。

第三号令要严明，兵勇不许乱出营。

走出营来就学坏，总是百姓来受害。

或走大家讹钱文，或走小家调妇女。

爱民之军处处喜，扰民之军处处嫌。

军士与民共一家，千记不可欺负他。

日日熟唱爱民歌，天和地和人又和。

《爱民歌》用白话诗的体裁，近似于当时最流行的莲花落①歌词，深入浅出，富于情趣，又朗朗上口。它同时也是湘军士兵的识字课本，曾国藩在每天的训教过程中只教一两句，先识字，后领会其内涵，循环往复，身体力行，使湘军成为一支有主义的军队。他在为这首《爱民歌》写序时说，用兵之道以保民为第一义，除莠去草是"爱苗"，打蛇杀虎是"爱人"，募兵剿贼是"爱百姓"，所以，"兵法千言万语，一言以蔽之曰：爱民"。

对于湘军的纪律，曾国藩的要求也很严格，他在自己所著的《劝训练以御寇》中写道："禁止嫖赌，戒除游惰，慎言语，敬尊长，这是父兄教子弟的家规。为营官的，待兵勇如自己的子弟，使人人学好，个个成名，这样，手下的部众则个个感念你。"

有关的军纪要求，在《禁烟等事之规七条》中更为详细："禁止洋烟，营中有吸食洋烟者，全部处罚、撤职。营外有烟馆卖烟者，尽行驱除。禁止赌博，凡打牌、押宝等事，既耗钱财，又耗精神，一概禁止革除。禁止喧哗，平日不许喧嚷，临阵不许高声。夜间有梦魇、乱喊乱叫者，本棚之人推醒，各棚不许接声。禁止奸淫，和奸者处罚、撤职，强奸者斩决。禁止谣言，造言谤上、离散军心者严究。变乱是非，讲长说短，使同伴不睦者严究。夸大贼势、妖言邪说、摇惑人心者斩。禁止结盟拜会，兵勇结盟拜会、鼓众挟制者严究。结拜哥老会②、传习邪教者斩。禁止异服，不许穿用红衣、绿衣、红带、绿带，不许织红辫线，不许扎红绿包巾、印花包巾，不许穿花鞋。"

---

① 莲花落：一种说唱兼有的传统曲艺艺术。表演者多为一人，自说自唱，自打七件子伴奏。北方的"二人传"就是从"莲花落"演变而来。

② 哥老会：起源于湖南和湖北，由下层群众自发组成，是近代中国活跃于长江流域、声势和影响都很大的一个秘密结社组织。它在川军和湘军中影响巨大，对清朝末年的革命有巨大的影响。

由于湘军中客观存在亲党邻里的血缘和地缘关系，加之有较完善的组织形式、务实的训练内容、严明的军纪，因此，湘军的战斗力大为增强，效果十分明显。

文武难相融，避祸走衡州

曾国藩一面设审案局严查土匪，一面大办团练，可谓踌躇满志。但他这个团练大臣的职责本来就有些含糊不清，权力也可大可小，难免会侵害地方官吏的利益，进而引起他人记恨。

他进驻长沙，募练新军自成系统，之所以能得到湖南各级衙门的支持，固然与他的京官身份及奉旨练军有关，但更重要的是人事间的特殊关系。他进省城本是应湖南巡抚张亮基所请，而当时在张亮基幕府负责"襄理城守事宜"的正是左宗棠。

左宗棠20岁乡试中举，之后在会试中屡试不第，于是开始留意农事，遍览群书，钻研舆地、兵法之学。他的志向和才干，得到当时许多名流显宦的赏识和推崇。名满天下的林则徐对左宗棠十分器重，道光二十九年（1849年），林则徐途经长沙，指名要见隐逸在老家读书的左宗棠，两人在长沙彻夜长谈，在治理国家的根本大计，特别是关于西北军政的见解上不谋而合。临别时，林则徐还写下一副对联赠给左宗棠："苟利国家生死以，岂因祸福避趋之。"咸丰二年（1852年），太平军围攻长沙、省城危急之际，左宗棠在郭嵩焘等人的劝勉下，应湖南巡抚张亮基之聘出山，投入保卫大清江山的阵营之中。

请曾国藩出山正是左宗棠的主意。曾国藩进省城后的活动，左宗棠自然全力支持，而张亮基又唯左宗棠是从。可惜张亮基任湖南巡抚的时间极短，前后仅几个月的时间，不久即被擢升为湖广总督，移居武昌就职。张亮基离开长沙时，曾国藩的种种设想还只是一个初步方案，但都得到张亮基的认同和大力支持。

张亮基调往武昌后，原湖南布政使潘铎被提拔为湖南巡抚。潘铎到任后，似乎不看好曾国藩的所作所为，就在曾国藩紧锣密鼓地筹建乡勇达万人之时，他却提出要撤兵两千名，只留一千七百名沅州兵防守省城。所幸潘铎担任湖南巡抚仅三个月即被"病免"，改由原湖南巡抚骆秉章主事。

骆秉章登进士比曾国藩早，但在京时官运却不及曾国藩亨通，他在道光二十八年（1848年）升侍讲学士时，曾国藩已于前一年升为内阁学士兼礼部侍郎，俨然是他的上司。但骆秉章此后晋升很快，道光三十年（1850年）任贵州布政使，当年即调湖南巡抚。他与曾国藩原有旧谊，有事自然也好商量。加之骆秉章因丢失疆土被革职了一回，自然希望有人能帮助自己，有曾国藩办团自卫，对他的巡抚官位无疑是一大保障，因此他不遗余力地支持曾国藩的各项活动。

骆秉章比曾国藩大18岁，老练稳健，也更易于合作。郭嵩焘曾说："抚臣骆秉章办事认真，与左宗棠性情契合，彼此亦不能相离。"和才高气傲的左宗棠合作竟能做到"彼此不能相离"，可见骆秉章是多么易于共事。事实证明，他与曾国藩的合作方针是正确的，在那吉凶难卜的多事之秋，他担任湖南巡抚多年，直至咸丰十年（1860年）八月升任四川总督才离开，不能不说是得益于这种志同道合的合作。

基于以上特殊的人际关系，曾国藩在长沙立足还算顺利，但他也不可避免地遇到一些问题。

清朝当时的兵制主要有旗兵和营兵两种，旗兵由满八旗、蒙八旗和汉八旗组成，官兵共有十二万六千多人，隶属中央，由朝廷派将军或都统管理。营兵即绿营兵，因旗帜为绿色而得名。乾隆四十五年（1780年）前，全国的绿营兵有六十四万，后增至七十万，至咸丰年间尚存六十万左右，分驻全国七十一镇，镇设总兵统辖。镇下设协、营、汛，分别由副将、参将、游击、都司等官管理。省设提督，统辖各镇，全衔为提督军务总兵官，听命于总督。提督有时由巡抚兼任，凡是不兼任提督的巡抚，一般不得过问军队事务，而总督或兼提督的巡抚，必须同时兼任或升任兵部左、右侍郎。也就是说，必须有兵部侍郎衔的官员，才有资格过问绿营事务。曾国藩曾两次兼任兵部侍郎，因此有大胆干预军政的勇气。

曾国藩认为，如不彻底整顿、严加训练绿营兵，他们根本无法成军作战。他主张像医生割疮疤一样治理军队，医生在治疗瘦弱的痈疮病人时，病情严重的一定会剜掉身上腐烂的腐肉，以便长出新肉。他主张对于那些品行低劣、身体不良的士兵，也应该像治疗痈疮病人一样把他们淘汰掉，然后对剩下的士兵严加训练，以便强化战斗力。如果不照此整顿，那么武备不知松弛到什么程度才会停止。基于此，他一到长沙便视指挥营兵为当然，又以训练营兵为急务。

当时湖南有营兵两万七千多人，由提督一人统管，下有总兵三人、副将九人、参将七人，游击、都司、守备近百名。提督驻常德，总兵则分驻永州、沅州（今湖南芷江侗族自治县）、靖州。这样一个有相当实力的军队系统，自然不会轻易听人摆布，所以矛盾冲突也就不可避免了。

曾国藩初到长沙，因练兵不得要领，于是从长沙驻军借调三名中下级军官帮助训练，其中一个便是塔齐布。塔齐布剽悍骁勇、训练认真，深得曾国藩的赏识。不久，曾国藩辞去另外两人，仅留下塔齐布，并将军事训练事务全权委托给他。为了让他事权相应，又将他由游击提升为参将。在塔齐布的协助下，曾国藩如鱼得水，事事顺当，练兵的劲头也越来越大。

咸丰三年（1853 年）五月，曾国藩写信给当时在武昌的湖广总督张亮基说："湘勇的中营自正月以来，每天都进行操演。我逢三、八日前往检阅，已阅过十九次。左营曾在衡山随楚勇一起参战，回来之后又练习了两个月，看来都可以使用了。现与塔参将（塔齐布）训练各兵勇，日日不辍，三、八日则黎明时下校场举行大阅。如果再操练一月，外营兵中应当有可以用的。驻守湖南的绿营兵则病在膏肓，不可使用。"曾国藩明知绿营兵已沉疴难起，不可为用，但却要求他们与湘勇一起参加操演。懒散惯了的营兵们自然吃不了这个苦，营官们更不接受这种编排，他们扬言从来没有文官敢在他们面前指手画脚。

当时驻长沙的有长沙协营兵左、右两营，由副将清德统领。清德第一个不买账，他说："本朝的制度是将官不受文官统辖，即使巡抚也不过问营兵的操练。"他明确支持各营拒绝会操，甚至纵容其他营官攻击塔齐布，使他孤立无援，无法开展工作。就在事态紧张之际，提督鲍起豹奉命由常德抽调各镇营兵来长沙，清德便向他诉说自己的种种委屈。鲍起豹越听越火，认为曾国藩眼里根本没有他这个提督，当即宣布："盛暑练兵，实乃虐待军士，敢有违令冒暑操演者，军棒从事！"

而这次操演由塔齐布组织，第一个自然要打塔齐布；又因为是曾国藩主持的，再打就该打曾国藩了。曾国藩怒火中烧，决定杀鸡儆猴，当即上疏以"特参庸劣武员，请旨革职，以肃军政而儆玩事"为由参劾清德，指控他"沉湎安逸，不遵训令，操演时从不到场。在署偷闲，养习花木。一切营务，茫然不知，形同木偶"。同时又写了附片，请"将长沙副将清德交刑部治罪"，理由是："湖南本省防堵已十分吃紧，但绿营将官及士兵害怕吃苦受累，贪图安逸玩乐已成顽疾，好言相劝却不听，威慑也不起作用，已经无法激励他们奋起图强。相应请旨将长沙副将清德革职，解交刑部，从重治罪，也许可以惩一儆百，稍肃军威而振作士气。"如此之后，曾国藩仍觉怒气难平，于是又上一折保举塔齐布、诸殿元二人，请求破格提拔。他在奏折中担保说："如该二人日后有临阵退缩之事，即将微臣一并治罪。"一日三折，必欲扳倒清德而心甘。

曾国藩于咸丰三年（1853 年）六月十二日具奏，二十九日得到批复："曾国藩奏请将性耽安逸、不理营务之副将革职治罪一折，清德着革职拿问，交张亮基、骆秉章讯明定拟具奏。塔齐布着赏给副将衔，诸殿元以守备补用，先换顶戴，以示奖励。"这样一来，长沙绿营中仅剩下提督鲍起豹，塔齐布取而代之已经为期不远。

晚清官场最重要的潜规则是"官官相护"。常在河边走，哪能不湿鞋？只有彼此掩护，才能最大限度地保证集体的安全。曾国藩动辄"咬人"，令湖南官场人人自危，因为这件事，一众官员对曾国藩恨之入骨，鲍起豹更是伺机报复。

七月十三日，湘勇在操场试枪，误伤城上营兵的长夫，营兵顿时起哄，执旗吹号，手持火器奔下城来，气势汹汹地寻湘勇开仗。曾国藩得知消息后，下令将伤人的湘勇绑送上城，当着伤者的面重责200棍表示道歉，而鲍起豹却对营兵的行为毫无表示。

八月四日，营兵与湘勇又因赌博之事起冲突，城上的营兵又执旗吹号，寻事开仗。曾国藩这次不再忍让，他找到鲍起豹，要求惩治肇事士卒。鲍起豹有意扩大事态，当即将闹事的营兵绑送到曾国藩的团练大臣公馆，并宣称团练大臣要严办绿营士卒。营兵闻讯哗然，认为团练大臣欺压营兵，营兵必须自救。经过两天的酝酿，营兵于八月六日夜间发难，先是围攻塔齐布，毁其居室，塔齐布趁夜黑躲入草丛才幸免于难；接着，他们又围攻曾国藩的公馆，打伤门丁，冲入院内，大有不得曾国藩不罢休之势。

事态发展到如此地步，曾国藩已经无力制止。鲍起豹还唯恐事态不大，继续火上浇油。其他文员，一则对曾国藩上奏之事存有芥蒂，决意隔岸观火；二则文武不相统属，想管也力所不及。曾国藩不得已，只好求助于巡抚骆秉章。骆秉章的巡抚衙门与曾国藩的公馆仅一墙之隔，但因营兵不属他节制，加之他对曾国藩的某些做法也有微词，因而没有主动介入，直到曾国藩上门求助才假作惊讶，出面调解。但所谓的调解只是劝住营兵，并无其他措施。曾国藩知道自己无法再在长沙立足，遂于八月十四日将他的团练大臣公馆移驻衡州。

这次曾国藩借朝廷的倚重除掉了清德，鲍起豹则假手营兵赶走了曾国藩，双方各有胜负。这件事使曾国藩更坚定了营兵不可用，必须改弦更张的信念。

四省共联防，编创水上师

曾国藩以"就近剿匪"的理由移师衡州后，于咸丰三年（1853年）

九月初六分别致信接替张亮基的湖广总督吴文镕和湖南巡抚骆秉章。他在信中向自己的老师同时又是上司的吴文镕详细说明了事情的经过："因练勇之便，当时与塔齐布商议，认为城中各绿营兵也可抽调一部分出来参加试练。四五月间，兵、勇合在一起操练，当时纪律严明，并给予了一点奖赏，以示鼓励。在营兵中，塔齐布表现突出，勤劳奋发，因此得到我的器重，而副将清德在湖南没有好名声，又喜欢吃喝玩乐不干实事，我也因此厌恶他。清德因塔齐布大受重用心存不满，怀恨在心。六月初，提督（鲍起豹）来到省城长沙，到处散布不实消息，无端构陷。于是，文武不和、兵勇不睦的现象逐渐尖锐。国藩认为这是黑白颠倒，薰莸同器，完全掩盖了真相，为保护塔齐布我不得不弹劾清德，恰好与张亮基保护塔齐布而弹劾清德的奏折同时发出，不谋而合。"

吴文镕作为新任湖广总督，是直接管辖湖南军政的地方最高长官，因此曾国藩不能不向他说明情况。其中，他陈述塔齐布与清德的不同表现和鲍起豹插手时，倒也实事求是，只是他与张亮基弹劾清德并非"不谋而合"，而是事先商量好的。

曾国藩写给骆秉章的信中这样说："我今年在省城所办之事，多半都是侵官越俎之事，本以为只要有利于国家，有利于百姓，就没有什么嫌疑可避，因此贸然为之。自六月以来，外人指责我不应当干预兵营之事，永顺一事，很难穷究。省城里的文武官员都说凡涉营兵之事，我不该过问。此语道破，我虽想竭尽心血，但结果又有何益？"

事实上，曾国藩表现出来的事业心十分可贵，他敢于担事的精神同样难得。被迫出走衡州后，他在给朝廷的奏折中只说"奉命查办土匪"，只字不提长沙兵、勇之间的冲突，既表现了不记私怨的大度，也说明了他不愿暴露自己与武弁相处不善而见轻于朝廷的城府。

衡州城位于南岳衡山的南麓，是湖南省内仅次于长沙的名城。湖南自古有三湘之称，即指潇湘、蒸湘、沅湘。衡州城是蒸水与湘水的汇合之处，扼水陆交通之要冲，不但地理位置险要，而且物产富庶，历来是兵家必争之地。曾国藩祖籍衡州，少年时代也曾在衡州求学多年，而且他的夫人也是衡州人，因此，他来到衡州就像回到湘乡一样，有鱼游大海的感觉。

在衡州城小西门外的蒸水之滨，有一片宽阔的荒地，当地百姓称之为"演武坪"。这是吴三桂当年在衡州称帝时为演兵开辟的，后来成为驻军的操练场，比长沙南门外的练兵场还要大。曾国藩从省城带来的一千多个团丁，就安扎在演武坪旁边的桑园街，他自己的大营则设在桑园街上的赵姓祠堂里。为方便工作，他要求罗泽南、王鑫、李续宾、李续宜、江忠济、曾国葆等人也住在祠堂里。

为了博得当地官员的好感及支持，曾国藩还跟衡州知府陆传应以兄弟相称。陆传应在曾国藩到来之前已收到巡抚的札文，自然开城相迎。知府的官位只是从四品，比曾国藩的二品大员低了几级，但曾国藩并不以高压下，对陆传应以"兄"相称，使陆传应对他印象颇佳。在陆传应的关照下，曾国藩觉得事情比在长沙好办多了。

时值太平军大举西征，江西、湖北的战事处处吃紧，并威胁到湖南省城长沙的安全。曾国藩刚到衡阳，便接到咸丰皇帝的上谕："长江上游，武昌最为扼要，若稍有疏忽，则全楚震动。着骆秉章、曾国藩选派兵勇，并酌办炮船，委派得力镇将，驰赴下游，与吴文镕等会合剿办，力遏贼冲，不得延误。"但炮船不比陆勇，船要打造，炮要添置，兵要训练，不是一蹴而蹴的。在此之前，在湘军中素有"军师"之称的郭嵩焘就提出要建立水师，江忠源极为重视他的建议，于是写信给曾国藩。信中提到现在要剿灭太平军，必须合江西、湖北、安徽各省之力，造船数百艘，再调集福建、广东的水师数千人，先肃清江面，然后再逐一攻克安庆、芜湖、江宁。

曾国藩开始认真考虑编练水师一事。清朝的军事编制中本来有水师，比如绿营的水师就按其军制分为外海和内江两个部分，外海水师驻守在广东、福建等沿海地区，内江水师则驻扎在长江沿岸各主要港口。到咸丰初年，外海水师尚在，但内江水师却废弛已久，从长江上游一直到下游，几乎见不到水师的船炮，少得可怜的几艘炮船也只是渔船装上枪炮摆摆样子而已，根本无法进行水战。

咸丰二年（1852 年）冬，太平军在湖南益阳、岳州（今湖南岳阳市）等地获得大量民船，船工水手也大多被编入太平军。当时太平军还没有水军编制，东王杨秀清在岳州得知湖南祁阳商人唐正财①通晓船务，立即封他为水匠，职同将军，从此开始建设水营。

随后，太平军的水军发展极快，连下汉阳、汉口两座重镇，不久又攻克武昌。咸丰三年（1853 年）春，太平军沿江东进，战船已经发展到万余艘，不久即攻克江宁，并改名为天京。定都天京后，太平天国进一步大办水军，由唐正财负责水军一切事宜。此时的太平军，以天京为都城，扬帆上驶，取武昌如探囊取物，又往来湖北、安徽、江西数省之间，运粮济师，数日千里，完全控制了长江的水运权。

面对如此严峻的形势，清廷也认识到要打败太平军，必须夺回对长江的控制权。而夺取长江的关键，在于要有一支得力的水师。因此，在太平军于咸丰三年（1853 年）五月北渡淮河、南围南昌时，熟悉历史掌故的御史黄经就上奏朝廷，请令湖南、湖北、四川等省造船练兵，从水上攻击太平军。咸丰皇帝接受了这一建议，批令三省照奏执行。但湖南巡抚骆秉章接到圣旨后颇感为难，以力所不及为由将其搁置一边。水师之议也就没有了下文。

曾国藩一向从善如流，他收到江忠源的信后，于十月二十四日向朝廷上《请筹备战船折》，说："太平军以舟楫为营，以掳掠为生，千万只舟船在长江上驶来游去，千里长江任其横行，我们的军队却没有能力阻击。东面的江西、邻近的湖北，凡是靠近水域的城池，没有不被贼军摧毁的，江边口岸被抢掠一空，大小船只也被掳去。这都是因为没有水师，对其无可奈何之故。兵勇只能保卫省城，没有时间顾及水域码头，

---

① 唐正财（？—1863）：一作正才，衡阳市祁东县归阳镇人。太平天国水师缔造者、太平天国水师最高统帅，封"航王"。木材、粮米商人出身，善操舟。

贼军每每饱掠而去，而且未受到一点损失。现在如果只保卫省城，只需数千兵勇；如果想保卫湖南、湖北及江西等地，必须多准备船炮，才能堵剿齐下。

"夏间接到御旨，令两湖督抚筹备水师，署督张亮基造船运炮，设法兴办，尚未完成。忽闻九月十三日田家镇①失守，所有战船及炮位全被贼军抢占，水军溃散，很难再集中起来。现在两湖之地，没有一艘船可作战船，没有一个兵卒可作水师之兵。现在如果带兵赶往湖北，等赶到时已无贼军；如果带兵赶赴下游，则贼军已乘船撤离，我以陆勇追赶，无法接近的情况下，又怎能将他们一举剿灭呢？

"思来想去，造船乃第一要务。臣现在驻守衡州，已在这里试着赶办。湖南的木料质量太差，不适合用来制造战船，但由于事情紧急，无法选择，只好购买民用小船另行改造，添加炮位，训练水勇。一旦水师筹办有了眉目头绪，马上上奏，臣将亲自统带水师驶往长江下游，抗击贼军。"

曾国藩在奏折中精辟地分析了敌我双方的实际状况，并由此得出结论，即必须加倍重视水师。他的建议很快获准通过。但是，对于既无资金又无技术和经验的曾国藩来说，筹建水师远比办理团练更困难得多。

湖南非沿海省份，要编练水师，只能参考粤、闽、浙水师的船式，边做边学。曾国藩在衡阳设厂，购改商船为快船、舢板；后又在湘潭建厂，制造长龙快船。营官仍坚持用儒生，水手则招募船工，以湘乡船民为主。他计划先将200艘商船改成可在江中作战的船，再雇用民船800艘用于助势。战船每艘配水勇二十人，民船主要装载煤、米、油、盐百货之类，技艺工匠杂流之人，无不备具。船行中流，两岸陆兵夹江而下。兵勇所得的饷银，即换舟中之钱；所用之钱，即买舟中之货。这样一来，兵勇所至，无米盐缺乏之患，无昂贵数倍之苦。而辗转灌输，其

---

① 田家镇：湖北省武穴市下辖镇，位于大别山南麓，地形险要，素有天险之称。浩荡的长江在此流过，江面陡然转窄，江流如束，形如咽喉，江面横宽只有170多丈。它是武汉锁阴之地、攻荆入楚的门户，也是沿江要塞中最坚固、最大的堡垒，有"楚江锁钥"之称。

银钱不出乎水陆两营之内。统计陆勇六千名、水勇四千名，即可大壮声威。曾国藩还考虑在船上储足大米 3 万石、煤 3 万石、盐 4 万斤、油 2 万斤，备足万人一年之需。湖广总督吴文镕对曾国藩的举措深表赞同，坚决支持他编练水师。

经过一年左右的努力，曾国藩初步编成水陆齐备的万余湘军。期间，远在京城的咸丰皇帝四下严旨，令曾国藩出兵平乱。第一次是咸丰三年（1853 年）八月，太平军西征军进至蕲州（今湖北蕲春县下辖镇）、黄州（今湖北黄冈市）一带，武汉危急，朝廷下令曾国藩、骆秉章率炮船增援湖北；第二次是同年十月初，咸丰皇帝令曾国藩带领湘勇驰赴湖北；第三次是同年十月底，太平军进攻庐州（今安徽合肥市），咸丰皇帝命曾国藩带船炮兵勇进赴安徽救援；第四次是咸丰四年（1854 年）正月，咸丰皇帝再次催促曾国藩迅速由长江驰赴安徽。

曾国藩心里十分清楚，仅靠自己手中的这点家底去对抗身经百战的几十万太平军，简直是以卵击石。为了争取时间，他提出"四省联防"的战略，向朝廷上奏称："与湖广总督吴文镕、湖南巡抚骆秉章、江西巡抚张芾①、安徽巡抚江忠源函商，都认为各省分开防堵贼军需要的粮饷多且兵力分散，不如几省合作协防，这样减少开支而集中兵力，应以围剿替代围堵的办法。"

所谓"四省联防"，指的是湖南、湖北、江西、安徽四省联合防剿，构成对以天京为大本营的太平军三面包围的战略思想。因为奏折中有"命臣统筹全局"之语，咸丰皇帝误以为曾国藩不但以守备湖南自居，而且有统筹湘、鄂、赣、皖四省之志，只顾高言放论，并无实际行动，不禁火冒三丈，提起朱笔在奏折后面狠狠地批道："现在安徽急等救援，如果固执己见，未免太过迟缓。朕知道你良心未泯，尚存忠义之心，因此特命你赶赴救援，以缓燃眉之急。今看你的奏折，要担当数省

① 张芾（1814—1862）：名黼侯，字小浦，陕西泾阳人。清朝大臣，历任内阁学士、工部侍郎、刑部侍郎、江西巡抚等职。同治元年在陕西回乱中因谈判失败而被叛军杀害。

的军务大事，试问你有这样的才能吗？平时夸夸其谈，自以为是，认为没有比你高明的人。等到事情临头时，如果能像你所说的那样还好，若稍有差池，岂不贻笑天下？令你赶紧设法开赴安徽，能早一步到则能得早一步的益处。你能自己承担重任，总比畏缩不前要好。话既然从你口里说出来了，必须如你所说的那样，办给朕看！"

这通训斥虽然严厉，但"必须如你所说的那样，办给朕看"一语，实际上已将湘、鄂、赣、皖四省的合防任务交给了曾国藩。

当时吴文镕本想坚守武昌，待曾国藩率军到来后，再一起向下游进发，但他迫于各方面的压力，明知必败又不得不冒险进兵。临行之际，他写信给曾国藩说："我想坚守湖北，等你一起合军东下，这才是好策略。现在被他人所迫，只能以死报国，没有别的指望。你所操练的水陆各军，必须等到稍有一些胜算的把握后才能出师抗敌，不可像我现在一样轻率东下。我与你所处的环境和位置不一样。"吴文镕之所以说他们所处的环境和位置各异，是因为吴文镕是在任的湖广总督，既有守土之责，更有带兵征讨之权，朝廷可以随时调动，大臣可以任意参奏；而曾国藩是以在籍侍郎的身份帮办团练、参与军事，不但可以不理会大臣们的参奏，即使是朝廷的命令也有说情说理的余地。曾国藩因自己尚未准备就绪，所以无论"上谕"如何催办，总能找到理由来解释。

随着战场形势越来越紧迫，朝廷的催促也越来越急，为了赶制战船，衡阳、湘潭两地的造船工人不得不日夜泡在水里，不少人双脚都泡烂了。

经过将近半年的紧张筹备，至咸丰四年（1854年）正月底，曾国藩的各项准备工作基本完成。衡、潭两厂共造出大型快蟹40艘、中型长龙50艘、小型舢板150艘、拖罟坐船1艘，改造民船数十艘，租用民船百十艘。同时募得水师五千人，分为十营，以彭玉麟①、杨载福等人为营官。

湘军陆勇共五千人，也分十营，以塔齐布、周凤山等人统领，塔齐布所部为先锋。

水陆两军的后勤供应全在船上，载米 1.2 万石、煤 1.8 万石、盐 4 万斤、油 3 万斤；配置大炮 500 尊，军械数千件，弹药 20 余万斤。凡日常所需器物、供应人员、各色人等全在船上，共计一万七千余人，号称水陆两万。

这时，长沙有个叫黄冕的人向曾国藩提议，说长江上下千里，港汊极多，敌船容易藏匿。因此，最好每营再添 10 艘小战船（即舢板），以便在港汊中搜寻敌船。曾国藩对此非常赞同，于是又对水师的编制进行了调整：每营配制快蟹 1 艘、长龙 10 艘、舢板 10 艘；人员配制改成快蟹配二十八名桨工、八名橹工，长龙配十六名桨工、四名橹公，舢板配十名桨工。

曾国藩编练湘军水师仿照明代戚继光练兵的方式，先设官，再由官召兵，这种以各级将领为中心对曾国藩负责的体制，具有浓厚的私属性。此外，湘军水师是一个独立兵种，而不是陆师的附属，作战十分灵活，加之训练有素、装备先进，尽管人数不多，但战斗力却很强。后来湘军正是依靠水师最终击败太平天国水军，夺得长江控制权，从而迅速崛起。

靖港遭埋伏，惨败欲寻死

就在曾国藩抓紧建设和训练水师之际，战争形势越来越严峻。太

---

① 彭玉麟（1816—1890）：字雪琴，号退省庵主人、吟香外史，安庆府（今安庆市）人。湘军水师创建者、中国近代海军奠基人，人称雪帅。与曾国藩、左宗棠并称"大清三杰"，与曾国藩、左宗棠、胡林翼并称"中兴四大名臣"。官至两江总督兼南洋通商大臣，兵部尚书，封一等轻车都尉。

平军先于咸丰三年（1853 年）二月在江宁建都，五月又出师北伐和西征，使清廷的统治受到比"三藩之乱"更为严重的威胁。

在江宁被太平军攻陷后的第十五天，向荣统率一万四千名清军将士在江宁城东朝阳门外的孝陵卫①扎营，称为江南大营。稍后，钦差大臣琦善又在扬州城北扎营，直隶提督陈金绶、帮办军务大臣胜保②则扎营城西北的帽儿墩，距扬州 3 里，称为江北大营。江北大营总共有一万五千余人。

清廷的战略意图是坚决阻止太平军越过长江向北发展，同时伺机进攻江南，以动摇太平天国的基础。按照这一战略部署，琦善重点布防淮、扬，以前扼江北，为南岸声援；后据黄河，为北路屏障。向荣则相机进兵。

太平军北伐、西征后，清军的作战区域急剧扩大，并形成三大战区：以金陵为中心，包括扬州、镇江的东战区；在直鲁③境内与太平天国北伐军相持的北战区；以武昌为中心争夺两湖的西战区。

而太平天国定都天京后，相继据有武汉、九江、安庆，在长江中下游占有"形胜之地"，其北伐军又势如破竹，打乱了清廷原先的部署，使保卫京师成为重中之重。直鲁属于京师的前线，因此，清军最精锐的力量——僧格林沁④、胜保统带八旗绿营都布置在这里，并配有从内蒙古、东北调来的满蒙骑兵步兵；东战区有向荣、琦善统带的八旗绿营，即江南、江北两大营；西战区则有驻守湖北、由吴文镕统带的绿营兵，以及尚在湖南的湘军。

---

①　孝陵卫：位于南京市玄武区中山门外紫金山南麓，明孝陵陵门东南侧。

②　胜保（？—1863）：字克斋，苏完瓜尔佳氏，满洲镶白旗人。清末重要将领，曾以内阁学士会办军务，参加围攻太平天国北伐军。因屡有败绩，被称为"败保"。后赴陕西镇压回民暴动，因"讳败为胜"被责令自杀。

③　直鲁：直是指直隶省，即今河北省、天津市；鲁是指山东省。

④　僧格林沁（1811—1865）：博尔济吉特氏，蒙古科尔沁旗（今属内蒙古）人。晚清名将，善骑射，被清廷称为"国之柱石"，颇受道光、咸丰两帝倚重。曾任御前大臣、领侍卫内大臣、正蓝旗蒙古都统、镶白旗满洲都统等职。参与对太平天国、英法联军等战争，军功卓著。

随着战局的变化，兵力部署也在不断变化。八旗绿营由主要力量降为次要力量，湘军则由次要力量上升为主要力量。与此同时，太平天国的军事战略也有调整，随着北伐军被阻截，东战区扬州被围告急，西战区因兵力不足而退出汉口、汉阳，东王杨秀清决定缩短战线，先夺取安徽，再集中兵力继续西征，攻占两湖。

同年十二月二十七日，眼看春节快要到了，曾国藩特意抽出几天时间从衡阳回了趟湘乡。期间他与父亲密谈了一次，他告诉父亲，明年正月底他将率领湘军正式从湖南出发，与太平军正面交锋。曾麟书听了，意味深长地告诫他，现在为朝廷办事很不容易，打仗的事更是急不得，要步步为营，稳扎稳打。

过了大年初二，曾国藩打点行装准备赶往衡阳，临行前到母亲的坟头叩头，烧了几炷香，希望母亲能保佑他出师大捷。

咸丰四年（1854 年）正月初五，曾国藩抵达衡阳。一周以后，他接到军机处廷寄①的上谕，命他"着即遵旨，迅速由长江驶往安徽"。此时，曾国藩派出的探子也不断报来他不愿听到的消息，先是十二月庐州失守，江忠源战死，随后又是吴文镕统领的绿营兵在黄州附近被歼灭，吴文镕兵败自尽。这使湘军成为两湖战场上清军唯一能够依靠的主力部队。接着，太平军三克汉阳、汉口，进围武昌，前锋直逼岳州。如果湘军不出战或出战失利，两湖将全部落入太平军手中，到时大清帝国将被拦腰斩成两段。

在这样的形势下，曾国藩已经无法坚持船炮不足无法出征的原则，不得不在水师未经训练、洋炮未到齐的情况下率兵出征，并发布《讨粤匪檄》，以图在思想上动员统治阵营的中下层人士，共同向太平军展开进攻。

在檄文中，曾国藩首先用排比的句式、犀利的言辞，指出洪杨五年

---

① 廷寄：清代皇帝的谕旨，分明发、廷寄两种。明发交内阁发布，廷寄由军机大臣专寄给外省将军、都统、督、抚、钦差等大员，开首有"军机大臣奉面谕旨"等字样。

来"荼毒生灵数百余万，蹂躏州县五千余里"，两湖三江被胁迫的百姓，处境连猪狗牛马都不如。他们这种凶残暴虐的手段，只要是有血性的人，听了之后没有不痛恨的。接着，他更以人伦尽毁、农不能耕、商不能买、士不能读来形容太平天国对社会秩序的破坏，将中国数千年流传下来的礼仪、人伦和《诗经》《书经》的典制，一举扫除净尽。这不只是大清朝的剧变，也是开天辟地以来名教的奇变，孔子、孟子在九泉之下也会深感痛心。他号召凡是读过书、认识字的人，都不要袖手旁观，要起来反抗，捍卫自己的精神家园。

他说：粤匪焚毁郴州的学舍、毁坏孔子的神位，两廊屋中的十位哲人被捣毁，碎片满地都是。自此以后，凡是他们经过的郡县，一定先烧毁庙宇，即使是神圣不可侵犯的忠臣义士，如关羽、岳飞等，也被污毁了庙宇，砍坏了神像；其他的佛寺、道院、城隍庙、土地庙，没有一个不被烧毁，没有一个神像不被毁掉。其意在激起全民公愤，希望老百姓能和他一起消灭这些凶悍的盗贼，救出被掳去的船只，抢救出被胁迫的百姓。不仅要缓解皇上宵衣旰食的辛劳，还要抚慰孔孟伦理道德的隐忧；不但为百万民众报冤枉被杀的仇恨，而且为天地神明雪洗被侮辱的恨事。

在檄文的最后，曾国藩恩威并施，号召血性男子、抱道君子、仗义仁人有钱出钱、有力出力：倘若具有血性的男子，起来发动义军，协助征贼剿匪，本部堂定引为心腹之人，酌量给予粮食。如果有怀持正道的君子，痛恨天主教横行中国，赫然震怒以维护正道，本部堂将礼聘于幕府，以宾客、老师的礼节相待。倘使有仗义相助的仁人，捐钱以助军饷，一千两银子以内，发给实际收到的吏部凭照；一千两银子以上，单独奏请朝廷优先录用。如果有长久陷入匪贼之中，自动来归，或杀死匪首，献城投降的，本部堂收为部下，奏请朝廷授予官职；如果有被胁迫数年，头发已长了数寸，而能在作战时放下武器，空手来降的，一律免死，并给路费，送他回家乡；如果甘心从逆，抗拒天诛者，必将大兵一压，玉石俱焚。

檄文写好后，曾国藩命人大量誊抄，四处张贴，务必使闹市僻壤，人人皆知。

曾国藩的这篇檄文很具煽动性。首先，它利用太平天国的一些政策错误，号召中农以上阶层团结起来孤立太平军；同时，又利用太平天国在文化政策方面的致命弱点，采取有力反击。太平天国起义伊始，所到之处毁孔庙、焚圣像、拆寺院，将"四书五经"视为妖书邪说，"凡一切孔孟诸子妖书邪说者尽行焚除，皆不准买卖藏读，否则问罪"。太平军所过之处，凡学宫正殿或堆军火，或为马厩，两庑柱也都被毁弃殆尽。这种做法不仅破坏了封建统治阶级捍卫的纲常伦理秩序，也使中国传统文化遭到摧残。曾国藩因此得到广大知识分子的认同。湖南的封建士子首先脱掉长衫，率领众多乡民投到湘军旗下。

咸丰四年（1854 年）正月二十八，曾国藩自衡州起程，顺水而下，到湘潭与待命在此的水军四营会师，行至长沙时又装载军械几千件、弹药二十余万箱。长沙离衡阳并不远，但自从半年前他率部离开长沙后，一次也没有回来过。现在他心里虽然仍怨恨长沙官场中的一些人，但还是主动放下身段，与他们协调关系。

由于水兵配置不足，而且大部分水兵是刚刚招募而来，连战阵都没有演练过，曾国藩只能在途中集合操演了几次。

三月二日，曾国藩率湘军水师进抵岳州。岳州由太平军将领石达开的堂兄石祥祯守卫，领有三万人马。为了避免与湘军水师交战，他们主动退出岳州，在洞庭湖周围隐蔽起来。曾国藩占领岳州后，一面下令王鑫、李续宾带领湘军的两个营一千余人向武昌进发，一面派战船在湖内大肆搜索。王鑫、李续宾所部一路上风平浪静，连一个太平军也没有看到，不由放松了警惕。这天夜里，他们宿营在羊楼司①，到了半夜，五千名太平军突然从周围的山里冲出来。湘勇们从梦中惊醒，还没来得及

---

① 羊楼司：属湖南省，位于临湘市北部，地处湘鄂边界，是沿 107 国道由北进入湖南的第一镇，扼三湘咽喉，守湘北门户，是湖南省四大边境重镇之一。

做任何抵抗就丢掉几百条性命。王鑫、李续宾仓皇南逃，进入岳州城，随即被太平军重重包围。

正所谓祸不单行，三月七日，曾国藩的水师突遇大风，战船沉没20余艘，撞伤数十艘，水勇、长夫溺死无数。曾国藩见湘军还未与太平军接战就遭受重创，战斗力大减，不敢贸然再进，决定退守长沙。太平军见时机成熟，立即发起反攻。曾国藩起先派出的湘军陆营储攻躬部大败而归，王安部几乎全军覆没，除塔齐布一支外，其余各军都不得不退守长沙。曾国藩无论如何也没有料到，自己苦心经营的湘军竟然如此不堪一击。

石祥祯率领太平军将士在岳州战役中的胜利，大大提升了太平军的士气，对湖南境内的各股反清势力也起到很大的鼓舞作用。面对这一大好形势，太平军做出向长沙进军的决定。于是，太平天国水军乘胜追进，南渡洞庭湖而深入湘江，列水营于靖港至樟树港（湖南湘阴县樟树镇）一带的江面上，距长沙仅60里。

靖港位于湘江、资水①交汇的地方，对岸有铜官山，六朝时曾经设置铜官，所以又有"铜官渚"的称号。

靖港一带港汊较多，水陆两路旁通湘江西岸的宁乡、益阳、湘潭等县，太平军一面以水军进逼长沙，一面以陆军取道宁乡攻占湘潭，以对长沙采取包围的态势。

曾国藩的部下认为，陆营已经失败，应当趁军心未散之际率水师进攻，水陆并进，或可转败为胜。曾国藩认为很有道理，于是召集诸将议战。当时，太平军攻占岳州、湘潭后，兵锋直指省城长沙。曾国藩如果进入长沙，无疑将自困城中，因此，有人建议应该先攻靖港，夺取太平军的驻地；但也有人反对，如果靖港失败，退回城下，即入死地，应该进攻湘潭，即使长沙被攻陷，还可以再夺回来。曾国藩见众人意见不

---

① 资水：即资江，长江支流，为湖南四水之一。流经邵阳、新化、安化、桃江、益阳等市县，于益阳市甘溪港注入洞庭湖，全长653公里，流域面积28142平方公里。

一, 自己也拿不定主意。这时, 水师十营将士公推彭玉麟的攻守战略。彭玉麟取上策, 确定先攻湘潭并亲率五营先期出发, 约定次日曾国藩率五营殿后。

到了夜晚, 情况却发生了变化, 有长沙乡团来报说: 靖港之敌只有几百人, 没有防备, 可一战而取之。地方团丁想借曾大帅的旗鼓作威造势, 吓退敌军, 而且已经架好浮桥接纳大帅, 机不可失。消息传来, 闻者无不踊跃。曾国藩并非想侥幸取胜, 但考虑到彭玉麟攻湘潭, 这边攻靖港, 可取夹击之势牵制敌军, 于是决定进攻靖港。

四月初二早晨, 水急风利, 曾国藩亲率五营水师乘风进发, 不到几个时辰即抵达白沙洲①, 距太平军屯驻的靖港只有20里。这时, 手下将领李元度②极力劝曾国藩不要再冒进, 认为当前湘军的精锐部队已经去进攻湘潭, 如果攻打靖港, 应该等到湘潭之战胜利后, 现在最好的办法是坐等势态发展, 然后再做打算。但是, 曾国藩认为靖港的太平军只有几百人, 而湘军近五千人, 以五千人去对付几百人, 胜利必定是属于他的。他将一份写好的遗疏和一份两千多字的遗嘱交给李元度, 嘱咐说, 如果他不幸战死就把遗疏交给湖南巡抚, 让其上陈给皇帝, 同时把遗嘱转交给他的弟弟们。

到了中午时分, 天公不作美, 西南风陡起, 水流湍急, 湘军水师的船驶至靖港后想停却停不下来, 眼看就要与太平天国水军相交, 只得轮番发炮胡乱轰击。太平军开炮还击, 湘军水师急落船帆, 泊进靖港对岸的铜官渚, 一时陷入被动挨打的境地。太平天国水军出动小船, 顺风逼近湘军战船。湘军水师开炮轰击, 结果因炮高船低, 无法命中。湘军水师见势不妙, 纷纷弃船登岸, 战船或被焚毁, 或被缴获。

曾国藩在白沙洲闻讯, 急忙率陆师援救, 但陆师见水师失利, 心怀

---

① 白沙洲: 湖北武汉市西部长江主航道南侧的一个沙洲, 长约1.5公里, 宽为200米, 东北一西南走向。西邻长江, 东接京广线, 被誉为武汉的南大门。

② 李元度 (1821—1887): 字次青, 又字笏庭, 自号天岳山樵, 晚年更号超然老人, 湖南平江县人。清朝官员、学者, 官至贵州布政使。在与太平天国的战争中, 曾三次挽救曾国藩, 却也三次因事遭到曾国藩的无情弹劾。

疑怯，不肯前进。早已埋伏在山林中的两万名太平军见状，突然冲出迎击，湘军立马乱了阵脚，先是团丁奔逃，湘勇随后，争渡浮桥，但浮桥是临时用门扉床板搭成，人多而桥坏，死伤几百人。

曾国藩见势不妙，忙来到浮桥桥头，在地上插起一面旗帜，手执宝剑，高喊道："有退过此旗者斩！"但是，湘勇们为了求生，根本顾不得统帅说什么，依然继续溃退。湘军水师看到陆师溃不成军，也不等号令，纷纷升起船帆，四散逃去，一边逃一边胡乱地朝岸上开炮。

战事已经无法继续进行下去了，曾国藩神情沮丧地回到坐船上，盲目地随着溃船后退。不料天意作难，西南风又刮起来，本来水流十分湍急的江面，这会儿要想逆流行舟更是难上加难。曾国藩目睹兵败如山倒的惨状，耳边又听到有人大喊"活捉曾剃头"，心中想着此次败绩真是有生以来的奇耻大辱，还有何颜面向皇上、向朝廷交代，想到这里便步出船舱，两眼一闭向湘江跳去。

幸亏李元度早有防备，他密切关注曾国藩，见他支开随从，神情有异，便让章寿麟赶紧乘小船尾随其后，以防不测。果然，曾国藩行到靖港对岸的铜官渚时，便一头扎入水中。章寿麟见状，急忙跃身入水将他救起。曾国藩见章寿麟来救自己，不禁责怪他"何以来此"，章寿麟脱口而出："湘潭我师大败太平军，特来向大帅告捷。"实际上，章寿麟当时并没有得到湘潭取胜的消息，只是临时"发挥"出来的"告捷"。无论如何，这个"告捷"犹如一剂强心针，使曾国藩看到了一线生机。

曾国藩一生都对铜官渚投水一事讳莫如深，很多人只风闻其事而不知详情。后来，章寿麟因为终其一生也不过是一名知县，认为曾国藩不肯大力提拔自己，所以特地画了一幅《铜官感旧图》，对曾国藩颇有懑怨之词。此图详细记述了曾国藩跳水自杀一事的始末，曾国藩投水旧事随之公诸天下。

曾国藩此次出师不利，在岳州、靖港接连两次失败，损失惨重，受到通省官绅的鄙夷。湖南布政使徐有壬①等官员拿着早已写好的参劾稿，请骆秉章具名参劾曾国藩，街巷之中对曾国藩的骂声也日渐增多。

曾国藩以为大势已去，悲观到极点，回到长沙后不肯更衣，蓬头赤足，不饮不食。后来他又跑到妙高峰上起草了遗疏、遗嘱，共计两千多字，然后密令他的季弟曾国葆替他把棺材买好，决计在四月初五夜晚再一次自戕。

关键时刻，湘潭传来塔齐布的捷报，塔齐布击败了石达开的部将林绍璋②，勇克湘潭，歼敌无数。捷报传来，湘军终于扬眉吐气了一次。四月初八，驻扎在靖港的太平军主动撤退，长沙之围宣告解除。曾国藩终于打消了自杀的念头。

湘潭得胜后，骆秉章、鲍起豹和曾国藩会奏经过，奏奖立功将士。同日，曾国藩又专门给咸丰皇帝上了一个折子，痛陈自己靖港之败有三谬，并称：彻夜长思，罪责极大，愧悔悲愤之余，只想以一死来承担罪责。然而，臣这样做的话，是不顾大局，又担心刚刚筹建起来的大军化为乌有，皇上倚重的用来肃清长江贼军的基础也就没有了，这样，虽然臣死不能复活，但臣的罪责将会更大。因此，臣要忍辱偷生，一面俯首听候责罚，一面赶紧想办法补救。"

他在奏折末尾还有"请旨将臣交部从重治罪"以及请"特派大臣总统此军"两项，这又引起咸丰皇帝的不满，朱批道："此奏太不明白！难道你头脑糊涂了？你的罪固然大，但也须听朕处分，岂能自定一责问之罪？真是可笑！想来你现在是心神不定，漫无定见！"

咸丰皇帝通过军机大臣寄给骆秉章的上谕称：骆秉章等奏官军水陆获胜，克复湘潭县城；又曾国藩奏靖港水师溃败，自请治罪各一折。已明降谕旨，将塔齐布等分别加恩，并将曾国藩革职，仍责令其戴罪立

----

① 徐有壬（1800—1860）：字钧卿，顺天府宛平（今北京）人。清末官员、数学家，官至江苏巡抚，在太平军攻陷苏州时被杀。

② 林绍璋（1825—1864）：广西平南人，太平天国将领，封"章王"。先后从北伐军、西征军作战，历河南、安徽、湖北、湖南、江西诸省，曾因战败而被革职。天京被攻破后，保护幼天王突围至湖熟镇，力战阵亡。

功，以赎前失。曾国藩统领舟师，屡有挫失，此折所陈各种荒谬之事，朕也不再过于谴责。现在所存水陆各勇，仅四千余人，若率以东下，恐怕兵力太过单薄。

朝廷抑曾扬骆的用意十分明显，突出表现为各自统领的军队不同。湘潭收复后，捷报传到京师，有的大臣认为不应议功。咸丰皇帝也明白不应如此是非不明，但他对曾国藩的湘军确实心有余悸。一天，他特旨召见编修袁芳瑛①。袁芳瑛也是湘潭人，因此咸丰皇帝向他询问湘潭之战的情况。袁芳瑛将此战首尾及艰难苦战的情形详细叙述了一番，咸丰皇帝"大悦"，当天即授袁芳瑛为松江知府，这才有了鲍起豹的革职及塔齐布的升用。

五月初八，曾国藩奏请皇上开恩，允他专折奏事。咸丰皇帝允准曾国藩这个革职人员破例享有。按照规定，革职人员一般不享有专折奏事权。然而一旦失去这个权力，将使曾国藩失去与最高统治者沟通的机会，而前方万事丛集，又难免招来物议，若失去奏事权，恐怕连解释的机会也没有。

曾国藩此次虽然受到革职处分，但幸好他一力保举的抚标中军参将②、满人塔齐布，获赏总兵衔巴图鲁名号，超擢署理提督，统辖全省水陆各营。塔齐布当了大帅，还是要听曾国藩指挥。而原任湖南提督鲍起豹因无能被咸丰皇帝革职。

塔齐布两年内超擢大帅，当他从湘潭归来接受帅印时，文武官员及百姓"聚观相叹"，军中士气也为之一振。徐有壬等人前往曾国藩处祝贺，并表达歉疚之情。不久，朝廷诏令曾国藩选择司道大员随营主持筹饷事宜。徐有壬心中惴惴不安，唯恐被曾国藩选中。曾国藩带着讥讽的口吻对亲近之人说："这些人怯懦无能，只会坏我的大事。即使请求同

---

① 袁芳瑛（1814—1859）：谱名袁世矿，字艳群，号伯勻，一号漱六，湖南长沙人。清朝官员、著名藏书家，历任翰林院编修、陕西道监察御史、苏州知府、松江知府。

② 抚标中军参将：清代总督直辖的绿营兵称为督标，巡抚直辖的称为抚标。标的统领官称为中军，督标的中军由副将担任，抚标的中军由参将担任。中军的性质相当于总督、巡抚的卫队长和副官长。

行，我也要阻止，况且此辈根本不愿意。"

曾国藩在家书中也透露了自己对朝廷赏罚不公的不满："只是近段时间公理不明，外面众口嚣嚣，也有爱造谣者讥笑澄弟（曾国潢）的缺点。而澄弟看到我很多事情都不顺利，被人欺侮，更加气愤，肝火上升，免不了经常恼怒，盛气凌人。别人看到澄弟盛气凌人，却又不知道确实有刺激他、逼使他的原因。人们以盛气来讥诮澄弟，澄弟因盛气伤肝致病。我担心他因为性情抑郁久成内伤，又担心因为盛气招来怨言。所以，澄弟回家后，就听任他在家养病，不催促他来营。也因为家里的事情，非澄弟不能有掌管新宅的要领；乡间事务，非澄弟不能替代父亲大人操劳。我并没有丝毫不满意澄弟，澄弟应当清楚地认识到这一点，必须向父亲大人详细禀明情况……

"王鑫因骄蹇致败，贻误大局，凡有见识者都知道此事。昨在家招募数百乡勇，在石潭杀残敌三十人，于是假报胜仗，说杀敌数百人。我十分厌恶。与骆秉章、鲍起豹三人会衔具奏一折，由左季高（左宗棠）草拟奏稿。我原先将折稿看过，后来却又添出几段，竟然将王鑫假报胜仗一事添入。发折后，才送稿让我签字，已经无可奈何，只得隐忍签字。

"朱石樵在岳州战败逃回，在宁乡战败，逃跑数次。昨到省城，仍令他署理宝庆府的事务，已于十八日去上任。是非黑白如此颠倒，我在省城日日烦恼郁闷，所有事情都不顺手，只能委曲求全。昨天当面将朱石樵责备了一番，虽然对方无言以对，但官场中多不以我为然。将来事无一成，辜负了皇上的委任之意，只有自愧自恨而已，岂能埋怨他人？埋怨他人没有一点用处。大概时世之所以混乱，必先由于是非不明、白黑不分。几位弟弟必想一一强为区别，但越想弄分明，就越混淆，必怄气到底。愿几位弟弟学会平和，学会糊涂。王鑫的事，从今以后不仅不要说，而且也不要把它放在心上。"

第五章　九江湖口屡失利，以退为进报丁忧

婉辞三二品，统筹三路军

靖港的失败并没有打退曾国藩的雄心壮志，经过一段时间的调整，他又聚集起近两万人马，并采取已经溃散的兵勇不再收集使用，溃败的将领革职更换不再留用的组织措施，结合前段时间与太平军作战时积累的经验，部队的战斗力大为提高。

不久，曾国藩接到咸丰皇帝的谕旨，要求他添募水陆兵勇，新造、重修战船，着手肃清江面。咸丰帝还责令他与该署提督共办一事，尤应谋定而后战，务期确有把握，万不可贸然行事，再致挫失。

咸丰四年（1854 年）六月下旬，曾国藩再次从长沙出兵，准备向新败的太平天国西征军发起攻击。

太平军在湖南失掉湘潭后，失去了牵制清军的力量，于是把岳州的军队也撤回了湖北。留在湖南的太平军，这时都聚集在华容，他们见石首围攻不下，便联合在监利的军队回攻并重新占领了岳州，随后又分兵攻打西湖（今湖南汉寿县西湖镇），破龙阳（今湖南汉寿县龙阳镇）、常德，声势大振。咸丰四年（1854 年）六月二日，湖北方面的太平军在陆续占领省城周边的府县后，再次攻陷武昌城。湖北巡抚青麟[①]、前

---

① 青麟（？—1854）：图们氏，字墨卿，满洲正白旗人。清朝官员，历任内阁学士、户部侍郎、礼部侍郎、湖北巡抚等职。

巡抚崇纶①等军政大员弃城而逃，湖北大部分地区被太平军控制，西征军统帅石达开从天京奏调地官副丞相黄再兴赴湖北"安民造册"。至此，太平军占据了安徽、湖北大部分和江西部分地区，西征开拓领地的任务似乎就要实现。照这样的形势发展下去，朝廷与东南财赋之区的联系将被割断，洪、杨割据江南就会成为事实。太平军北伐虽然已经失败，但划江而治的局面对清廷同样是个噩梦。

面对如此形势，曾国藩决定分三路进军，塔齐布、罗泽南、褚汝航为中路，进攻岳州；胡林翼为西路，进攻常德；江忠淑、林源恩为东路，出平江进攻崇阳、通城。此次出师水陆两军不下两万人，但靖港之战的教训使曾国藩不敢盲目乐观，行事低调了许多。

太平军听说湘军将至，忙集中常德的军队退守岳阳。曾国藩得知太平军在岳阳加强了防务，于是命塔齐布率七千人迅速赶至岳阳城下，又调罗泽南、周凤山等助攻岳阳。咸丰四年（1854年）六月三十日，两军会战，太平军失利，连夜放弃岳阳，退守城陵矶②。

城陵矶是长江通往洞庭湖的一个极其险要的军事要塞，易守难攻。太平军占领城陵矶，湘军屡攻不下。七月十六日，湘军水师褚汝航、夏銮及清军登州镇（位于山东蓬莱市）总兵陈辉龙、游击沙镇邦等飞舟顺水乘风攻至城陵矶。清军水师突入太平军的防守圈内，但在太平军的奋勇冲杀下，湘军水师指挥失灵，进退两难，被动挨打。结果，湘军惨败，只得退回岳阳。

七月十八日，湘军陆师塔齐布进攻城陵矶，曾天养率太平军抵抗，两军展开前所未有的恶战。塔齐布与曾天养都是善战拔尖的人物。曾天养是广西壮族人，在太平军中威名赫赫，参军时已50余岁，骁勇异常，每战皆胜，被誉为"飞将军"，所部称"虎头军"，因功封为秋官正丞

---

① 崇纶（？—1854）：喜塔腊氏，满洲正黄旗人。清朝官员，历任云南按察使、广东布政使、湖北巡抚等职。

② 城陵矶：长江中游第一矶，与南京燕子矶、马鞍山采石矶并称"长江三大名矶"，也是"长江八大良港"之一，中国最大的内陆港。位于湖南岳阳市东北15公里江湖交汇的右岸，距市中心区7.5公里，当长江与洞庭湖交汇处，隔江与湖北监利市相望。

相，是太平天国西征军的主要将领。塔齐布则是湘军第一猛将，善骑战，精马术，依然保持祖先入关时剽悍的气质。两军殊死冲杀，各不相让。恶战之中，曾天养被塔齐布挺矛刺中，壮烈牺牲。曾天养的牺牲是太平天国的重大损失，西征军闻讯皆痛哭失声，为之"茹斋六日"，洪秀全追封他为烈王。城陵矶主将牺牲后，太平军顿失斗志，败退武昌。

这时，咸丰皇帝给曾国藩发来这样一封上谕："塔齐布、曾国藩奏水陆官军大获胜仗一折，办理甚合机宜。塔齐布着交部从优议叙，曾国藩着赏给三品顶戴，仍着统领水陆官军，直捣武汉，与杨霈①所统官军会合，迅速扫平逆贼。"

曾国藩本为正二品，靖港之败的所谓革职又未说明所革何职，现在说要赏给三品顶戴，让人弄不清朝廷的真实意图是惩罚还是奖励，为此他回了一封谢恩奏折：臣离职守丧在家，戴孝从军，常在神明面前深感羞愧，不敢抬起头来和别人谈论，承蒙皇上厚爱，这份惭愧与不安与日俱增。以后凡湖南一军再立功绩，无论什么奖赏，一概不敢接受。

咸丰皇帝以为他真不敢受，于是批道：知道了，大可不必如此固执。你能为国而忘家，鞠躬尽瘁，正可慰藉你的亡亲之志，尽孝之道，莫大于此。奖赏功绩，是国家政令所在，断不能因你的一个奏请稍有参差。你的隐衷，朕知道，天下人也都知道。从咸丰皇帝的批语看，他以为曾国藩真心不接受褒荣，苦口婆心地劝曾国藩不要固执，但事实很快使他明白，他这些开导根本是多余的。

曾国藩趁着这个机会，督水陆两师分道进攻。水师连续攻陷嘉鱼、金口，将士扬眉吐气，一路杀来，直达武昌城南数十里才停下来。陆师则从岳阳出发，经蒲圻（今湖北赤壁市）、咸宁、山坡（湖北武汉市江夏区山坡镇）、纸坊（湖北武汉市江夏区纸坊镇），直达洪山一带。水师抵达金口时，曾国藩召集众将，商议攻城之策。

———————————

① 杨霈（1790—?）：字慰农，汉军镶黄旗人。清朝官员，历任长芦盐运使、直隶布政使、顺天府尹、湖北巡抚、湖广总督等职。

咸丰四年（1854 年）八月二十一日，罗泽南挥师进攻武昌花园，太平军凭借临时搭起的木城架炮轰击湘军，湘军伏地前进，待攻至木城前，太平军溃乱而逃。湘军乘势夺取数十条大船，两万太平军几乎不战而溃。与此同时，塔齐布率军攻打武昌城东洪山，洪山守军起先还坚决抵抗，但在得知花园溃败后，这路太平军也纷纷退避。塔齐布下令追击，太平军大多跳湖逃命，投降的有一千余人。至此，洪山也被湘军攻克。

这时，武昌城外太平军的营垒以及江面的船只完全被湘军控制，湘军兵临武昌城下。武昌的太平军守将为黄再兴、石凤魁①、韦以德②等人，这些人不懂战事也没有指挥才能。在太平军败于花园、洪山的第二天夜里，他们弃城逃走，把长江上游的重镇武昌轻易丢给了湘军。

在武昌被攻占的第七天，湖广总督杨霈向咸丰皇帝报捷。又过了六天，曾国藩才详细向咸丰皇帝奏报了湘军进攻花园、洪山及攻克武昌的战况。

咸丰皇帝闻报，激动得热泪盈眶，他兴高采烈地对大臣们说："没想到曾国藩一介书生，竟能建此奇功！"随后用朱笔批道："览奏，深感欣慰，获此大胜，实在是出乎意料。此次克复两城，三日之内，焚舟千余，完全踏平贼垒。运筹决策，甚合机宜……曾国藩着赏二品顶戴，署理湖北巡抚，并加恩赏戴花翎；塔齐布着赏穿黄马褂，并赏给骑都尉世职。"

所谓"殊恩"，自然是特殊之恩，但曾国藩本来就是五部侍郎，按例巡抚兼兵部侍郎衔还得"升"，而曾国藩曾两度兼任兵部左侍郎实职，两年来冒着风险、硬着头皮，白手起家组建军队，几经挫败才攻下

---

① 石凤魁（？—1854）：广西贵县（今贵港市）人，太平天国翼王石达开族兄，粗通文墨，封"国宗"。后以失武昌、汉阳罪被处斩。

② 韦以德（？—1854）：广西桂平金田村人，太平天国北王韦昌辉之侄，参加了金田起义，封"国宗"，加提督军务衔。西征时屡建战功，后在半壁山大战中阵亡。

短期内因兵败失去两任巡抚、一位总督的武昌城，没想到给他的奖赏只是个湖北巡抚，而且还只是"署理"。这个暂时代理的巡抚职位让曾国藩心里自然不太舒服，于是他立即上折请辞，在其他奏折中照旧只署前礼部侍郎衔，并不署湖北巡抚，言下之意是不接受、不理会咸丰皇帝这个赏赐。直到这时，咸丰皇帝才明白过来，感觉自己之前被蒙在鼓里，于是在曾国藩的辞呈奏折上狠批道："朕料定你必会推辞。又念及整师东下，署抚空有其名，因此降旨令你不必署湖北巡抚，赏给兵部侍郎衔。你此奏虽不尽属固执，但官衔竟然不书署抚，好名之过尚小，违旨之罪甚大，着严行申饬。"

曾国藩虽然受到申饬，但到底甩掉了他极不情愿接受的"署抚"，因为咸丰皇帝说了"违旨罪大"，他便借谢恩宽恕的理由解释说："臣前因母服丧未满，不敢附现任职官之列，于是没有书署新衔，不知自己已蹈违抗圣旨之罪。"咸丰帝虽然没有再追究，但自此以后，君臣之间多少存了一点芥蒂，以致到咸丰九年（1859年）四月，咸丰帝才赏曾国藩兵部尚书衔，署理两江总督。而当时的清王朝已经到了力不能支、不得不借重曾国藩的地步。

当然，咸丰皇帝依然信任曾国藩。曾国藩攻克武昌后，查明原湖广总督吴文镕的死因及青麟兵败逃奔长沙的原委，都是因为原湖北巡抚崇纶多方掣肘及诬陷参劾所致，于是上《缕陈鄂省前任督抚优劣折》，举出具体事例，严参崇纶。咸丰皇帝阅后立即下旨为吴文镕昭雪，并下令将崇纶押解到京，交刑部候旨讯办。这件事既反映了曾国藩主持正义、力辩成案的果敢，更说明曾国藩对咸丰皇帝的影响力在日渐增加。

武昌既得光复，曾国藩一时声威大振，信心百倍，在《统筹三路进兵折》中向咸丰皇帝提出三路进兵的方案：南路由塔齐布率湖南兵勇进攻兴国、大冶等处；北路由原提督桂明等率各营兵勇进攻蕲州、广济（今湖北蕲春县东南）等地；水师由江路直下，杨载福、彭玉麟为前锋先发，曾国藩与李孟群①等率大军跟进，抵进黄州时，与陆路北军会师；抵进田家镇②、富池口（属湖北阳新县）时，再与陆路南军会师。北军行至广济即将进入安徽境界，再与督臣商定行止；南军则须剿平九江后才能渡江北上，以图迅速直抵安庆，光复省会。

咸丰皇帝看了十分高兴，批道："所筹甚是，即照拟行。"同时下令"自桂明以下文武各员，均归节制，若有不遵调遣，或者拖延畏惧、贻误事机的，即着该侍郎专衔参奏，以肃军纪"。

挥师向东进，鏖战九江城

咸丰四年（1854 年）九月十三日，湘军水陆两师从武昌出发，分兵三路东进。其中，湖北军在提督桂明的率领下，沿长江北岸推进，为第一路；湘军水师顺流而下，为第二路；湘军陆师沿长江南岸前进，为第三路。湘军陆师离开武昌后又分为两支，塔齐布一军经武昌进攻大冶，罗泽南一军经金牛堡进攻兴国，两地取胜后，合军进攻半壁山③。曾国藩则亲自指挥水师沿江东下。

太平军方面，武昌失守的消息传至天京后，太平天国领导人洪秀全、杨秀清等极为震惊，立即下令锁拿黄再兴、石凤魁，押回天京；同时令燕王秦日纲④前往田家镇布防，阻止湘军东进。秦日纲率领四下万人马赶至田家镇之后又分兵两处：秦日纲、石祥祯率两万人马驻守田家

---

① 李孟群（1828—1859）：字少樵，号鹤人，河南光州固始（今河南固始）人。晚清湘军名将，历任湖北按察使、安徽布政使、代理安徽巡抚。参与过镇压天地会起义和太平天国起义。后在庐州长城镇兵败，被太平军俘虏并杀害。

② 田家镇：坐落于湖北省黄冈市武穴市（前广济县）西南部，位于大别山南麓，地形险要，素有"天险"之称。

③ 半壁山：湖北阳新县城东 25 公里长江南岸的一处山崖，一面临江，悬崖高逾百米，与田家镇隔江相对，互为掎角，形势险要，它是万里长江三峡以下的最狭窄处，自古为兵家必争之地。

④ 秦日纲（1821—1856）：本名秦日昌，客家人，广西贵县人。太平天国将领，封"燕王"。因在"天京事变"中参与北王诛杀东王杨秀清的行动，被洪秀全处死。

镇，韦俊、石镇仑[①]、周国虞等率两万人马守卫半壁山。

韦俊、周国虞等将领均非泛泛之辈，韦俊是太平天国北王韦昌辉之弟，年仅28岁，学问见识都不一般。他随兄参加金田起义，打起仗来非常英勇果敢，参加了多次恶战，战功卓著。

韦俊等人奉命来到半壁山，对防守做了精心安排，并给部队下达死命令："掐死湘军水陆去路，绝不许后退。"韦俊、周国虞等还担心挡不住湘军水师，又提出在江面上设一道拦江铁索，以阻挡湘军的战船。于是，太平军做了六根大铁索，南拴半壁山，北系田家镇，横截大江江面。铁索下每隔10丈安置1艘大船，首尾以大锚固定，铁索也固定在船上。每隔3艘大船再设一个大木排，承受铁索的压力。半壁山的这六根拦江大索，牢牢地捆住了滔滔大江。

杨载福率先锋营到达田家镇后，发现六根黑黝黝的大铁索拦在江面上，铁索后面布置着太平军的水军，忙下令后撤。太平军见状，大炮齐轰，湘军的几艘战船被击伤，不少士兵落入江中。

面对这一情形，曾国藩也无破解之策。他发出命令，陆师进攻半壁山，或能夺得半壁山，再从岸上除掉铁索，并命水师开炮，为陆师助战。经过一天的激战，双方死伤惨重，最后，罗泽南军攻下山脚的营盘，太平军退回山上。而塔齐布军经两天的激战，也攻下了富池镇。

第二天，秦日纲、韦俊亲自指挥反攻，但再次大败，太平军退回对面的田家镇，半壁山战斗结束。这时，湘军水师已部署好破坏江上铁索的计划。

十月十三日，拦江铁索被烧断，湘军水师迅速通过田家镇，沿江焚烧了太平军的战船4500余艘，长江江面成为一片火海。

田家镇一战，太平军伤亡惨重，于是退向黄梅（今属湖北黄冈市）。曾国藩率领大军南北呼应，水陆并进，直指九江。

---

① 石镇仑（？—1854）：广西贵县人，太平天国翼王石达开族兄，封"国宗"。在半壁山之战中阵亡，年约30岁。

形势一片大好，但是曾国藩并没有得意忘形。在攻克武昌，将湖北境内的太平军驱逐出去后，他细察大局，感到几分隐忧。一是湘军水师在屡立战功的同时，也在不断抢夺战利品，私藏货物，大有抢够了就跑的意思。加上岳阳之捷正值酷暑，他向朝廷保奏的时间稍晚了一些，有的将士便心生怨愤，时常流露出不满之情。二是光复武昌后，从武昌、汉阳逃走的太平军残兵游勇还有数万人，而岳阳到天京数千里，已沦为太平军的天下，如果贸然挺进，难免陷入四面临敌的险境，稍有闪失，不仅前功尽弃，还可能遭受灭顶之灾。三是湘军人数虽有增多，但离开湖南后，军饷、弹药难以接济，很容易引发兵勇哗变。

曾国藩认为，现在虽然大有可乘之机，但因为存在这些问题，不能不审时度势、深思熟虑。他在八月三十日曾将自己的疑虑上奏清廷，实际上是不赞成立即东下，但清廷认为，太平军可传鼓而破，因此坚持命令曾国藩迅速率军东下。

取得田家镇大捷后，曾国藩认为"东南大局，似有转机"，这是他出山以来第一次对战事做出乐观的判断。讲究措辞的他在上奏时用了一个"似"字，接着就讲到自己更深层的忧虑，那就是太平军经此打击，虽损兵不少，但主要人员伤亡并不多。按照"擒贼先擒王"的说法，他认为在没有对太平天国的领导阵营造成太大损伤的情况下，最好不要轻率行事。面对清廷令他直捣天京的命令，他只得把久存心中的隐忧上报：

一是"担心江面不清，有可能成割据之势"。凭借湘军现在的实力，还不能把太平军全部逐出长江。也就是说，他对进攻下游没有必胜的把握。如果时机不成熟而贸然发动进攻，很可能被太平军强势拦截，从而出现割据之势。但咸丰皇帝的判断并非如此，他朱批道："事或不致如此。"

二是"若剿办得手，又担心江面一清，或成流贼之患"。因为太平军主力没有受到致命打击，尤其是陆军还有相当实力，如果一意直捣南京，太平军水军将四处旁窜，形成遍地开花、四处作战的局面。而清廷能够与太平军作战的军队并不多，这样一来，后果难料。曾国藩的意图是要"聚而歼之"。咸丰皇帝对此表示赞成，朱批说"实在意中"。

实际上，曾国藩高估了湘军的力量。他设想的第二种结果实际上是他和湘军骄气滋长的反映。他上奏咸丰皇帝时还说"诸路带兵大臣及各省督抚，选择战略要地进行堵御"，似乎认为湘军夺取天京是指日可待、不用担心的事情，而强调各地督抚大臣要选好战略要地，防止太平军从天京逃跑。

曾国藩及湘军的这种骄惰之气，被既是局中人又是曾国藩好友的左宗棠及时发现了。他认为其时湘军"将士之气渐骄，主帅之谋渐乱"，于是三番五次地写信给曾国藩、罗泽南等湘军将帅，劝他们审慎从事，切莫"轻敌冒进"。但曾国藩未置可否，没有回信。左宗棠稍后在写给夏廷樾的信中说：涤公（曾国藩）自田家镇以后，颇露骄惰之气，弟数次去信均没有回信，都是因为嫌信写得太直白了。

不过，罗泽南倒还保持警醒，他在给左宗棠的诗中这样写道：

事业极伊吕，浮云过太虚。
矧兹一战绩，已出二年余。

意思是说即使如伊尹、吕尚的王佐事业，也不过如浮云掠过天空，何况湘军这一战绩，已迁延两年多才得手，有什么值得骄傲的呢？

与此同时，太平军自田家镇战败后，杨秀清迅速调整部署：翼王石达开坐镇安庆，指挥西部战事；英勇善战的林启荣①防守九江；冬官正丞相罗大纲②自皖南进攻赣北，扎兵于湖口对面的梅家洲；

---

① 林启荣（1821—1858）：也作林启容，广西人，太平天国著名将领，作战英勇顽强，封"勤王"，属于东王杨秀清的直属部队先锋营。镇守战略重镇九江五年，战功赫赫，改封"贞天侯"。

② 罗大纲（1804—1855）：原名亚旺，广东丰顺县（现属梅州市）汤南镇人。太平天国名将，从广西到江宁，一直担任先锋营指挥官，作战骁雄劲悍。后病逝于天京，被追封为"奋王"。

黄文金①自湖口攻都昌（今属江西九江市），以策应九江守城。太平军精兵强将云集九江、梅家洲、湖口，互相策应，摆出誓与湘军决一死战的阵势。原在皖南作战的石达开及在江西饶州（今江西上饶市鄱阳县）的罗大纲，星夜轻骑赴援。

九江古称浔阳、柴桑。秦设九江郡，有"江到浔阳九派分"之说，故名九江。它位处江西北陲、长江中游南岸、庐山北麓，东濒鄱阳湖。九江"襟江带湖"，雄踞三省要冲，又素有"江西门户"之称，为历代兵家必争之地。东吴名将周瑜曾在九江西南的甘棠湖②演练水师；南宋抗金名将岳飞曾率岳家军屯驻九江，将金兵铁骑阻于江北。现在，这里又成了太平军与湘军进行生死较量的战场。

石达开一进九江城，便召集罗大纲、林启荣等人研究如何对付湘军。林启荣镇守九江已经两年，对九江的防卫很有信心，认为太平军合军五万之众对付远道而来的湘军两万多人，可采取以守为攻、以逸待劳的办法，待湘军兵疲将乏，再合军歼之，不可立即决战。石达开同意林启荣以守为攻的战略，但又强调要守中有攻，适时利用机会打击来犯的骄兵骄将。

正如石达开等人估计的那样，湘军连战连胜，尤其是武昌、田家镇之战后，太平军节节败退，势如溃堤，更助长了湘军的轻敌思想。

争夺九江主要靠水师。太平军吸取武昌、田家镇的教训，已经大力整顿了水师。在九江之前的几次小型战役中，他们专用战船，辅以小划子，不用民船，作战时紧贴两岸，与陆营配合，不断轰击。同时每夜从岸上向湘军战船投掷火球，又用战船放炮，随火船冲出，以扰乱敌阵。双方相持多日，互有伤亡。曾国藩在奏报中分析"水师苦战""局势为之一变"时说：太平军在水战中屡次大败，皆因民船太多，被我军烧毁

---

① 黄文金（1832—1864）：别名黄老虎，广西博白文地人。太平天国名将，封"堵王"。天京陷落后，迎幼天王洪天贵福至湖州，护送赴江西，至宁国病死。
② 甘棠湖：古称景星湖，位于江西省九江市市区，南倚庐山，北濒长江，水源为庐山泉水，是一个"自有源头活水来"的天然湖泊。

之后，失去依靠，贼众奔溃。这次太平军民船很少，纯用大小战船殊死抵抗；又以两岸及洲中营盘木排互相保护，局势为之一变。想要攻打江中之船，必先破北岸之敌；想要攻打北岸的小池口，必先破黄梅、大河埔、孔垅驿之敌。塔齐布督同各路陆军，全力攻克黄梅，扫荡其他各处，速至江岸与水师会合夹击。等到剿敌得胜，再渡江合攻九江城。

太平军水陆协同作战及其水营船队的整编，给湘军水师攻占九江带来新的困难。十一月初，湘军陆路由塔齐布、罗泽南率领，夺回了湖北、安徽、江西三省交界的要塞黄梅，这也是被曾国藩赞为"以寡击众，并不用虚声奇计，专以扎硬寨、打死仗为能"的一次大战。同一时间，湘军水师也对太平军展开攻势，但却遭到顽强抵抗，没有取得任何战绩，草草收兵。

善于总结经验的曾国藩认为：我师两次苦战，最后均未能大挫敌军，只因两岸的敌营太多，水陆相互支援，抗拒有力。而我水师与陆师隔绝，孤悬大江，介于敌营之中，昼夜戒严。敌军每天夜里以火球、火箭近岸抛掷。连日雨雪交加，水师船只停泊江中则为风波所撼，停靠在岸边则为陆上的敌人袭击，因此连日来水师劳苦，甚于田家镇和其他地方。

他还总结出军事有可凭依的三个方面："民心发生转移，饷需源源不断，军中和衷共济。"但他也有自己的忧虑：一是太平军水陆相依，大小船只互相配合出击，湘军一时找不到破敌之法；二是太平军越聚越多，而湘军以"长征之卒，无生力之军，转战千里，筋骨劳困"，疲于奔命；三是湘军将领勇多而谋少，能独当一面者更是少之极少。所以，曾国藩表示"步步谨慎，不敢稍有疏忽"。很显然，湘军不善于打持久战，失败的苗头已经显现。

十一月中旬，湘军水陆两师近四万人陆续抵达湖口、九江城下。清廷根据曾国藩所请，饷项战械、调兵遣将均一一满足，同时还以"调度有方"赏给曾国藩黄马褂、玉柄小刀等物品，以示嘉奖。

但是，清廷的期许和嘉奖并没有给曾国藩带来好运。他原以为九江指日可破，但太平军将士的勇猛顽强及守备之坚固，大大出乎他的意料。

九江城下，湘军陆营统领塔齐布，每天率军仰攻城墙，人员伤亡不计其数，他本人也因为频频独身陷阵，被石头砸伤。塔齐布作为湘军中独当一面的大将，如今受此挫折，是因为他遇到了一生的劲敌——太平军将领林启荣。

林启荣将九江变成了一座坚不可摧的要塞，不仅有力地抵挡住湘军的攻势，也使曾国藩的所有招数都失去了功效。连罗泽南也不得不承认，太平军守城，平日静若无人，夜里没有打更的，也不见传递信息的号火，但只要湘军一到城下，便举旗开炮，环绕城墙的数千个堡垒，都竖起旗帜，气势浩大，他称赞林启荣善守，不愧是太平军中的一员将才。

就这样，湘军被阻于九江城下无法前进，哪怕是曾国藩亲自指挥，麾下塔齐布、罗泽南、彭玉麟、杨载福等将领合力攻打九江各城门，仍徒劳无功，湘军死伤甚众，始终未能攻入城内。

曾国藩在船上召开会议，研究进攻方案，最后决定由塔齐布、罗泽南、鲍超、李续宾、彭玉麟、杨载福、李孟群等各领水陆大队，分兵攻打九江城的四门，争取一举攻克。

然而，当四路人马向九江城前进时，却不见城上有太平军一兵一卒。待湘军挨近城边，太平军凭借林启荣两年来修建的堡垒和配置的火力，杀得湘军人仰马翻，卷旗逃命。塔、罗等将企图制止湘勇败退，但看到城上火力非常猛烈，不退只会白白损失人马，于是带着溃兵退回营地。经过这次交战，曾国藩才知道石达开、林启荣确非平庸之将，硬拼硬打无法奏效，只能另谋良策。

湖口受重挫，死生两难间

迟迟攻不下九江城，湘军攻势渐钝。咸丰四年（1854 年）十二月初，曾国藩决定改变策略，他亲自赶到九江城外与塔齐布、罗泽南会商，决定"舍坚而攻瑕"，将湘军陆师分为两支：塔齐布、王国才率军继续攻打九江城；胡林翼①、罗泽南等率部进驻梅家洲南 4 公里的盔山（今灰山），力图先取梅家洲，占领九江城外围要点。湘军水师主力也接着进抵湖口城下，分泊于鄱阳湖口内外江面。

曾国藩急于攻下湖口的战略目的有两个：一是打通江西饷道，与南昌连成一片；二是以水陆扼截湖口，全数兜剿太平军所抢夺的江西船炮，以免其窜出大江，后患无穷。然后上复浔城（今江西九江市），下清湖口，以牵制湖口的太平军，割断九江与湖口的联系。然而，他没有料到，九江城里的石达开和罗大纲已经在湖口和梅家洲张网以待。

两军主帅——石达开和曾国藩，开始了第一次对垒。曾国藩踌躇满志，以为自己稳操胜券，但是，他很快便尝到了苦头。

石达开此前已占先机，在毗邻九江城的梅家洲上修筑了木城，城上架设火炮，周边暗埋下木桩、竹签和地雷，还将缴获的战船装上砂石，沉在鄱阳湖口，堵塞长江水路。

罗大纲更是把湖口变成一道天然屏障。他布置了数十丈的木排横亘于江心，"排侧有炮船，排外有铁索、篾缆，层层加固防护，两岸营墙，百炮轰击，皆以坚守此排"。

十二月六日，湘军分路向梅家洲发起进攻。太平军凭借工事奋勇抵抗，毙敌数百人，击退了湘军的进攻。

石达开在打击了湘军的锐气后，进而谋划破敌良策。他向众将分析说："我们依靠险要的地势阻击湘军，已经收到成效，但要想破敌，就得出击，但打出城池与曾妖硬拼并无必胜的把握。湘军水师强大，我军战船数量少，装备也远不如他们。要破湘军，必先打败他们的水师；而要破其水师，只能智取。"

曾国藩几番进攻，连遭挫败，休整了两天依然不见敌军动静，于是又令各路出击。各路大军有了前几次的教训，只是远远地开枪开炮，不

---

① 胡林翼（1812—1861）：字贶生，号润芝，湖南益阳县（今益阳市）泉交河人。晚清中兴名臣之一、湘军重要首领，官至湖北巡抚。抚鄂期间，注意整饬吏治，引荐人才，协调各方关系，曾多次推荐左宗棠、李鸿章、阎敬铭等，为时人所称道。

敢再涉险境，折腾了两天，毫无收获，不得不疲惫地返回营地。但是到了夜里正要休息时，湘军水师宿营的江面上突然枪炮齐鸣，只见无数太平军小船冲入江中，把火箭、火球射了过来。湘军水师想战却无法应战，想睡又无法入睡。连续几天，夜夜如此，弄得他们惊恐不安，将帅也都心浮气躁。

与此同时，太平军还在鄱阳湖口江面设置木簰数座，四周环以木城，中间设立望楼。木簰上安设炮位，与两岸守军互为犄角，严密封锁湖口，多次击退湘军水师的进犯。

十二月六日，湘军水师趁陆师进攻梅家洲之机，击坏太平军设于鄱阳湖口的木簰。石达开、罗大纲将计就计，派兵将大船装上沙石凿沉，堵塞航道，仅在靠西岸处留一隘口，拦以篾缆。

十二月十二日，湘军水师营官萧捷三等企图肃清鄱阳湖内的太平军战船，贸然出动舢板、长龙等轻舟120余艘，载兵两千，冲入湖内，直至大姑塘（今江西九江市东南35里姑塘）以上。待他们回驶湖口时，太平军已用船只搭起浮桥两座，连接垒卡，阻断了出路。

至此，湘军水师被太平军拦腰分解为外江和内湖两个部分。外江水师只剩下运转不灵的部分长龙、快蟹等大船，丧失灵活作战能力，处于被动挨打的境地。

当天夜里，太平军小船驶入湘军船队中，与岸上的太平军互相配合，不断投掷火球、火罐等物，共烧毁湘军大船9艘、中等船只30艘。湘军水师突然受到攻击，不得不挂帆撤退，李孟群、彭玉麟等指挥官根本无法阻止水师的撤退。湘军水师大船一路溃逃到九江大营。

曾国藩闻讯后焦灼不安，因为战船损失事小，而湘军赖以取胜的轻便小船以及两千多名精锐将士陷于鄱阳湖内，被太平军封锁事大。内湖水师军无统将，辎重阻隔，漂泊不定；而外江幸存的多为笨重船只，运棹不灵，如鸟去翼，如虫去足，实在无以自立。无奈之下，曾国藩只得下令调回正在广济（今湖北武穴市）养病的杨载福，派他统率之前带领的那部分水师。

陆师方面，曾国藩也重新做了调整。由于长江北岸小池口被太平军重新占领，前去夺垒的周凤山又大败而归，他决定放弃对湖口的进攻，将驻扎在盔山的胡林翼、罗泽南调回九江，集中兵力，加强对九江城的攻击。

就在罗泽南回到九江当晚，即十二月二十五日夜间，太平军对湘军水师发动了更大规模的袭击。

当天晚上，敌我咫尺难辨。太平军分别从九江、小池口驶出小船30艘，挟带各种火器，钻入湘军船队放火延烧。湘军水师乱作一团，纷纷挂帆逃跑，大小船只损失无数。曾国藩当时坐舢板督阵，太平军用小划船数十只将他的坐船团团围住。曾国藩的管驾官、监印官全部阵亡，文案全失。

在即将被太平军俘获的危急关头，曾国藩再一次选择投水自杀，幸好被幕僚及时救起，用小船将他送到罗泽南的营中。大家七手八脚地给他换衣服，搓手脚，他才慢慢苏醒过来。他睁开眼睛，遥望江面滚滚的烟雾，听着零星的枪炮声，发现仅剩几艘船只停泊在南岸罗泽南的营旁，心中十分凄凉。想到自己花费数年心血建立的湘军水师竟落得如此下场，他深感大势已去，羞愤难当，于是想效仿春秋时期的晋国大将先轸①之举，策马赴敌而死。罗泽南、刘蓉忙上前紧紧抓住马缰，苦苦相劝，其他幕僚更是寸步不离。

具有讽刺意味的是，就在曾国藩几乎被太平军俘获的当天上午，咸丰皇帝颁赏的黄马褂等物正好送到军营，曾国藩还没来得及细细欣赏皇帝的钦赐宝物，就在夜里又一次经历了生死之变。他在写给家人的信中说："在二十五日夜里的巨变中，将班指、翎管、小刀、火镰丢失。只好派人送回黄马褂一件、福字一幅、荷包三对。我船上所丢失的书籍、地图、上谕、奏章及家书等物件，更为可怕；而两年以来文案信件如

① 先轸（约前680—前627）：山西曲沃人，春秋时期晋国名将、军事家。曾辅佐晋文公、晋襄公两位霸主，指挥城濮之战、崤之战，打败强大的楚国和秦国。后来在与狄国的"箕之战"结束后脱下头盔铠甲，冲进狄军中战死，以此讨伐自己冒犯襄公的罪过。

山，部照、实收、功牌、账目一并失去，尤为可惜。莘田叔在解送战船来的路上，离大营只差一二日，差点就不能到。兵家胜败本属无常，但多年的辛苦也难补万一，未免心中郁闷。二十九日，罗泽南率湘勇渡江，剿小池口之敌，又见挫败，士气更受打击。现在只有大力加强整顿，挽回元气，不知是否能够如愿。"

由此可见，湖口之败对曾国藩及湘军士气的打击很大。关于九江之败的情形，曾国藩在给咸丰皇帝的两份奏折中巧妙地交替描写胜败的场景，使咸丰皇帝无法清楚了解这次战役的实际情况和失败的严重程度，只是在上谕中说："水师锐气过甚，由湖口驶至大姑塘以上，长龙、舢板各船与外江的师船隔绝，以致敌人的气势顿时高涨，两次被贼寇偷袭营寨，办理未为得手。曾国藩自出岳阳以后，与塔齐布等协力同心，扫除群敌，现在偶有小挫，但于大局无损。曾国藩自请严议之处，着加恩宽免。"

其实，回顾曾国藩的几次失败不难发现，只要是他亲自指挥的战斗，最后都以失败告终，尤其以靖港之败、九江之败最为惨烈，而且两次战败都几乎使他丢了性命。这也暴露出曾国藩在战场上"长于策略，短于指挥"的不足之处。九江之败发生在湘军立下赫赫战功，取得一系列军事胜利之后，因此，它对曾国藩的影响并不是很大。但是，九江之败却破坏了曾国藩夺取金陵的计划，而且自此之后，曾国藩坐困江西，军事生涯也大不如前，这对他来说是一个深刻的教训。

太平军在湖口、九江袭击湘军水师成功后，立即兵分三路发起反攻：东路由小池口向北进发，连下黄梅、广济，将湖广总督杨霈一直追到汉口；中路由九江逆水而上，沿途攻占蕲州、黄州，直至鄂城（今湖北鄂州市）；西路由富池口渡江，经兴国攻打武昌城的背面。

咸丰五年（1855年）正月初七，太平军重新占领汉阳，并对武昌发起攻击。清廷闻讯，急令曾国藩回师援助，曾国藩接到严旨，即派胡林翼、王国才两部以及李孟群、彭玉麟率水师回援，实际上是让水师去金口（位于武汉市江夏区）修复船只。

不久，留在九江城外的杨载福水师不幸遭到风浪袭击，30多艘船被完全毁掉，其余70多艘也破烂不堪，无法继续使用，只好退回湖北金口一带补充修理。这样一来，自广济以下的江面上再也没有湘军的船只，长江重新成为太平军的天下。

二月十七日，太平军三克武昌，湖北巡抚陶恩培①投水自杀，湖广总督杨霈逃走。至此，湘军苦战攻克的长江重镇全部被太平军重新夺回，清廷失去了湖北的大片地区。曾国藩一时进退两难。咸丰皇帝下旨痛骂他一顿后，仍命他限期攻下九江城，再东下夺取江宁。曾国藩只得遵旨照办。

苦战困江西，兄弟解危局

为了拿下九江城，曾国藩集结塔齐布、罗泽南两部日夜进攻，无奈城墙十分坚固，城内防御密不透风，无论湘军如何攻打，九江城始终坚如磐石，岿然不动。而湘军士卒却损伤惨重，毫无进展。就在曾国藩一筹莫展之时，罗泽南建议先放弃九江城，全力夺取汉口。曾国藩经过反复考虑，最终同意由罗泽南率兵前去救援汉口。

很快，曾国藩又遭受到一次沉重的打击。咸丰五年（1855年）七月十八日，塔齐布因九江城久攻不下，在营中呕血而死，年仅39岁。塔齐布不但是一个知恩图报、忠心耿耿、为湘军建功立业的大将，而且也是湘军大将中唯一的满族将领，是满汉联合、消除朝野猜忌的极佳人选，他的死不仅使湘军损折了一个栋梁之才，也使曾国藩如断臂膀。曾国藩一连几天寝食俱废，为塔齐布写了一副挽联："大勇却慈祥，论古略同曹武惠；至诚相许与，有章曾荐郭汾阳。②"

塔齐布死后，曾国藩从其部中拨出一千五百人交给罗泽南率领，参

---

① 陶恩培（1801—1855）：字益之，号文云（一说问云），浙江山阴（今绍兴）人。清末大臣，官至湖北巡抚，在太平军攻破武昌时自杀。

② 曹武惠指北宋开国名将曹彬，郭汾阳指唐朝中兴名将郭子仪。

加汉口之战，其余人马遵照塔齐布的遗嘱，交由周凤山指挥。此后，周凤山所部成为湘军主力，仍继续围攻九江城。罗泽南则于九月从江西南昌府义宁州（今江西修水县）出发，于十月初攻抵武昌城下。

此前，在太平军再次攻克武昌后，清廷任命胡林翼为湖北巡抚，这个职位曾授予曾国藩又被收回。胡林翼原为曾国藩的部下，两人关系十分密切，他的军队主力也是曾国藩的部队。如今湘军主力罗泽南到来，他自然如得救星，主动与罗泽南配合，军政事务皆与罗泽南诚心相商。这样一来，曾国藩与胡林翼的部队一个在长江上游，一个在长江中游，相互照应，互为掎角，成了太平军的两个死对头。

这时，石达开留韦俊据守武昌，与胡林翼和罗泽南周旋；命林启荣在九江拖住周凤山的兵力；自己则率兵联络江西的天地会，展开了凌厉的攻势。

咸丰五年（1855 年）十一月，石达开由湖北进攻江西，连克瑞州（今江西高安市）、临江（今江西樟树市下辖镇）、袁州（今江西宜春市袁州区），围攻吉安。曾国藩见状，只得放弃九江城，急调周凤山回援江西。

咸丰六年（1856 年）正月初二，太平军大举进攻樟树镇（今属江西樟树市），被刘于浔①的水师击退。周凤山从新淦（今江西吉安市新干县）赶回来增援樟树镇时，在瓦山遇到太平军，将太平军击退。正月初七，彭玉麟在樟树镇大败太平军。

二月初八，石达开由吉安回到临江，带领太平军几千人、200 多艘战船屯踞在永泰一带。二月十六日，石达开率部占据了横梁、香溪一带。周凤山得知太平军全面进攻的消息，下令各营军马同心协力迎击太平军。二月十七日，清廷陆军进逼香溪时，突然与太平军的大队人马遭遇。香溪地势宽敞，东有山坡，太平军分四队占据那里。都司滕国献、

---

① 刘于浔（1807—1877）：字养素，号于淳，江西南昌县人。晚清时期江西著名士绅、南昌团练组织"江军"创建人，因抗击太平军有功，被清廷赏"花图萨大巴图鲁"称号，勇武称为江西第一。

周歧山带领士兵从右面冲击过来，打败太平军。不料在追杀途中，从山的左边突然杀出一股太平军，滕国献等忙率领右路军回防，极力堵截太平军，不料大批太平军从后面蜂拥而来，双方相持良久，伤亡惨重。

二月十八日，樟树镇被石达开率领的太平军包围，周凤山把部队分为几路，从不同方向抵御太平军的进攻，但因太平军兵力强大，湘军很快被分割为几个部分，首尾不能相顾，短时间内死伤上千人。周凤山见形势不妙，领着溃兵一路撤退到南昌城里。

樟树镇一丢，南昌城顿时失去屏障，太平军长驱直入，以五万人马将南昌城团团围住。曾国藩在樟树镇败后也离开南康（今江西赣州市南康区），奔赴南昌。其时，南昌城形势危急，城内只有五千多名士兵把守，人心惶惶，奔走逃跑的人乱作一团，甚至有人被践踏致死。曾国藩一面指挥城内部队死守，一面派人快马加鞭，调遣鲍超、李元度火速来南昌救援。

一连几天，太平军不断发射火箭、炮子攻击南昌城，又四处挖地洞、架云梯，凌厉的攻势锐不可当。李元度、鲍超手下的陆勇和李孟群的水师被堵在包围圈外，根本无法增援南昌城。曾国藩登上城楼，见城外旌旗飘扬，太平军人山人海，不由得胆战心惊。

曾国藩就此困守南昌、南康两个狭小的地区，不仅文报不通，连家信都难以通达。秘密化装潜逃者也多被捉拿，一时被捕杀者达一百多人，湘军被太平军围困得"士饥将困，窘若拘囚"。

正当曾国藩及其所捍卫的清王朝万分危急之际，太平天国领导集团发生的分裂，上演了中国农民起义历史上空前未有的内讧惨剧。

咸丰六年（1856年）六月，太平军攻破清军向荣指挥的江南大营，解了天京三年之围。七月二十二日，东王杨秀清在天京金龙殿公开威逼洪秀全封他为万岁，刚烈自负的洪秀全岂能受此挑衅！北王韦昌辉在这时请求诛杀杨秀清。洪秀全虽起杀意但又有所顾忌，因而没有答应。杨秀清以西线紧急为由，调北王韦昌辉、翼王石达开赴前线督师，只剩下洪秀全和杨秀清留在天京。陈承瑢向洪秀全告密，说东王杨秀清有弑君篡位之企图，洪秀全于是密诏北王、翼王及燕王回京制杨护驾，合力铲除杨秀清。

九月四日，北王韦昌辉率三千精兵赶回天京，当天夜里在城外与燕王秦日纲会合，陈承瑢开城门接应。众军在凌晨突袭东王府，杨秀清被杀，其家人及男女侍从也被杀尽。为剪除杨秀清的党羽，韦昌辉和秦日纲又行苦肉计，诡称天王降旨，严责杀戮过多，愿自受杖刑四百。杨秀清部下五千多人，放下军械前来观看，待杨部全部进入预先准备好的空屋后，韦昌辉、秦日纲让人包围了两座房子，将五千赤手空拳的将士全部杀掉。随后，韦昌辉以搜捕"东党"为名，诛杀异己。三个月里，天京城内血流成河、尸积如山，杨秀清部两万余人同遭浩劫，老人、婴儿都未能幸免。城内人心惶惶，几近崩溃。

石达开在前线听到天京可能发生内讧的消息，急忙赶回阻止，但为时已晚。十余日后，石达开从武昌赶回天京，进城会晤韦昌辉，严责其灭绝人性的滥杀行为。韦昌辉大怒，布置兵士欲杀石达开。石达开连夜缒城逃出城外。韦昌辉未能捉到石达开，遂尽杀其家人及王府部属。

石达开从安庆起兵讨伐韦昌辉，请求天王杀韦昌辉以谢天下、正国法、平民愤。此时在天京以外的太平军大多支持石达开，韦昌辉在势急之下攻打天王府，但最终败于效忠洪秀全的将士及杨秀清余众，于十一月二日被杀，其首级被函送安徽石达开营中验收。燕王秦日纲及陈承瑢不久亦被处死。

之后，石达开奉诏回天京，被军民尊为"义王"，合朝同举"提理政务"。他不计私怨，追究屠杀责任时只惩首恶，不咎部属，连韦昌辉的亲族都得到保护和重用，人心迅速安定下来。陈玉成①、

---

① 陈玉成（1837—1862）：原名陈丕成，广西藤县客家人。太平天国后期名将，骁勇善战，封"英王"。受叛徒苗沛霖诱骗，解送清营被杀，年仅26岁。

李秀成①、杨辅清②、石镇吉等后起之秀开始走到前台，独当一面，内讧造成的被动局面逐渐得到扭转。但洪秀全见石达开深得人心，又心生疑忌，开始重用其兄弟而对石达开百般牵制，甚至企图加害。

为了避免再次爆发内讧，石达开不得已避祸离京，前往安庆。之后，洪秀全迫于形势的恶化，遣使持"义王"金牌请石达开回天京，石达开表示无意回天京，但会调陈玉成、李秀成、韦俊等将领回援，并以"通军主将"身份继续为天国作战。此后，石达开前往江西救援被困的临江、吉安，拥戴他的安徽太平军将领大都留守安徽。由于没有水师，太平军无法渡过赣江，救援天京的行动失败了。石达开于次年进军浙江，并联合杨辅清进军福建，想要开辟浙闽根据地，与天京根据地连成一体。

这场农民起义军自相残杀的悲剧，史称"天京事变"。柳亚子先生《题太平天国战史》诗云："楚歌声里霸图空，血染胡天烂漫红。煮豆燃萁谁管得，莫将成败论英雄。"其中，"煮豆燃萁"指的就是"天京事变"。

"天京事变"也使清廷朝野震动，并深感意外，他们相信这是天助大清，"长毛"必灭。太平天国从此由盛转衰，但百足之虫死而不僵，太平军的兵力依然强大，江西十三府城还有七个控制在太平军手中，林启荣雄踞九江城，屡挫围城之师。

当曾国藩深陷困境、屡战屡败时，他的亲人们也深为他的安危忧虑。俗话说"打虎亲兄弟，上阵父子兵"，眼看兄长身处危难之中，曾

---

① 李秀成（1823—1864）：初名李以文，广西藤县大黎里新旺村人。太平天国后期著名将领，"天京事变"后与陈玉成、李世贤等力撑危局，取得二破江北大营、三河大捷、二破江南大营等军事上的胜利，并建立苏福省、天浙省，抗击英法侵略者，中兴了太平天国，封"忠王"。天京陷落后被俘遇害。

② 杨辅清（？—1874）：本名金生，后与东王杨秀清认作本家，改名辅清，广西桂平人。太平天国后期将领，封"辅王"。太平天国灭亡后潜到福建谋求起义，结果被叛徒告发，被捕遇害。

国藩的弟弟们坐不住了。

曾国藩本有四个弟弟，依次为国潢、国华、国荃、国葆。因为曾国藩的叔叔曾骥云无子，曾国华从小被过继为嗣。曾国葆年纪最小，却最先随曾国藩闯荡，早在衡阳练兵之际，他就和千总周凤山同领一营前往常宁清剿会匪。曾国藩办水师，曾国葆还推荐了彭玉麟、杨载福。后来据说是身体原因，他离营回家，失去做官的机会。这段时间，曾国潢、曾国华在家乡办团练，曾国荃在考取优贡后也参加进来。

曾国藩在江西连吃败仗、形势极其紧张时，曾去函向胡林翼求助，要求罗泽南回援江西，但信函数次发出，仍不见罗军前来。原来，罗泽南早在回攻武昌的战斗中因伤死于洪山，他的部队已由胡林翼命李续宾接管，而曾国藩的信使都在中途被太平军俘获，因此信息不通，援军不至。

与此同时，湖南巡抚骆秉章派刘长佑、萧启江由醴陵、浏阳分两路进入江西，紧急增援。

曾国藩的父亲以为胡林翼不肯派兵，于是让曾国华赶赴湖北面请援师。胡林翼立即将知县刘腾鸿①、刘连捷所部湘勇一千五百人，同知吴坤修②所部彪勇七百人，参将普承尧③所部兵勇一千四百人，交由曾国华统领，支援江西。就这样，全不知兵的书生曾国华一夜之间成了三军统领，俨然又是一员"儒将"。

曾国华毕竟比曾国葆年长，体质也较好，加之胆子又大，当日便从武昌出发，一路克咸宁，下蒲圻，攻崇阳、通城，奋勇向前，风雨不息，直入江西。他于六月十八日攻下新昌（今江西宜丰县新昌镇），二

---

① 刘腾鸿（1819—1857）：字峙衡，湖南涟源人。理学大师罗泽南的高徒，湘军早期悍将，在瑞州北城督战时中炮身亡。

② 吴坤修（1816—1872）：字竹庄，江西永修县吴城吉山村人。清朝官员，官至安徽布政使、署巡抚。

③ 普承尧：字钦堂，彝族，云南新平县细牙甸（今新平彝族傣族自治县平甸乡梭克村）人。清朝将领，官至江西九江镇总兵。转战湖北、江西、安徽与太平军作战，颇有战功。后入川围剿石达开部，封扎萨克阁巴图鲁。

十四日收复上高，二十九日抵达太平军主要据点瑞州。曾国藩闻讯，立即派彭山屺等率四千人，会合曾国华一同进攻瑞州。

至此，江西与湖北之间的通道终于打开，形势随之好转。曾国华因为一路上过于紧张劳累，病倒在军中。曾国藩握着弟弟的手，兄弟相对唏嘘，稍后曾国华被送往南昌疗养。此役之后，曾国华由江西巡抚出面，奏保以同知选用。

得知曾国华做了同知后，名利心本来就重的曾国荃也跃跃欲试。恰在这时，曾国藩的朋友黄冕①捐资而得的辖区被太平军占领，为了当上实际知府，黄冕决心募勇前去攻打。曾国荃知道后积极帮办，当即招募一千五百人。而在江西惨败并被撤职的周凤山恰好也回到长沙招勇，得一千七百人。黄冕将这两支队伍拉到身边，并邀前任湖北藩司夏廷樾入伙，经湖南巡抚同意，从湖南领饷，作为第三支支援江西的部队，从衡阳一带进入江西。

十一月十三日，曾国荃、周凤山率领新招的湘勇攻下距吉安不远的安福县城，并在那里接连击败太平军的多路援军，然后乘胜前进，兵围吉安。曾国荃因功以同知选用，算是没有输给三哥曾国华。

曾国藩此前对曾国华意外出现在江西感到十分高兴，因为三弟国华救了他的急，解了他的危，他很是感激，觉得曾国华此举十分及时，也十分得当，因而对曾国华极力支持。但他对曾国荃带兵征战却表现出颇为复杂的心情，一时支持，一时反对，更多的是犹疑不决。

早在曾国荃招勇之时，他就去信询问："沅弟（曾国荃）在长沙招募兵勇，不知是代南坡兄（黄冕）办好后即交他人管带，还是亲自统辖与周凤山合并为一军，或是各树一帜？"大概是曾国荃表示自己并不带兵，只是给黄冕帮忙，曾国藩在九月十七日的信中又鼓励他说："沅弟能随南翁（黄冕）一起出来，料理军中事务，亦是增长见识和能力。

①　黄冕：字服周，号南坡，湖南长沙人。清朝官员，曾任两淮盐大使、江都知县、苏州府同知。治淮、扬赈有声，精于理财，还善弈棋，当时被誉为国手第二、湘手第一。

南翁能以赤手空拳干大事而不着声色，弟当留心仿而效之。"

后来得知曾国荃并非"料理戎事"，而是自己统辖招募的一千五百人时，曾国藩不禁又为两个弟弟各领一军、各处一地而担心，他想让他们合兵一处，于是在书信中劝告曾国荃："对于弟所部一千五百人，我希望他们到瑞州来与国华合兵一处。峙衡（刘腾鸿）治军整肃，超出同辈之人。弟与他同处一二个月，观摩砥砺，与国华合兵两千人可望成一劲旅。你们还可以轮流回乡探亲，可谓公私两得。"

四天之后，曾国藩收到曾国荃并左宗棠、郭嵩焘等人的来信，知道黄冕募军的背景是湖南乡绅担心吉安太平军西进湖南，不禁有些为难。十月六日，他写信给曾国荃说："攻打吉安或瑞安，两者都无把握。大家都说只要我带领军队去，必会一举攻克，这样的话我实在不敢深信。只是此军初起，劝捐都是以援救吉安为名，湖南官绅都以援救吉安为念，势之所在，我又怎能违背众人而独作独为呢？"湘军作战，是吃谁的饭、拿谁的钱，便为谁做事。所以，他接着又说："即使我想违背众人的意愿，弟与梧冈（周凤山）的三千人岂能违抗上级的意志而自己确定方向，在没有口粮的情况下直赴瑞州？"

其时李元度在抚州大败，部队缺饷，正闹得不可开交，曾国藩的情绪也坏到了极点，他在信的最后劝曾国荃说："至于沅弟所处的环境，应该自己审时度势，切勿辜负了南翁的青睐。弟代他整顿管理营务，把军队送到吉安，不管打仗是胜是败、城能否攻下，都应该尊敬感谢南翁，迅速离开。要么来江西与我相见，要么回到家乡侍奉亲老，不要风尘仆仆在外逗留。这件事登场很容易，脱身却困难。锋镝之中，极其危险；家庭生活，极为快乐。弟又何必与军事有所牵连？李次青（李元度）去年发奋带领部队，历尽千辛万苦，前段时间在抚州打了一次败仗，就叫他身败名裂。不仅有官绅议论纷纷，就连他家乡平江的士兵也多有埋怨谩骂。用兵如同用火，犯错很容易，立功却很难。弟的才能赶不上次青，加上所处的地位亦不如次青，如果驻军于吉安城下久久不能做出决定，不能打小仗得小胜，不能劝募捐帮助操办团练，对内有愧于兄弟的相助之情，对外造成骑虎难下的局面，不管是私情还是公谊，两方面都没有益处可谈。弟不能不为自己清楚打算，与憩兄、南兄的约定不能不明确。"

曾国荃一向自视甚高，自然不会听从曾国藩的劝说。但是，就在他打算一展身手的时候，咸丰七年（1857 年）二月四日，老家突然传来父亲曾麟书病逝的消息，兄弟三人不得不赶回湖南湘乡奔丧。

曾国藩在极度困难和苦恼之时闻此噩耗，突然觉得这是自己摆脱困境的一个大好机会，于是马上向咸丰皇帝陈报丁忧，要求开缺守制。他不等谕旨允准，便与曾国华一起从江西返乡奔丧。

曾国藩之所以毅然抛下湘军，主要是因为在江西的军事进展不顺，而这又要归结于他与江西官场不和，一是与曾经的部下沈葆桢①争厘饷，朝廷偏向江西；二是上疏弹劾江西巡抚陈启迈②，进一步得罪了整个江西官场。在这种情况下，他只能以退求进。同年十二月，他给曾国荃写了一封信，道出抛下湘军的实情：一是无地方实权，"有剥民之权，无泽民之位"。在江西时，当地很多士绅为湘军劝捐了十万两银子的军饷，而他却不能在军事上尽快扭转局面；二是江西官场已经和他处于敌对状态；三是江西士绅不敢与他接近，一旦接近就会招来江西官场的报复。

曾国藩到家多日后，才收到从江西转来的咸丰皇帝的批复：只准他三个月的假，未允开缺。但三个月假期未满，咸丰皇帝就下旨命他立即返回江西军营。曾国藩再次上奏，请求给假三年。他在奏折中表明了自己不愿再回军营的苦衷：居兵部堂官之位，权力反不如一个下级军官提镇；筹饷抽厘，必须经地方官之手，自己无权办理；关防屡变，名义混乱，受人猜疑，难以号令。咸丰皇帝看后，认为他是在伸手讨要实权，

---

① 沈葆桢（1820—1879）：原名沈振宗，字幼丹，又字翰宇，福建侯官（今福建福州）人，林则徐之婿。晚清重臣、军事家、外交家，中国近代造船、航运、海军建设事业的奠基人之一。曾任福建船政大臣、两江总督兼南洋大臣等职。

② 陈启迈（1796—1862）：字子皋，号竹伯，湖南武陵（今常德）人。清朝官员，历任江西左江道、江西按察使、直隶布政使、江宁布政使、江西巡抚等职。

如今太平军的势力正一天天衰落，不一定非要曾国藩才能打赢太平军；如果让曾国藩既有军权，又有督抚大权，对朝廷来讲实在危险。于是，咸丰皇帝顺水推舟，批准了曾国藩在籍守制三年的请求。

第六章　署理总督再出山，江南江北均节制

暴怒无常后，大悔大悟时

从咸丰七年（1857 年）二月二十九日奔丧回家，至咸丰八年（1858 年）六月初七再度出山，曾国藩在家守制一年多。对他来说，这段时间，名为"乡居"，实际上也是他的思想境界和处世观念的一大转折时期。在旁人看来，曾国藩经过这次乡居，在待人处世方面和以前相比简直判若两人。

自咸丰三年（1853 年）带兵以来，曾国藩统军整整四年，在恶劣的环境中坚忍奋斗，屡遭危急，两次自杀。到咸丰七年（1857 年）丁忧回籍，他才稍有休养的机会。但是，回到家后，他的心情依然十分苦闷。他不明白，自己出于对朝廷的一片忠心，在战场上拼死厮杀，结果却处处碰壁，事事不顺，连皇帝都不信任他。俗话说"卸磨杀驴"，现在磨还没推完，自己这头拼死卖力的驴就被弃置一旁，多少官场中人在等着看他的笑话。他越想越气，心情特别忧郁。

埋藏在胸中的忧郁无处发泄，曾国藩的脾气越来越急躁，动不动就骂人。他数着江西的一帮文武官员骂，骂够了就找几个弟弟的碴儿。曾国荃等人开始还很有耐心地劝他，但怎么劝都无济于事，只好躲着他，甚至不理他，待脱孝后就都陆续返回前线。曾国藩见弟弟们一个个走了，又开始骂几个弟媳，百般挑剔，语言粗俗。弟媳们整天面对着情绪反复无常、斯文丧尽的大伯，也都有意躲着他。

　　曾国藩被咸丰皇帝晾在家里，日子一久也生出不少闲言碎语，不仅有人对他的所作所为横加指责，就连平日关系不错的朋友也觉得他言不由衷，背叛前誓。眼下前线战事吃紧，他却跑回家避事，对大清王朝的江山社稷不闻不顾，明明是要挟皇帝伸手要权。其中骂得最凶的就是左宗棠，不但骂他是假仁假义假道学，而且还在湖南巡抚衙门里拍桌子骂他临阵脱逃，自私无能；骂他伸手要官，要不来就躲回家。左宗棠这一骂，整个长沙的大小官吏也都跟着骂，直骂得蛰居白杨坪的曾国藩夜不能寐、寝食难安，对左宗棠更是恨之入骨。在他看来，别人都可以骂他，但左宗棠不该骂，他们不仅是同门同道，相互敬重，尤其在与太平军的对抗中，在朝廷提拔的汉人官员中，他们应该是知己，至少是同一个战壕里的战友，本来应该齐心协力、互相扶持。如今他沦落到这步田地，左宗棠不但不同情，反而带头辱骂，太不仗义了。于是，他也在家里咒骂起左宗棠来。

　　里里外外的压力，压得曾国藩喘不过气来。他时而躺在床上，时而在室内外踱来踱去，一次又一次地回忆并审视自己的前半生，始终想不明白自己为什么得不到皇上的信任，又为什么招致同道中人的忌恨。

　　为了解决这些如影随形的困扰，他找来《左传》《史记》《汉书》《资治通鉴》，希望能从这些经典里找到解决问题的方法。但是，这些书他早已读得烂熟，现在重新翻阅，只能找到自己过去的思维印迹，并未发现可以借鉴的东西。

　　百思不得其解之际，他认真阅读了幼时在老师指导下熟读的《道德经》《南华经》等著述。这些书虽为出世之学，却为他的立身处世指点了迷津。他把老子的言论和自己过去的行事方式联系起来，发觉自己处处都是直截了当，用的是儒家的至诚和法家的强权，表面上看似乎是强者，是赢家，结果却处处碰壁，实质上是失败，是弱者；到头来弄得上上下下全都成了敌人，前前后后全都有障碍，左左右右也都磕磕绊绊。至此，他终于明白了所谓"大方无隅""大象无形""大巧若拙"的内涵，懂得了"大柔非柔，至刚无刚"的人生道理。

自那之后，曾国藩在为人处世方面日渐变得圆通起来，正如他自己后来在家书中所说：过去自负，以为自己本领大，可屈可伸，可行可藏，又每每看见别人的不是。自从丁巳、戊午大悔大悟之后，才知道自己没有本领。什么事都应看得见别人有几分对的。所以，自戊午到现在九年里，与40岁以前完全不同。大约以能立能达为体，以不怨不尤为用。立，是发奋自强，站得住；达，是办事周到，行得通。

曾国藩把自己这一年多的家居生活称为"大悔大悟之年"是十分准确的。对于他大彻大悟后的巨大转变，他的朋友们也都有所觉察，如胡林翼便说他"无复刚方之气"。

曾国藩在湘乡白杨坪守制期间，外面的形势也发生了很大变化。他离开后，湘军并没有因此元气大伤，相反，在湘军二号人物胡林翼的指挥下还取得了不错的战果，一举攻克江西重镇九江城。将领们一个个也相继升官晋爵。到咸丰八年（1858年），胡林翼加太子少保，杨载福官拜提督，李续宾也官至巡抚、赏穿黄马褂。而曾国藩仍然是原来的侍郎官衔。巨大的悬殊，使他的心态再次失去平衡和宁静。他亲手创建的湘军，在镇压太平天国的战争中立下殊勋，将领们随之升官扬名，而他却因为在关键时刻离开战场，失去立功扬名、光宗耀祖的大好时机，如果战争就此结束，那他吃的亏就太大了。想到这里，曾国藩深为自己当初强烈要求回家守制感到后悔。他甚至想过给咸丰皇帝上书，请求马上返回战场，但考虑再三后，终究没有勇气提笔。

临危受皇命，丧师又失弟

回籍守制期间的自处，使曾国藩苦悟人生、参透时局、运筹于胸，修正了以儒学入世立身的世界观。当战争的硝烟和政治的迷雾逐渐退去，他变得通达起来。胡林翼虽然带领湘军逐渐走出低谷，声望直线上升，但是在湘军中，曾国藩的政治、军事以及精神地位却是任何人都无法取代的。他平日里积极灌输的"忠""信""义"的传统道德观，早已深植于这支队伍中成为集体认同的价值，尤其是湘军将领，更对曾国藩敬佩有加，唯涤公马首是瞻。

比如备受胡林翼赏识的李续宾，专门给胡林翼写了一封信，请他向朝廷说情，让曾国藩复出。李续宾在信中说：环顾国内大局，只有湘军可以依赖，要实现克复金陵、平定东南的战略目标，就必须请曾国藩再度出山，由涤帅主持前方战事，由胡公在后方支撑大局。现在大家都想念涤帅，有的还说出一些不利于胡大人的话。这些人心不稳的现状都不利于湘军目前的发展，希望胡大人全力向朝廷建言，让朝廷敦促涤帅出山……

李续宾这番陈词，不仅代表了当时绝大多数湘军将领的想法，而且言之凿凿，直率坦荡。聪明的胡林翼自然从信中看出湘军仍"唯涤公马首是瞻"的现实，明白曾国藩在湘军中的地位是自己无法取代的。因此，他阅信后立即行动，多次劝说湖广总督官文①和自己一同具奏。但官文却不以为然，于是，胡林翼又劝说骆秉章、左宗棠等人，骆秉章、左宗棠知道朝廷正在怀疑曾国藩，也不愿开口。

胡林翼找不到盟友，只得单独冒险上奏。他做事周全老练，没有直接请求朝廷封曾国藩为巡抚、总督之类的封疆大吏，仅以起复水师统将为辞，不过还是碰了一个软钉子。清廷回复说："杨载福统带水师已经卓有成效，不必等曾国藩到了才能形成决议。"胡林翼见状，只好继续等待时机，而机会很快就来了。

湘军在江西战场上顺风顺水之际，咸丰八年（1858 年）三月，石达开率领二十万大军由江西的饶州、广信（今江西上饶市广信区）转入浙江，很快就攻占了浙江常山、江山等地，随后又对衢州发起猛烈的攻势。浙江局面为之一变，迅速引起人们对浙江这个粮饷重地的担忧。

---

① 官文（1798—1871）：又名僧，王佳氏，字秀峰，又字揆伯，满洲正白旗人。清朝官员，历任荆州将军、湖广总督、文渊阁大学士、直隶总督、内大臣等职。

清廷派总兵周天受①支援浙江，但他无法统率湘军；清廷接着派和春以钦差大臣、江宁将军的身份前往浙江，但和春因病不能成行。在这种情况下，清廷又一次四顾无人。

三月二十九日，胡林翼再次上奏，请求启复曾国藩带湘军进援浙江。五月二十五日，骆秉章也上奏朝廷，请求让曾国藩复出，理由是：现在援浙各军将领，均为前侍郎曾国藩深知之人，不是他的同乡，就是他的旧部，若令他统带赴浙，则将士一心，有利于大局。咸丰皇帝看到局势再度紧张，只得在五月二十一日（在骆秉章出奏之前）发布起复曾国藩、令其率兵援浙的谕旨。

曾国藩于六月三日接到圣旨，这次他没有提任何条件，四天后便离开白杨坪，赶赴战场。

曾国藩这次出山，首先奔赴长沙去见骆秉章和左宗棠，商量出师计划。他到达长沙，经骆秉章预先传话之后，去见了左宗棠。曾国藩屈驾造访，无比真挚的态度使左宗棠十分感动，一下子拉近了两人之间的距离，于是两人冰释前嫌。接下来，曾国藩又遍拜各衙门，连小小的长沙、善化县衙也亲自造访。堂堂湘军大帅这种不计前嫌、谦恭有礼的举动，使整个长沙官场感到再次出山的曾国藩的确像换了一个人，他们纷纷表示将全力支持湘军，要兵给兵、要饷供饷。骆秉章和左宗棠商量后，决定调集湘军张运兰部四千余人、萧启江部四千余人、吴国佐部一千五百人，由曾国藩亲自率领入浙。

六月十七日，曾国藩具折上奏，除了表明自己此次应命出征的决心之外，又对自己此前的表现进行了一番检讨。咸丰皇帝见他不再讲条件，对他反省的态度也比较满意，于是朱笔批道：你此次奉命即行，足以证明关心朝廷大局，忠勇可嘉。

曾国藩在长沙逗留了十几天，随即乘船前往武昌，在武昌拜访胡林

---

① 周天受（？—1860）：字百禄，四川巴县（今重庆市巴南区）人。清朝将领，因作战勇敢被授予"沙拉玛依巴图鲁"荣誉称号，担任过福建漳州镇总兵、提督、代理浙江剿匪总指挥等职，在太平军攻打宣城时战死。

翼后又沿江东下，来到黄州府（治所在今湖北黄冈市）下游的巴河。这里驻扎着彭玉麟的数营水师，湘军大将彭玉麟、杨载福、李续宾、鲍超、李元度、杨国栋、彭寿颐、曾国华等人齐集于此，等着与曾国藩商讨军机。

曾国藩与这些老部下已经阔别一年之久，见面后，他们异常欣喜，互道衷肠后开始商讨下一步的行动。曾国藩明确提出下一步的作战方案：曾国荃的吉字营继续围攻吉安；李续宾、彭玉麟、曾国华、鲍超等营进入安徽战场，落脚点为安庆；其余部队则由曾国藩本人率领，奉旨驰援浙江。

按照曾国藩的部署，湘军将军事重心放在了安徽。当太平天国的李秀成、陈玉成在苏北出击时，李续宾等湘军挺进皖南，连克太湖、潜山、桐城、舒城，进逼安徽临时省会庐州的咽喉三河镇①。

三河镇是太平军的存粮之处，不但城池坚固，而且有重兵守卫。李续宾屡攻不下，只得屯兵坚城之外，寸步难行。陈玉成知道湘军进攻三河镇意在夺取庐州，急忙从六合、江浦（今南京市浦口区江浦街道）率兵回援，并奏请天王派李秀成随后增援，共救安徽。陈玉成率兵赶到庐州城南的白石山、金牛镇一带后，先切断李续宾部的后路，并阻击舒城湘军的增援。不久，与随后赶到的李秀成部对围攻三河镇的湘军进行了反包围。

被太平军包围在三河城外的湘军只有李续宾、曾国华等部的一万七千余人，李续宾连忙派人请求湖北发兵增援。但此时胡林翼因回籍治丧不在武昌，湖广总督官文接到求救文书后一不发兵，二不令其退兵，致使李续宾陷入被围歼的绝望境地。

十月十日，太平军兵分四路杀向李续宾、曾国华所部湘军，其中陈玉成挥军自金牛镇大道向湘军大营发动正面进攻；李秀成则督军从

---

① 三河镇：古称"鹊渚"，地处肥西县境内，位于巢湖之滨，距合肥40公里，是安徽著名大镇之一。三河因丰乐河、杭埠河、小南河三水流贯其间而得名。

白石山侧翼包抄湘军；三河镇守将吴定规带兵从城内杀出；庐州守将吴如孝①会合捻军②，由北路杀向三河镇。湘军凭借营垒顽强抵抗，战斗进行了整整一天，这支由罗泽南创立的湘军精锐全军覆没，无一生还，以至湘乡方圆百十里，家家挂孝，处处哭灵。战后清理战场时人们找到了李续宾的尸首，而曾国华连尸首都没有找到。

事后，咸丰皇帝对曾国华之死给予极高的褒奖，赐给曾家"一门忠义"的匾额。

李续宾、曾国华全军覆没，对曾国藩和胡林翼是一个沉重的打击。李续宾是湘军一员大将，多年追随曾国藩，是他的心腹；曾国华是他的胞弟，自不用说；而被歼的湘军是战斗力最强的骨干和最早的班底，其中被皇帝加封的文武官员就有四百余人。丁忧在籍的胡林翼闻此消息，"大恸仆地，呕血不得起"；曾国藩在江西建昌（今江西南城县）大营，也惊得几乎昏死过去。事后，他写挽联哭道："归去来兮，夜月楼台花萼影；行不得也，楚天风雨鹧鸪声。"因为曾国华活不见人，死不见尸，只好夜对楼台花影，空唤魂兮归来了。

三河镇的失利，改变了湘军与太平军在长江流域的攻守形势。由于安徽局势危急，曾国藩、胡林翼决定回援安徽。不料江西巡抚突然告急，说太平军杨辅清率部由福建转攻江西景德镇，曾国藩只得暂时放弃援皖，继续留驻江西建昌府。

咸丰九年（1859 年）初，曾国藩命朱品隆回湖南招兵，以助张运兰。四月，曾国荃来到江西，助攻景德镇。六月，杨辅清弃城出走皖南，湘军随即占领景德镇。至此，曾国藩结束了江西的军务。

---

① 吴如孝（？—1862）：又名汝孝，广东嘉应州（今梅州市梅县区）人。太平天国名将，封"顾王"，好学自励，通文墨，为人有智计，是太平天国后期重要的军事统帅。

② 捻军：活跃在长江以北皖、苏、鲁、豫四省部分地区的反清农民武装势力，与太平天国同时期，极盛时期总兵力达二十万之众。后为清廷利用地形分为东、西二捻，西捻为左宗棠平定，东捻为李鸿章所灭。

署两江总督，举兵援江浙

江西的战事暂告一段落后，曾国藩计划转入安徽作战。这时他仍然只有兵部侍郎的虚衔，胡林翼竭力想为他谋一地方督抚之职。

咸丰九年（1859 年）五月，胡林翼借石达开逼近四川之机，给湖广总督官文写了一封长达三千字的密信，列举了八大理由，诱说官文密荐曾国藩取代新任川督黄宗汉①。信中，胡林翼不惜溢美之词，吹捧官文的"心术德量"堪比陶澍②、林则徐，又以陶澍密保林则徐相比拟，最后直接要求官文在密折中须"精心结撰""尤以必得总督为要"。但是，清廷看了官文的奏折却不为所动，只令曾国藩入川，对川督一职仍舍不得。

咸丰九年（1859 年）七月七日，曾国藩率领他的幕僚属员从江西抚州走陆路前往南昌，然后沿赣江北上，经鄱阳湖进入长江，溯流西行，打算经湖北入川。

曾国藩行至黄州会见胡林翼后，情况却发生了变化。原来，胡林翼本以为朝廷这次会将川督一职授予曾国藩，这样一来正好借机为他谋一块地盘。但现在朝廷只令曾国藩督军，不肯授予他地方大权。胡林翼认为，与其让曾国藩入川，处于客军虚悬的地位，还不如将他留下，与自己合兵一处进攻安徽。曾国藩自己也不愿入川，他在给左宗棠的信中说，自己这样入川，既无地方大权，又无朋友相帮，即使想办成一件事也很难。于是，胡林翼又通过官文奏请让曾国藩暂缓入川，与自己一起进攻安徽。

所以，曾国藩刚到武昌附近的阳逻镇，就收到咸丰皇帝的新命令，

---

① 黄宗汉（1803—1864）：字寿臣（一说字季云，号寿臣），福建泉州晋江县（今晋江市）人。晚清官员、封疆大吏，"辛酉政变"后被两宫太后罢黜。

② 陶澍（1779—1839）：字子霖，一字子云，号云汀、髯樵，湖南安化人。清代经世派主要代表人物、道光朝重臣，担任过山西、四川、福建、安徽等省布政使和巡抚及两江总督等职。

同意曾国藩暂缓入川，驻扎湖北，以图安徽。曾国藩接奉上谕后继续上行，在武昌停留了一个月后返回巴河。不久，他和官文、胡林翼一起商议进兵安徽的方略，并于十月十七日上奏朝廷，提出四路进攻的方案。曾国藩负责由宿松、石牌（今安徽怀宁县石牌镇）进攻安庆一路。但因准备不足，计划最终流产。咸丰皇帝的批谕也说：所筹尚属稳委适当，但恐怕说起来容易做起来难。仍着官文、曾国藩、胡林翼悉心筹酌办理。

由于无法进兵，而太平军也正在酝酿大行动，因此，咸丰九年（1859 年）底至咸丰十年（1860 年）初，曾国藩的生活相对安稳。

咸丰十年（1860 年），太平天国由于重用了李秀成、陈玉成等一批青年将领，改变了原来的战略，形势大为好转。这年二月，忠王李秀成攻占杭州；闰三月，忠王李秀成、侍王李世贤①、英王陈玉成、辅王杨辅清的四路大军又攻陷江南大营，天京第二次解围。江南大营的溃败，意味着湘军将成为对付太平军的主力。此后，干王洪仁玕②等计议，决定由陈玉成主援安庆，李世贤主取闽浙，洪仁玕取长江下游，李秀成东攻苏、常，于是，扬州、常州、苏州、杭州先后告急。钦差大臣、江宁将军和春死于无锡，江南提督张国梁③溺死河中，两江总督何桂清④则退走常熟，后来被革职拿问。

随着太平军以攻为守战略的展开，清军节节败退，曾国藩相对平静的日子暂时结束，停滞多年的官运也因此开始好转。这时，曾国藩已移

---

① 李世贤（1834—1865）：广西藤县大黎乡人，忠王李秀成的堂弟。太平天国后期名将，封"侍王"。以金华为中心建立太平天国浙江根据地，在天京失陷后继续领导部分太平军进行反清斗争，后被康王汪海洋杀害。

② 洪仁玕（1822—1864）：字吉甫，号益谦，广东花县（今广州市花都区）人，洪秀全的族弟。太平天国领导人之一，获封军师、干王，一度总理朝政，后在江西被江西巡抚沈葆桢捕杀。曾提出具有发展资本主义主张的政治纲领《资政新篇》。

③ 张国梁（1823—1860）：初名嘉祥，字殿臣，江湖外号"大头羊"，广东高要（今肇庆市高要区）人。清代将领，两次围困天京之江南大营的统帅。

④ 何桂清（1816—1862）：字丛山，号根云，云南昆明人。清朝官员，官至两江总督、太子太保。二破江南大营之役中在常州弃城逃跑，最后被清廷在京师菜市口弃市问斩。

驻宿松，兵围安庆。咸丰十年（1860 年）闰三月二十六日，曾国藩收到上谕：本日据和春上奏，金陵逆贼围攻大营，官军无力抗拒，退守镇江。逆贼乘大营调出各军援剿之际，分路夹攻和春等营盘。和春力不能支，遂于十五日退守镇江。该将军等围攻数载，不能出奇制胜，至有今日，实堪痛恨。……即着官文、曾国藩、胡林翼将如何进取之处，悉心筹酌。传旨令都兴阿①迅速带兵驰往，是为至要，将此由六百里谕令知之。

这道谕令虽然没有直接抽调曾国藩的兵力，但都兴阿所部是曾国藩计划中四路进击的第二路，是与他会同作战的友军，抽调都兴阿自然就削弱了他的力量。当时凡寄给曾国藩的谕旨都通过官文、胡林翼转递，因此到达较晚，曾国藩还未来得及表态，又接到四月初一直接令他放弃安庆、率师东下的谕旨。于是，曾国藩一并作出答复：

臣军官兵共计一万多人，现在准备进攻安庆，多隆阿②一军正在进攻桐城，李续宜一军现驻青草塥（今安徽桐城县西南青草镇），打算援应两路，正是吃紧之际。前面奉谕，命臣等传旨，令都兴阿带四五千人驰赴江北，当迅速告知该将军，并咨商提督官文、巡抚胡林翼尽心筹划。打算多隆阿之军，须从皖北各营中抽调，兵力已不能分。此刻安庆的敌军势力还很强，臣若全部撤走赶赴芜湖、宁国，则桐城的兵马不能独立，敌军若再乘机上犯湖北，必将应接不暇。臣这里自萧启江、张运兰拨赴湖北、四川之后，不仅将领中没有独当一面的人才，而且兵力也很单薄，难以抵挡敌人的大军。眼下敌军的力量全部投往常州和苏州，如果苏州不支，决非进攻芜湖一着所能牵制的，这是臣军不能放弃安庆而奔赴芜湖的实情。

---

① 都兴阿（1818—1875）：字直夫，郭贝尔氏，达斡尔族，满洲正白旗人。曾任盛京将军等职，清正廉明。

② 多隆阿（1817—1864）：字礼堂，呼尔拉特氏，达斡尔族，满洲正白旗人。清朝将领，擅长指挥马队，在同治中兴时期与湘军第一名将鲍超有"多龙鲍虎"之誉。

这样一来，清廷前面的两道谕旨都失去了效力。但军情紧急，江南又无人，四月九日，清廷再下谕旨，因丹阳失守，情况紧急，命都兴阿带四五千人火速前进，曾国藩则想办法夺回安庆，遵照前旨率师东下。曾国藩觉得这道谕旨简直是痴人说梦，安庆久攻未下，现在又岂能即日克服？于是对它置之不理，未作任何答复。

也许是为了向曾国藩透露某种信息，清廷接着又转来浙江巡抚王有龄①等人《请饬曾国藩速援苏保浙》的奏折。王有龄这份奏折既是为江苏、浙江军民求援，更在客观上为曾国藩本人求官。

当时，两江总督何桂清已被革职拿问，两江总督职位空缺。值此乱局之中，什么人适合接这个两江总督呢？王有龄提出两个条件：一是有晚唐宰相裴度②的才能，二是有明朝心学家王守仁③的学问。有了这两个前提，"曾国藩"这个名字被举荐，所有人都心知肚明了。而且，王有龄在奏折中还用具体事实说明江南大营不足依靠，现今唯有曾国藩一军最可靠。

王有龄是浙江巡抚，而浙江并不在"两江"之列，他为什么要在奏折中提出这个问题呢？很显然，他希望朝廷给曾国藩加官，以便他早日东下援浙。果然，清廷很快颁布上谕：曾国藩着先行赏加兵部尚书衔，迅速驰往江苏，署理两江总督。

四月二十八日，曾国藩从官文的来函中得知此事，立即提笔给官文、胡林翼写信，商量细节。对曾国藩来说，以兵部尚书衔署理两江总督无疑是一个很大的惊喜，这意味着他在日后用兵时，可以不受限制地

---

①　王有龄（1810—1861）：字英九，号雪轩，侯官（今福建福州市）人。清朝官员，官至浙江巡抚。在杭州城被太平军攻破时以身殉节。

②　裴度（765—839）：字中立，河东闻喜（今山西闻喜东北）人。唐朝中期杰出的政治家、文学家，为将相二十余年，辅佐宪宗实现"元和中兴"，晚年随世俗沉浮，以求避祸，官终中书令。

③　王守仁（1472—1529）：幼名云，字伯安，别号阳明，浙江余姚人。明代著名思想家、哲学家、书法家兼军事家、教育家。历任刑部主事、贵州龙场驿丞、庐陵知县、右佥都御史、南赣巡抚、两广总督等职，晚年官至南京兵部尚书、都察院左都御史。

调动江南数省的军事力量，同时，攻克天京的辉煌战绩也一定会因为他亲自指挥而成为现实。因此，接到任命书后，他很快就在五月初三拜折入奏：

臣奉命节制两江，驻扎南岸，以巩固吴会地区的人心，同时声援徽宁。无论兵力多寡、将帅强弱，臣的职责是南渡，不敢稍有迟延。现定于十日内拔营渡江，驻扎徽州（今安徽歙县）、池州（今安徽池州市贵池区）境内。拟在长江南岸兵分三路：一路由池州进规芜湖；一路由祁门至旌太，进图溧阳；一路分防广信（今江西上饶市信州区）、玉山，以至衢州。眼下安庆之围不可马上撤掉，臣函商官文、胡林翼，酌拨一万人先行起程。同时分遣武官，回湖南招募劲勇，陆续赶赴行营，以供分拨。大概要等到七月才能到齐，八月方能进剿。

经与胡林翼、骆秉章紧急磋商，曾国藩最终确定了"筹饷以江西为本，筹兵以两湖为本"的方针，一面派左宗棠、李元度等人回湖南募勇，一面飞调鲍超所部六千人，以及朱品隆、唐义训所领两千人，杨镇魁所领一千人，共九千人先行渡江，进驻祁门，作为进保浙江、退守江西之计。而原先围攻安庆的人马仍原地不动，交由曾国荃统领。

祁门战尤酣，思虑变局计

一切安排妥当后，咸丰十年（1860 年）五月十五日，曾国藩亲率湘军一万多人拔营起程，渡江入皖，进驻祁门。

曾国藩这次从宿松起程的动作虽然很快，但行军速度却十分缓慢。从宿松到祁门，路途并不远，但他竟走了将近一个月，直到六月十一日才到达目的地。这次虽然是兵赴前敌，但他因为有了兵部尚书和署两江总督的头衔，心情稍微轻松舒畅了些，一路上除了办理文卷之外，还读书写字，欣赏沿途风景，十分悠闲。

他在五月二十六日的日记中有这样的记述："写朱谕，谕巡抚、门印、签押，凡三条：第一，不许凌辱州县；第二，不许收受银礼；第三，不许荐引私人，约六百字，旋写对联、挂屏。"在六月初五的日记中，他又写道："早饭后拔营，行四十里至沙滩扎营。当日所行之处，都是两山中夹一溪，居民极少，竹木极多。巳初即到。天气凉爽，令人不觉六月行师之苦。旋清理文件，温习《檀弓上》完毕。酉刻至公馆外林下溪边小坐，与少荃席地而谈，约二时许，月上方归。多竹生寒，几乎忘了现在是初伏天气。"在六月初七的日记中，他也写道："两日行万山之中，泉冽竹茂，与吾乡风景相似。但有一事最令人惊骇，大便粪桶高至五尺，百姓皆以梯登厕，上盖瓦屋，街市道旁，处处有之，鳞次栉比，令人难耐。日中温习《王制》，至申刻完成。"这期间的行军日志就像他的旅游见闻兼读书日记一般。

就在曾国藩悠闲地边赶路行军边观赏皖南风光时，以杨辅清、李世贤为首的各路太平军也在急速朝祁门方向集结。咸丰十年（1860年）二月，李秀成为解天京之围，采用"围魏救赵"之法，诱使清廷将江南大营的兵力调开。他先率大军进入皖南，由于清将周天受闭城不出，太平军顺利由皖南进入浙江。这样一来，浙江全面吃紧，清廷不得不让江南大营分兵救援。太平军趁江南大营兵力空虚之际大举反攻，天京之围得解。随后，李秀成乘胜回攻皖南、赣东、闽北，依然采用"围魏救赵"之策，以达到既解安庆之围，又与皖南、两广的太平军连成一体的目的。

就在曾国藩进入祁门的前两天，杨辅清与古隆贤、赖文鸿等兵围宁国，因此，曾国藩刚到祁门就收到张芾请兵支援宁国的告急文书。

宁国府治所为现在的安徽宣城，当时辖宣城、宁国、泾县、太平（今黄山）、旌德、南陵六县，为皖南东北路。曾国藩收到告急文书后，因为身边没有统兵将领，就没有派兵，只是凑了五千两银子，以救宁国军饷久欠之急。张芾见请不到兵，只好上奏朝廷。与此同时，浙江再次告急。为了统一指挥、事权归一，咸丰皇帝于六月二十四日下旨："曾国藩着补两江总督，并授钦差大臣，所有江南、江北各军均为节制。"

当时，在潜山、太湖有多隆阿、李续宜，淮上有袁甲三①，镇江有巴栋阿，扬州有李若珠，清淮（今江苏淮安市）有王梦龄②，上海有薛焕③，杭嘉有瑞昌、张玉良，宁国有周天受，徽州有张芾，广德有王有龄所属的江长贵。表面上这些军队都归曾国藩节制，实际上曾国藩能调动的仍然只有湘军。此时各地的告急文书如雪片般飞来，让曾国藩穷于应付。

正当曾国藩万分为难之际，张运兰于七月二十四日自湖南率三千人赶到祁门。曾国藩大喜过望，亲自到城外迎接，三天后即派张运兰率部进援宁国。八月三日，为了加大对宁国的救援力度，他又命副将宋国永统率鲍超所部霆字营由太平县出发，北攻泾县，以援宁国。八月七日，李元度自湖南平江募得的三千勇丁抵达祁门；左宗棠也从湖南募得新军，正从醴陵赶往皖南；其他将领及所募新军均陆续到达。

太平军得知曾国藩派兵增援后，加紧了对宁国的围攻。八月六日，杨辅清率部攻破宁国，处死湖南提督周天受。八月九日，李世贤率部攻占城北的清军据点竹塘，斩清军副将朱景山。

眼看宁国不保，徽州危在旦夕，而朝廷又决定调张芾回京，曾国藩考虑再三，决定派李元度前去接管。李元度是湖南平江人，与曾国藩素有交情，其议论文章深得曾国藩赞赏。

八月十四日，李元度率部从祁门出发，两天后到达徽州，接管了徽州防务。可惜，他文人习气过重，刚到宁国时见张芾因拖欠军饷二

---

① 袁甲三（1806—1863）：字午桥，河南项城人。清朝官员，参与镇压太平天国、捻军起义，官至漕运总督兼江南河道总督，提督八省军事，赐号"伊勒图巴图鲁"。

② 王梦龄（？—1861）：字雨山，广东雷州府海康县（今雷州市调风镇禄切村）人。清朝官员，曾任淮安知府、苏州知府、徐州兵备道、江苏按察使、江宁布政使、漕河总督等职。

③ 薛焕（1815—1880）：字觐堂，四川兴文（今四川省宜宾市兴文县）人。清朝名臣，历任苏州知府、江苏按察使、江宁布政使、江苏巡抚兼署两江总督、通商事务大臣、都察院左副都御史、总理衙门大臣、内阁侍读学士等职。

十余万两被兵勇们拉住不放，于是慷慨承担下来，张芾得以脱身，而他却因此背上了实际无法偿还的债务，紧接着导致宁国失守，局面一片混乱。

八月十七日，曾国藩收到宁国失守的消息，首先想到的是徽州的安危。他担心宁国的溃勇会大量逃往徽州，联合徽州驻军一起闹饷。同时，他也担心李元度指挥不当，于是立即写信给李元度，交代各事细节。八月十八日，曾国藩因未得回信，又连夜去信指导李元度防备守城细节。由于对李元度还是放心不下，曾国藩又在二十二日给胡林翼写信，请他让李续宜带兵前去援助。曾国藩之所以如此紧张，是因为徽州是休宁和祁门的门户，一旦徽州失守，祁门也就无法保全。

八月二十五日，太平军进攻徽州城。李元度不听劝告，倚仗自己的六千人马，轻易打开城门与李世贤大军决战，结果不堪一击。危急之中，他率先弃城逃命，以致全军溃败。

屋漏偏逢连夜雨，这时，曾国藩的主力部队之一张运兰部驻守黟县与休宁之间，作为祁门的最后一道屏障，既要防备太平军进袭祁门，又要负责遣散宁国溃军，因此不敢轻易调动。曾国藩只好调鲍超部驰援徽州。当时，鲍超刚从四川回营，部队驻在距徽州较远的黄山。无论曾国藩如何催促，鲍超始终按兵不动。李元度逃至浙、赣边境徘徊游荡，经久不归，及至返回祁门大营，竟不自责自悔，还擅自取走饷银，私自溜回湖南。

鲍超虽然未能及时救援徽州，但他与张运兰两军是曾国藩现在仅存的两大主力，不仅打硬仗、恶仗全靠他们，眼下保卫祁门也全仰仗他们。只是曾国藩逐渐对这两位主将产生了不满。徽州危急时，曾国藩六次写信给鲍超，使者甚至长跪不起，但鲍超无动于衷。至于张运兰，尽管曾国藩平日在书信中都以"凯章仁弟"相称，从不表现出上级对下属的命令口气，但张运兰经常谎报军情这一点让曾国藩很不放心，他心知肚明却从不说破也是为了维持表面的友好关系。现在徽州已破，祁门危急，他不得不慎之再慎。

九月初一，曾国藩写信给运兵途中的左宗棠说：徽州失后三天，二十八日贼军攻陷休宁。休宁之西60里为渔亭（今安徽黄山市黟县渔亭镇），春霆（鲍超）现驻在那里。又30里为黟县，凯章（张运兰）驻在那里。春霆防休宁之贼，是伪侍王李世贤所带的军队；凯章防太石之贼，是伪辅王杨七麻子（杨辅靖）及古（古隆贤）、赖（赖文鸿）诸逆所带的军队。此时所担心的，是休宁之贼直犯婺源，从那里进入江西。阁下若从水路来，应暂时驻扎景德镇；若从陆路来，或扎在乐平，或扎在景德镇，请酌情而定。

十月十九日，会集于祁门北面的李秀成等部首先向黟县发起进攻，于当天突破羊栈岭①，通过激战占领了黟县。第二天，曾国藩派张运兰反攻，但没有成功。十月二十二日，鲍超大战黟县，太平军退守羊栈岭。同一天，张运兰与太平军再战羊栈岭，太平军失利，退出羊栈岭。

十一月初五，东面的太平军绕至景德镇方向，攻占德兴，进逼婺源、景德镇。十一月初六，西面的太平军猛攻建德（今安徽东至县梅城镇）。建德是祁门大营的唯一退路，曾国藩急调亲兵营助战，经过四次争夺战，建德最终失守，接着东流（今安徽东至县东流镇）又失守。至此，太平军完全实现了对祁门的三面包围。

曾国藩意识到问题的严重性，立即重新部署兵力。因为太平军主力此时正逼近祁门东北，所以只有坚守紧靠祁门的黟县、渔亭、休宁三处，祁门的安全才有保障。曾国藩一面命鲍超坚守渔亭、黟县，一面调派张运兰部死守休宁。张运兰本想派兵援救婺源，鲍超也想向前推进，但都被曾国藩严令禁止。考虑到祁门老营空虚，曾国藩又从鲍超那里抽调了一千八百人前来护卫。

十一月十二日，浮梁（今江西景德镇市浮梁县）失守。曾国藩担心粮路断绝，坐困祁门，急忙调鲍超赶赴景德镇夺回浮梁。不料太平军再

① 羊栈岭：位于安徽黟县北部，距县城约18公里，海拔774米。西接牛泉山，东连风茅岭，是宁池古道的重要关隘，古有"北控宣池，南通歙休"之说，历来为兵家必争之地。

次突破羊栈岭，为保黟县，鲍超与张运兰联手，连日在羊栈岭与太平军展开激战。十月二十日，鲍超大部与太平军在羊栈岭展开激战，曾国藩则在祁门焦急地等待前方的消息。如果鲍超战败，祁门老营必然不保，他就只有"一死以报君上"了。这时，曾国藩的幕僚们已经开始收拾行李，随时准备逃命；曾国藩写好遗嘱，但他依然故作镇定，向大家宣布，凡想离开祁门的，他负责发给路费，等危机过去后可以再回来。人心惶惶之际，前方传来大获全胜的消息，曾国藩终于松了口气。太平军随后退出羊栈岭。

北面之敌既退，曾国藩立即派鲍超赶赴景德镇，协助左宗棠收复浮梁，以保粮路。此后小战不断，但祁门的局势还算稳定。

进入新年以后，曾国藩本以为能过上一段平静的日子，没想到新的危机又来临了。咸丰十一年（1861年）正月初六，他突然接到探报，太平军突破大洪岭①进入祁门。曾国藩急调渔亭的霆字四营各带三哨紧急赴祁门救援。

当天进攻祁门的是太平军右军主将刘官芳②及古隆贤、赖文鸿的部队，由石埭（今安徽石台县）分两路攻祁门，很快攻破大洪岭、大赤岭各关卡。六月初七，双方再次激战，太平军退出祁门。深夜二更，太平军再次攻入大赤岭，进至祁门，清军全赖唐义训一军作战得力，有惊无险。

此后一段时间，祁门暂无战事，曾国藩惊魂初定，开始思考对太平军的作战方略。想到对太平军仅用军事进剿还不够，必须兼以政治瓦解，于是作《解散歌》，提出"八不杀"之说，并派人誊抄后四散分发：

---

①　大洪岭：以山洪奔泻泻改名。位于安徽祁门县大坦乡大洪村燕窝组，旧为祁门、石埭之分界，上下延绵20里，百步九折，依山临溪，悬崖绝壁，十分险峻。是古时祁门通往池州、安庆等地的重要通道，也是祁门县最主要的河流——阊江河的发源地。

②　刘官芳（？—1864）：一作官方，广西武宣人。太平天国将领，封"襄王"，原为广西天地会首领之一。与赖文鸿、奉王古隆贤并称为太平天国"皖南三支撑"。

第一不杀老和少，登时释放给护照。

第二不杀老长发，一尺二尺皆遣发。

第三不杀面刺字，劝他用药洗几次。

第四不杀打过仗，丢了军器便释放。

第五不杀做伪官，被胁受职也可宽。

第六不杀旧官兵，被贼围捉也原情。

第七不杀贼探子，也有愚民被驱使。

第八不杀捆送人，也防乡团捆难民。

人人不杀都胆壮，各各逃生寻去向。

每人给张免死牌，保你千妥又万当。

往年在家犯过罪，从今再不算前账。

不许县官问陈案，不许仇人告旧状。

二月二十三日，太平军右军主将刘官芳再次组织力量，分西、北两路猛攻祁门。曾国藩调集各军，鏖战多日，终于将其击退。

实战中的惊心动魄，使曾国藩深感祁门处境艰危。这时，有人向他提议退据东流，借助水师的优势保住大营，但他觉得自己待在祁门虽不能前进，但在实质上仍有驻军皖南、进取浙江、退保江西的态势，如果退回东流，则朝廷三令五申，自己一再承诺的援浙援苏便化为泡影。因此，他决定加速实施早就构想好的堡垒战术——拆掉祁门城墙，修筑碉堡十八座。他还亲自监督，加紧施工，希望借助坚固的堡垒减轻抗击的压力。

曾国藩把时局的转机寄托在这年二月，但刚进入二月便噩耗不断：二月十四日，王毅卿部战败，景德镇大营后路空虚；十五日，湖北黄州失守；十六日，抚州（今江西抚州市）、建昌危急。他越来越感到力不从心，祁门难于防守，景德镇朝不保夕，而且景德镇一旦失守，后勤供应全断，他的大营必然困死在祁门。

考虑了几个晚上，他最后还是决定继续攻打徽州，由渔亭进驻休宁，但接连几天的进攻均毫无进展，徽州久攻不下。

三月十二日，湘军再次进攻徽州，惨遭失败。湘军既败，太平军必将大举反扑，休宁已非久留之地，曾国藩不得不放弃再攻徽州的计划，于三月十八日起程回到祁门，仅留张运兰防守休宁。

第七章　问鼎东南转乾坤，一将功成万骨枯

巧对"勤王"诏，兵锋指安庆

当曾国藩因太平军的环攻而头痛不已时，北上"勤王"这个棘手的问题又摆在他的面前。

自咸丰六年（1856 年）九月英法联军进攻广州，发动第二次鸦片战争之后，战事时起时停，先后延续了四年之久。到咸丰十年（1860年）六月，战争升级，战火蔓延至京津地区。同年八月初，英法联军接连打败僧格林沁和胜保的军队，进逼北京城下。咸丰皇帝惊慌失措，留恭亲王奕䜣[①]在京应付局面，自己则率嫔妃和亲信大臣仓皇逃往热河（今河北承德市）行宫。他在逃跑途中采纳胜保的建议，发布谕令，让各地督抚派兵"勤王"。

八月二十六日，也就是徽州被太平军攻克的第二天，曾国藩收到咸丰皇帝发出的第一道谕令。在这道谕令中，咸丰皇帝点名要湘军骁将鲍超率军入京，由胜保指挥。

鲍超自太湖之战立功后，被咸丰皇帝擢升为一省最高武官提督，并准以假期，直至八月二十二日他才赶回祁门。战事危急之际，鲍超探亲不归，曾国藩对此已颇有微词，现在鲍超刚回祁门，皇帝又点名要他去

---

① 奕䜣（1833—1898）：道光帝第六子，咸丰皇帝异母弟，第一代和硕恭亲王。晚清重臣、洋务派领袖，历咸丰、同治、光绪三朝，几度执政，又几度被黜。掌权时锐意革新，提倡"自强"，推动"洋务"，使衰落中的清王朝一度呈现"中兴"气象，因此被尊为"贤王"。

北京"勤王"，曾国藩心里一百个不乐意。自三河战役后，湘军将领中没有几个敢与陈玉成硬拼，而打败过陈玉成的只有鲍超和多隆阿。多隆阿设营挂车河①，远在桐城与安庆之间，为阻击陈玉成从桐城增援安庆，自然不能调动，况且多隆阿并不归曾国藩调遣，这是一支不把湘军放在眼里的"皇家军队"。所以，眼下能守祁门大营的只有鲍超一军，可以说，霆军就是他的救命之军。

对于谕旨点名要鲍超"勤王"，归胜保指挥，曾国藩认为这是胜保借天子之名，包藏祸心的阴谋。但是，要拒绝"勤王"之令，他一时又难以找出合适的理由，急得几个晚上无法成眠。这时，幕僚李鸿章②给曾国藩出了个主意，那就是拖。李鸿章分析认为，所谓进京"勤王"本是空话，对皇帝没有一点好处。现在洋人已经打到京城，如果他们真要捉拿或加害皇帝，一定会追到热河，几天之内便可到达。现在谕令千里之外的安徽大军，不及湘军去"勤王"，事情就已见分晓。洋人进攻京师，不过是想借战争给皇帝施加压力，最终"金帛议和"了事，眼下危及大清社稷的不是英法联军，而是造反的太平军。李鸿章的一番话，使曾国藩心里一下子透亮了，他立即给咸丰皇帝回奏，说"勤王"事关重大，一个鲍超不足应命，是否在他和胡林翼二人之中选一人带兵入京。经与胡林翼协商，曾国藩于九月五日送出奏折。

果然，等了差不多一个月，九月二十四日，曾国藩接到廷寄，说和议已成，毋庸北援。至此，他心中悬着的石头总算落地，他又可以全力对付太平军了。

九月二十日，左宗棠率军抵达江西。军队募成之日，正是曾国藩困

---

① 挂车河：安徽桐城西乡的名镇，河的上游依挂车山，有一处山脊似一架龙骨水车伸向河心，故得名。其西北部依傍大别山余脉，峰峦叠嶂，丘岗起伏；东南处傍在挂车河，河渠纵横，地形较为复杂，自古为兵家必争之地。

② 李鸿章（1823—1901）：字渐甫、子黻，号少荃，晚年自号仪叟，别号省心，安徽合肥人。晚清重臣、淮军和北洋水师的创始人和统帅、洋务运动领袖之一，世人多称"李中堂"。官至东宫三师、文华殿大学士、北洋通商大臣、直隶总督，爵位一等肃毅伯。与曾国藩、张之洞、左宗棠并称晚清"中兴四大名臣"。

守祁门急需军队之时，他命左宗棠驻守景德镇。十月十七日，广东会党①起义军进入江西，逼近景德镇，左宗棠派兵迎击，大败会党军于贵溪。

刚刚把广东会党军赶出江西，太平军接踵而至，兵分三路包围了曾国藩所驻的祁门。曾国藩四面楚歌，再次陷入惊恐之中。所幸左宗棠率楚勇在景德镇经过一日一夜的激战，将太平军将领黄文金率领的数万军队击败，终于使曾国藩转危为安。

对于左宗棠在这两次大战中的表现，曾国藩极为赞赏。事后，他专折为左宗棠请功，咸丰皇帝发布谕旨，着左宗棠以三品京堂候补。

曾国藩侥幸逃过一劫，但更大的危险正悄然而至。

咸丰十一年（1861 年）二月，太平军李世贤部再度进入江西，并于二月底击败左宗棠部，攻占景德镇，兵锋直指祁门。曾国藩文报不通，饷道中断，又一次陷入绝境。他在日记中写道："忧灼万分，夜不成眠，口枯舌燥，心如火炙，几乎不知道生之可乐，死之可悲。"他甚至给儿子曾纪泽②写下遗嘱。

关键时刻，左宗棠再次力挽狂澜。他在景德镇战败后，退守乐平，充分利用地形优势，命人开挖濠沟，引水塞堰，大大限制了太平军骑兵的作用。在他的指挥下，楚勇奋力进攻，大败太平军，杀敌五千多人，李世贤大败而逃。

又一次绝境逢生后，曾国藩再也不敢继续待在祁门了。三月二十七日，他从祁门出发，将驻军移到东流，把指挥部设于长江边靠岸停泊的大船上，开始收紧对安庆的包围圈。

曾国藩进攻安徽的中心目标是太平军重兵设防的安庆，他在奏折中称"自古以来，打击窃号之贼与打击流贼不同""剿办窃号之贼，应当

---

① 会党：具有反对清朝封建专制统治、反对帝国主义的性质。在此以前，天地会、哥老会等通称会，自兴中会与天地会首领联络后，始称"会党"。

② 曾纪泽（1839—1890）：字劼刚，号梦瞻，曾国藩次子。清代著名外交家，也是中国近代史上第二位驻外公使，与郭嵩焘并称"郭曾"。

剪除枝叶并捣毁老巢。现在洪秀全据金陵，陈玉成据安庆，私立正朔，伪称王侯，为窃号之贼也"。他认为，"自洪、杨内乱，镇江克复，金陵逆首凶焰久衰，只以陈玉成往来江北，勾结捻匪，庐州、浦口、三河等处多次挫伤我师，使得皖北糜烂日广，江南之贼粮不绝"。因此，想要廓清诸路，必先攻破金陵；想要攻破金陵，必先驻重兵于滁州、和县，而后可去江宁之外屏，断芜湖之粮路；想要驻兵滁州、和县，必先围攻安庆，以破陈玉成之老巢，兼捣庐州，以攻陈玉成之所必救。"诚能围攻两处，略取旁县，使陈玉成备多力分，从而不敢北窜齐、豫，并且不敢一意东顾江浦、六合（今南京市六合区）。这是因为窃号之贼通常会竭尽全力以护其本根"。

在他看来，南京之所以长期无法夺回，太平天国之所以能在内讧之后重振声威，就是因为有滁州、和县、安庆作为屏蔽，有陈玉成联合捻军往来游击，屡次打败湘军与胜保等人的进攻。如果集中力量进攻安庆，陈玉成必然全力来争，这样就可迫使他进行战略决战。若能攻陷安庆，消灭陈玉成这支部队，收复南京就只是时间问题了。因此，他把攻陷安庆当作自己转战安徽的中心目标，甚至把它看成清王朝生死存亡和湘军气运兴衰的关键。

因为安庆的安危关乎太平天国的全局，所以太平军为了解除安庆之危，除采取"围魏救赵"的战略外，又发动了第二次西征。

太平军第二次西征开始后，北路的陈玉成部行动很快。咸丰十年（1860年）八月中旬，陈玉成率部从南京渡江西进，几天后到达捻军根据地定远，十月中旬进至桐城西南的挂车河地区，企图突破湘军阵地直接救援安庆，但与多隆阿几次交锋，都因无法抵御其马队的冲击和包抄而一再失利。十月底，陈玉成退至庐州休整了两个多月，于咸丰十一年（1861年）正月底率五万大军自桐城出发，连克英山（今属湖北黄冈市）、蕲水（今湖北浠水），二月八日又占领黄州，逼近武昌。随后，陈玉成留赖文光驻守黄州，等待李秀成的消息，自己率原定进攻汉口的两支部队转而攻取黄陂（今湖北武汉市黄陂区）、麻城、德安（今江西德安县）等地。三月九日，陈玉成在随州得知安庆危急，连忙带兵两万由广济、黄梅返回安徽，于三月十八日攻入集贤关①，对围困安庆的湘军展开猛攻。

李秀成在第二次西征开始时就对救援安庆持消极态度，所以，当陈玉成兵临武昌、汉阳时，他还在江西境内徘徊，直到咸丰十年（1860年）九月底才从安徽太平府（今安徽马鞍山市当涂县）动身，十月下旬破羊栈岭逼近祁门，但遇到鲍超军后却绕道南下婺源，经玉山（今江西上饶市玉山县）、常山（今浙江衢州市常山县）到浙江过年，直到咸丰十一年（1861年）初才转入江西境内。因为连攻广丰（今江西上饶市广丰区）、广信（今江西上饶市广信区）均未成功，李秀成于正月二十七日进围建昌。当时曾国藩很紧张，唯恐太平军进攻兵力空虚的南昌，同时又害怕西征湖北的陈玉成突然折回袭击围困安庆的曾国荃部，因而急忙将鲍超调往江西，让他驻扎在彭泽附近的下隅坂。后来，他见李秀成攻建昌、抚州都没有成功，又未能在樟树渡江，转而沿赣江南下，不禁松了一口气。不久，李世贤进占景德镇，切断皖南湘军粮道，曾国藩急调鲍超驰援乐平，协助左宗棠对李世贤作战，不料李秀成于三月十日从吉水②渡过赣江，第二天占领吉安，随即沿江北上，进逼瑞州、临江（今江西樟树市西南临江镇）。

听说陈玉成率军进入集贤关，曾国藩料定必有一场恶战。他一边令曾国荃拼命顶住，坚守待援，一边令鲍超由景德镇驰往安庆援救。这时曾国藩已离开祁门，动身前往东流，经过多日观察，他见李秀成没有动静，估计他没有胆量和气魄进攻九江，于是在四月一日到达东流后发出命令，催鲍超驰援安庆，先解曾国荃被围之急。果然不出他所料，李秀成攻占瑞州后并没有进攻九江，而是绕道义宁（今江西九江市修水县义

---

① 集贤关：又名脊现关，坐落于脊现岭，集贤是"脊现"二字的谐音。距安徽安庆市区10公里，素有"安庆北大门"之称，地势险要，自古为兵家必争之地。

② 吉水：隶属于江西吉安市，地处江西中部的吉泰平原，因赣江与恩江合行洲渚间，形若"吉"字，故称吉水。

宁镇）、武宁，分两路进入湖北，放弃了配合陈玉成救援安庆的大好时机。

实际上，自太平军第二次西征以来，湘军内部也发生了意见分歧，甚至连胡林翼也发生了动摇，只有曾国藩较清醒和坚定，两眼死死地盯着安庆，不为浮议左右。他下定决心，即使武昌或有疏失，围困安庆的军队也绝对不能撤退。因为太平军即使有攻破湖北的实力，也绝无防守湖北的力量；武昌即使丢失，也可夺回，而安庆一旦放松，便不可能再形成围困之势。他还一再致函叮嘱曾国荃：如果武昌、汉口幸得保全，敌人必会全力进攻围困安庆的湘军；如果武昌、汉口不幸丢失，敌人也必定以小股力量牵制武昌，而以大队人马回扑安庆，甚至置湖北于不顾。去年放弃浙江而解金陵之围，就是敌人的得意之笔，今年他们必然会故计重施。无论武昌、汉口是保全还是丢失，总以陈玉成回扑安庆时官军能不能守住，以定乾坤能不能移。安庆城的壕墙能守住，则武昌、汉口虽然丢失，必定会再被李续宜攻克，这样就有了转机。安庆城的壕墙若不能守，则武昌、汉口虽安然无恙，敌人的气焰也一定会更加嚣张，这样就失去了转机。因而，这次安庆的得失，不仅关系到曾家的气运，也关系着天下的安危。

为了让曾国荃心中有数，曾国藩还与他约定：万一敌人由集贤关攻打安庆各营的后面，弟必须坚守五日。鲍超的霆军现正在下隅坂，如果渡江救援，一天就可以渡过，两天就可以抵达集贤关，即使有风雨阻隔，五天的时间总可以赶到。在统帅、兄长的鼓动下，曾国荃决心不惜一切代价守住安庆壕墙。

陈玉成进入集贤关后，派小船往来湖中，往安庆城内偷运粮草物资，暂时稳定了安庆的形势，但总的来说并没有打破湘军对安庆的重围。与此同时，从天京出发救援安庆的洪仁玕和林绍璋军，以及由芜湖北渡的黄文金部，在练潭（今安徽桐城市双港镇练潭村）、挂车河一带被多隆阿阻截，无法与陈玉成会合，造成了陈玉成在集贤关内孤军奋战的局面，几次进攻都未能突破曾国荃的壕墙。

四月四日，陈玉成传令回战，并让部队退至集贤关外较为宽阔的地方，摆出立即撤走的姿态。胡林翼得知这一情报后，以为陈玉成真的要撤走，于是致函鲍超，让他不要急于和陈玉成开战。没想到陈玉成退到集贤关外并没有立即撤走，休整三天之后，于四月七日又返回集贤关，对曾国荃的后壕发动猛攻。

由于往返奔波、久战疲惫，加上眷属拖累，鲍超迟迟没有起程，本来两天可以到达的路程，直到第四天仍杳无音讯。曾国荃久候援军不至，便致函胡林翼。胡林翼接信后连发六函，催鲍超驰赴集贤关救援，并调多隆阿、成大吉两军速往集贤关。

陈玉成再次入关后苦战三日仍无进展，四月十日，他听说鲍超军已经进至大桥头，于是自率马、步兵五六千人连夜从马踏石退走桐城。

当鲍超、成大吉赶到集贤关外时，才知道陈玉成已经率军撤走，于是将太平军刘玱琳的守垒部队团团包围。曾国藩认为陈玉成不能急速撤回怀宁，便将鲍超、成大吉的万余精兵留下，日夜猛攻驻守在集贤关北部赤冈岭的四垒敌军，力求在陈玉成返回前将其攻克。与此同时，曾国荃也在关内挖掘长壕，将菱湖（今安庆市菱湖公园）两岸的太平军十八垒从后面围住，切断其与刘玱琳部队的联系。

胡林翼听说陈玉成撤走，本打算将鲍超、成大吉两部调往桐城，协助多隆阿防守挂车河阵地，得知曾国藩要围歼刘玱琳后，他立刻改变计划，令鲍超、成大吉听从曾国藩的指挥，专意攻垒，务期必克。

五月二日，太平军第二、三、四垒接连被鲍超、成大吉攻破，李仕福等三千名将士被俘。第二天夜间，刘玱琳率第一垒战士八百人突围逃走，逃到马踏石时为大水所阻，全部被害。不久，太平军在菱湖南北两岸的十八垒也陆续被攻破，守垒将士八千余人全部战死。

安庆终得手，滥杀无幸存

陈玉成第一次救援安庆宣告失败，他回到桐城后，几次进攻都未能攻破多隆阿的挂车河阵地。

咸丰十一年（1861年）七月二日，在经过较长时间的准备后，陈玉成发动了更大规模的进攻，不料又遭失败，只好将部队撤往桐城。由于无法打破清军的阻击，他带领洪仁玕、林绍璋、黄文金、杨辅清等部四五万人，自桐城向西进入湖北，然后由蕲州境内折而下行，经宿松、石牌进抵集贤关外。

七月十九日，陈玉成率军再次进入集贤关，在关口、毛岭、十里铺一带扎营四十余座；安庆城内的守军也列队西门，遥相呼应。

湘军主攻安庆的将领是曾国荃。此时，他在军中已有善战之名，由于他围壕困城，又坚忍顽强，被湘军将士称为"曾铁桶"，意指他像铁桶一样风雨不透围困安庆。为了对付城内的太平军，曾国荃让人在城墙周围挖深沟，以防太平军突围；为了对付太平军援军，他又让人在湘军驻地的外围挖筑了宽深各数丈的壕墙。

八月二十五日，陈玉成经过一番动员后亲临前线，把军队排成扇形，分十路挺进，对安庆进行最后一次救援。太平军将士每人背负一束茅草，冲到湘军的壕沟前，一面砍杀，一面用茅草把壕沟填平。湘军则据垒顽抗，集中所有炮火向太平军密集轰击。太平军前仆后继，壕沟里的尸体一层压着一层，和茅草混在一起，把壕沟都填平了。

曾国荃兵分两路，一面抗击援军，一面加紧开挖地道，准备用炸药轰城；同时，他还在旧壕之后开挖新壕，旧壕既破，新壕已成。于是，太平军层层破旧壕，湘军层层开新壕。

安庆城中的太平军守将吴定彩，借陈玉成攻击湘军后壕的机会，带领一批精锐将士打开西门，绕过湘军的壕沟，向东猛攻湘军的新垒。曾国荃亲自命令督战部队排在营垒的后方，对后退的湘军一律格杀，以阻挡太平军前进。双方激战了几个昼夜,安庆城外尸横遍野,连河水都被鲜血染红了,但太平军始终未能攻破湘军的壕墙。

九月四日夜,湘军在安庆马山脚下挖掘地道,偷偷通到城下,填装大量火药。第二天上午八时,湘军点燃火药,一声巨响后,城墙被炸开了一个几十丈的缺口,湘军越壕而入。冲进城内的湘军官兵见人就杀,太平军将士因饥困多日,甚至连刀枪都无力举起,太平军主将叶芸来部下一万六千人全部被杀。

随后,湘军又在城里大肆掠夺,城内店铺及百姓无一幸免,值钱的财物被洗掠一空,不可取的大件物品则被毁坏无存,有的兵勇竟一人抢得金银七百两,没抢到东西的士兵甚至挖掘坟墓搜寻。可以说,湘军士兵凡入城者都发了财。从此,曾国藩兄弟就把纵兵抢掠作为犒劳士兵、鼓舞士气的有效手段。

据估计,安庆一战太平军伤亡精锐三万余人,其中死于攻战者万余人,城陷后被杀万余人,被俘或投降后被杀万余人。

安庆城破之后,杀降和屠城虽然是曾国荃执行的,但却经曾国藩一手策划,有些事甚至是他一再催办才付诸实施。曾国荃作为实际的组织杀人者,从未经历过此等惨烈的战后处置,他有些害怕,担心杀戮过多会遭报应。曾国藩知道后立即写信开导他:劫数之大,实在令人叹息心惊,但使尧、舜、孔、周生于当今之世,也不能说此贼不应痛剿。尽管曾国藩一再开导,曾国荃依然心虚、后悔,由于承受不了巨大的心理压力,他想到解甲归田。曾国藩只好再次写信劝说:"既然你已经带兵,自然应当以杀贼为己任,何必因为多杀了几个人而后悔?"

其实,安庆之战本来可以少死很多人。自咸丰十年(1860 年)四月至咸丰十一年(1861 年)五月,安庆已被围困整整一年有余,城内粮食断绝,曾国荃一是担心城中百姓不堪饥饿,二是想招降部分太平军,准备提前攻城。曾国藩闻讯立即写信阻止,说就像疖子熟透才挤脓,蒸肉烂透才揭锅一样,攻城以多杀为主,不让一人逃脱,不让一人投降,不可假仁慈而误大事。根据曾国藩的安排,攻城时间又后延了三个月,直到城中人吃人,持刀负枪的士兵僵卧不起才开始攻城。

屠城完毕，曾国藩非常满意，他写信给弟弟说："初一卯刻，安庆克复，城中逆贼诛杀殆尽，并无一人漏网，差快人意。"

曾国藩嗜杀成性，他在信中也承认"吾家兄弟带兵，以杀人为业"，而他以杀人为业却并非始自带兵打仗。早在担任团练大臣时，他在长沙设审案局便滥施刑罚，动辄杀人。领兵打仗后，他更觉得杀人才能带兵，带兵是杀人的职业。自古以来，领兵打仗，杀人在所难免，所谓"一将功成万骨枯"，但在曾国藩看来，如果不杀人就无以立威，无以服众，无以激励将士，无以邀功请赏，无以成就个人事业。

当然，曾国藩也知道杀人是犯罪，是作孽。他在休宁遭遇危机时曾经给儿子写遗书，其中说："尔等长大之后，切不可涉历兵间，此事难于见功，易于造孽，尤其易于给子孙万世留下口实。"

安庆陷落时，陈玉成、洪仁玕、林绍璋、杨辅清、黄文金等援救安庆的各路太平军遥望城内火起，又猛攻了两次；后见城陷，才连夜撤出集贤关，向桐城方向撤退。

与此同时，曾国荃所部也开始发动新的攻势，在杨载福、彭玉麟水师的配合下沿江东进，直指太平天国的首都天京。从此，太平军转入战略防御，湘军开始全面进攻，两军交战的主战场由安徽转向江浙地区。

在安庆被攻陷后第七天，曾国藩由东流前往安庆，将自己的公馆设在陈玉成原来的英王府内。他刚刚搬进英王府，就收到北京送来的紧急公函。原来，咸丰皇帝已于七月十七日在热河行宫驾崩，年仅6岁的皇子载淳即皇帝位，并以载垣①、端华②、肃顺③等八位大臣为赞襄政务大臣，执掌朝政，定于次年改元祺祥。

----

① 载垣（1816—1861）：清朝宗室、大臣，世袭和硕怡亲王爵位，十二家世袭"铁帽子王"之一，咸丰皇帝顾命八大臣之首。曾任御前大臣行走，亲受顾命。在"辛酉政变"中被捕，赐白绢自尽。

② 端华（1807—1861）：满洲镶蓝旗人，袭爵郑亲王，授总理行营事务大臣及御前大臣，咸丰皇帝顾命八大臣之一。在"辛酉政变"中以"专擅跋扈罪"被赐死，死后降爵。

③ 肃顺（1816—1861）：满洲镶蓝旗人，清朝宗室、权臣，自道光中期历任御前大臣、总管内务府大臣、户部尚书、协办大学士等职，深为咸丰皇帝信用，成为咸丰皇帝顾命八大臣之一。在护送咸丰皇帝梓宫回京途中被捕，并斩于菜市口。

贪功犯险境，军营起瘟疫

　　清廷突如其来的激变，令曾国藩心乱如麻。此时，湘军大将以及与湘军有关系的政客们也不断往来安庆，议论朝廷形势。

　　胡林翼作为曾国藩的知心好友，最先来到安庆。他们之间谈起话来推心置腹，毫无顾忌。曾国藩从胡林翼口中得知慈禧太后与八大臣、恭亲王奕䜣与咸丰皇帝之间的尖锐矛盾，现在咸丰皇帝一死，宫中可能会发生太后联合恭亲王推翻顾命大臣，发动政变的大事。一旦宫里闹起来，鹿死谁手尚难以预料。

　　胡林翼特地捎来左宗棠写给曾国藩的一副联语。曾国藩接过信套，只见上面写着："神所依凭，将在德矣；鼎之轻重，似可问焉。"曾国藩一边读着，一边想，左宗棠志向不小，才气也大，但手里只有数千兵马就想"问鼎"？这不可能！他马上意识到这是左宗棠建议自己"问鼎"。他联想到自己创办湘军以来，经过多年的发展壮大，如今湘军已有十余万人，宫中不断传出各种各样的流言，皇帝也一直对自己猜忌重重，心里不禁一阵发冷。

　　两天后，胡林翼准备返回武昌，曾国藩把他送到码头，临别前拿出左宗棠的联语说："左季高的联语，我给他改了一字。"胡林翼打开一看，只见这几句变成了"神所依凭，将在德矣；鼎之轻重，未可问焉"。胡林翼看后放声大笑，连声称赞改得高明。曾国藩目送胡林翼远去，他们都没有想到，这次分手竟成永别，胡林翼不久在武昌咯血而死。

　　胡林翼走后，彭玉麟也从池州赶到安庆。彭玉麟在曾国藩麾下多年，两人关系也非比寻常，他在谈论了一番时政后，试探地问道："今东南半壁无主，老师可有意否？"对于如此直截了当的试探，曾国藩没有回答，而是拿别的话岔开了。他抱定"效劳朝廷，忠君报清"的主意，用沉默拒绝了彭玉麟等人鼓动他做一国之君或东南之主的"好意"，坐等形势变化。

果然，咸丰十一年（1861 年）九月三十日，慈禧太后发动宫廷政变，将顾命八大臣肃顺等人或处死，或革职流放，由两宫皇太后垂帘听政，恭亲王奕䜣以议政王辅政；十月五日改号祺祥为同治，以次年为同治元年。

两宫太后垂帘听政后，为抓紧镇压太平军与捻军起义，加上恭亲王的大力推举，朝廷改变了咸丰皇帝在位时对汉臣的态度，大胆放权。十月十八日，清廷发布上谕，令曾国藩管辖江苏、浙江、安徽、江西四省军务，自巡抚、提督以下文武官员皆由他节制。曾国藩趁机提议，对四省的巡抚等重要官员做了调整，由自己的属下或与湘系有密切关系的人担任。这样一来，东南数省不仅尽归曾国藩管辖，各省文武官员也都是他的部下、心腹和故旧。他无意做东南之主，却成了实质上的东南之主。

在湘军占据安庆之前，太平天国不仅占有江苏一部分及安徽大部分地域，并在湖北、江西与湘军争夺地盘。安庆失陷后，太平天国失去了安徽大部，只剩下皖南一角和皖北的少数地区。陈玉成在安庆失陷后退守庐州，受到严责并被革职。同治元年（1862 年）春，陈玉成派部将陈德才①等率师去陕西等地招兵，庐州守军兵少被围。四月，陈玉成率部突围，遁走寿州（今安徽寿县），为叛徒苗沛霖②诱捕，解送清营，于六月四日在河南延津县慷慨就义，年仅 26 岁。陈玉成死后，太平军基本上退出了皖北，至此，太平天国天京上游的屏障已不复存在。但是，由于李秀成、李世贤等大将的努力，太平天国又占有了苏南和浙江的大部分地区。

太平军进攻浙江时，清廷曾多次命曾国藩饬左宗棠等赴援，但援兵未到，杭州已失。湘军从湖北、江西向东进入安徽后，一直分为江南、

---

① 陈德才（？—1864）：又名陈得才，广西浔州人。太平天国将领，封"扶王"。太平天国首都天京被清军攻陷后，他率军在安徽一带继续作战，后兵败自杀。

② 苗沛霖（1798—1863）：字雨三，安徽凤台人。曾在乡举办团练，三次反清，两次变节，反复无常。曾被太平天国封为"奏王"。在安徽蒙城被清军僧格林沁部击败后，为部下所杀。

江北两个战场。

杭州危急之际，在江北战场上，苗沛霖攻占寿州，前安徽巡抚翁同书①被俘，尽管苗沛霖声称自己并非造反，只是向寿州团练报仇，但此举导致皖北局势恶化，引起清廷的恐慌。与此同时，清军大将多隆阿生病呕血；李续宜继胡林翼任湖北巡抚，难以抽身；曾国荃回湘募勇，江北方面根本抽不出兵来，曾国藩一时无兵可派。

在江南战场上，此时只有左宗棠和鲍超两军实力较厚，但左宗棠军不过八千人，鲍超所部也不满万人。鲍超在皖南宁国一带与太平军相持不下，如果让左宗棠援浙，鲍超就无法配合，左宗棠只有孤军前进。想让一支孤军冲破太平军的层层关卡前去救援杭州，谈何容易？因此，曾国藩不太愿意让部将冒此大险。

到咸丰十一年（1861年）十一月，因朝廷催促一天急似一天，又命他督办四省军务，曾国藩一面表示不敢接受督办四省军务的重任，一面只能硬着头皮叫左宗棠速去援浙。

杭州告急，太平军对上海的压力与日俱增。上海自从第一次鸦片战争开辟为通商口岸后，很快繁荣起来，迅速成为清王朝对外贸易的中心。咸丰三年（1853年）太平天国占领江宁时，江宁城里的大批富商、绅士纷纷逃往上海，加速了上海的繁荣。上海再也不是江苏省的一个普通县城，其重要性大大提升。曾国藩部署安庆会战时，对上海的处理实际上存有漏洞。当时，江苏巡抚薛焕虽有三万兵力，但都是些残兵败卒，而且薛焕根本不懂用兵，无所作为，以致太平军在江浙横冲直撞、为所欲为。

在这种情况下，上海中外会防局的官绅们特别希望曾国藩能派兵援助上海。咸丰十一年（1861年）十月，金匮（今江苏无锡市）知县华翼纶自上海前往曾国藩的两江总督府请兵，表示上海每月可筹饷六十万

---

① 翁同书（1810—1865）：字祖庚，号药房，又号和斋，江苏常熟人，翁心存长子，翁同龢之兄。清朝官员，曾任贵州学政、詹事府少詹事、安徽巡抚等职。

两，而且上海绅商愿意助饷，都盼望他早日派兵前往上海。十二天后，上海士绅的代表、户部主事钱鼎铭①和江苏巡抚薛焕的使者又来到安庆。钱鼎铭带来上海士绅的公函，说上海一带仅上海、江苏镇江、浙江湖州三地尚未被太平军占领，但也难以持久；另外，上海一带还有乡团，他们不服太平天国的势力，而且安插在太平天国内部的内应也可以利用。只是，如果没有大军前去支援，这些势力都不能持久。公函中这样说道："但请奇兵万人，由一勇将率领，从偏僻小路前来，旬日之间，苏州、常州唾手可得。若大军不至，则铁廓金城也将化为灰烬。现在不谋求，日后必定后悔。"这封公函打动了曾国藩，加上钱鼎铭痛哭流涕，"情词深痛"，并于十月二十日再次前来拜见，曾国藩终于答应出兵上海。

早在办团练时，曾国藩就认为淮北一带民风朴实强悍，如果能够适当加以训练，即可练成一支劲旅。而且，目前湘军已经出现一些暮气，必要时应该有一支可以代替湘军的军队。这支军队既要与他关系密切，又要能打仗，缓急可恃。眼下无兵可派的窘境，迫使他不得不考虑这个问题，他想从淮北另外招募一支新军去援救上海。几经考虑，他最终选定了李鸿章，让他去招募淮勇援沪。

李鸿章没有辜负曾国藩的厚望，两个月就组织起一支新军。但他成军的办法，不是从头招募，而是利用淮北一带旧有的与太平军作战的团练。这些团练首领包括张树声②、刘铭传③、潘鼎新④、吴长庆⑤、张遇

---

① 钱鼎铭（1824—1875）：字新之，号调甫、定舫，江苏太仓人。清朝官员，官至河南巡抚。

② 张树声（1824—1884）：字振轩，安徽合肥人。清末淮军将领，地主阶级开明派代表人物，历任道台、按察使、布政使、巡抚、总督、通商事务大臣等职。

③ 刘铭传（1836—1896）：字省三，自号大潜山人，安徽合肥人。清朝名臣，台湾省首任巡抚，洋务派骨干之一。

④ 潘鼎新（1828—1888）：字琴轩，安徽庐江县广寒乡人。清末淮军将领，历任云南布政使、湖南巡抚、广西巡抚等职。

⑤ 吴长庆（1829—1884）：字筱轩，安徽庐江县南乡沙湖山人。清末淮军将领，曾参与镇压太平军及捻军。

春。李鸿章把这些原属于地方武装的团练，按照湘军的营制加以改编，组建起中国历史上又一支新的军队——淮军。

曾国藩觉得淮军新立，人数既少，又多新兵，于是拨出八营湘军给李鸿章，其中最有名的是程学启的两营。程学启原是太平天国英王陈玉成的部将，在安庆大战时投降了湘军，一直由曾国荃指挥，勇悍善战，后来成为李鸿章的得力干将。

淮军的体制大都仿效湘军，但也有三方面与湘军不同：一是湘军将领多由书生担任，淮军将领则十分庞杂，读书人不多；二是湘军专招朴实乡农，而淮军因为仓促成军，士兵中团练甚至降卒很多，还有大量收编的原清军防军；三是武器，淮军最初成军时，武器与湘军并无不同，但李鸿章一到上海，马上意识到西洋先进武器的优越性，于是不遗余力地更换装备，大量应用新武器，使得淮军的战斗力大大提高。

同治元年（1862 年）二月，钱鼎铭带着部分轮船来到安庆。曾国藩和李鸿章决定用轮船运兵，直抵上海。三月，第一批淮军登船起程，到五月底，淮军分三批全部运达上海。曾国藩从此开辟出一个新的战场，李鸿章也由此开始了他真正的政治军事生涯。

二月十五日，曾国荃返回安庆。他这次新募了六千名湘勇，直接统率的部队达到一万八千人；曾氏兄弟中最小的曾国葆此时也直接统带四五千人，两人合起来约有兵力两万三千人。恰好这时，清廷任命曾国荃为江苏布政使，并准他与曾国藩不必按惯例回避。曾国荃对新兵进行一段时间的训练后，于二月二十四日率军从安庆东下，向南京方向进发。

按照曾国藩的计划，进攻太平天国的天京，有大三路、小四路。所谓大三路，是指湘军各支主力沿长江两岸朝天京方向进攻，担任主攻；左宗棠率部进攻浙江；李鸿章自上海由东向西进攻。大三路各自为战，但均可牵制太平军的力量。所谓小四路，指的是直攻天京的军队分为四部分：曾国荃一军进攻巢县（今安徽巢湖市）、和州（今安徽和县）、含山，得手后可与扬州一带由江宁将军都兴阿（从原荆州将军调任）所率的清军连为一片；多隆阿军攻占庐州后也朝天京方向运动；其余两支为江南的鲍超及安徽巡抚李续宜所带的部队。除了陆路之外，还有彭玉麟指挥的水师配合。湘军以外，在淮北的袁甲三、李世忠军，以及驻守扬州的都兴阿军，都可以互相联络支援。

曾国荃按此计划先在江北展开行动，一路非常顺利。三月二十日，湘军攻占安徽的巢县和含山；二十二日，占领和州。与此同时，曾国葆也在江南攻占了繁昌、南陵，直逼芜湖。

四月十四日，多隆阿部攻占淮北庐州。至此，安徽、长江以北已无大股太平军，曾国荃于四月二十日率军由西梁山①渡长江。四月二十一日，曾国荃军与彭玉麟的水师配合，攻占金柱关和东梁山（又名博望山）。金柱关为芜湖以东的锁钥，战略位置十分重要。湘军攻占金柱关后，成功隔断了太平军芜湖方面与天京方面的联络。四月二十二日，曾国葆猛攻芜湖，因有部分太平军作为内应，当天轻松攻克。

太平天国自定都天京以来，在长江上游以安庆为第一道屏障、芜湖为第二道屏障，芜湖与芜湖下游附近的东西梁山、金柱关互相依恃，现在这几个地方既为湘军攻占，天京的上游屏障已经完全失去。

曾国荃既得芜湖，便率军朝天京猛冲而去。五月初一，他率大军攻至天京附近的秣陵关，守关的太平军投降。次日，湘军再占大胜关（今南京市雨花区大胜关村）、三叉河（位于扬州西南15里）。彭玉麟见曾国荃孤军深入，担心其有失，忙率水师来援，湘军水陆协作，很快又攻占了天京城西江边关头、江心洲（今南京市建邺区江心洲街道）、蒲包洲。五月初四，曾国荃率军进逼雨花台，驻扎之地离天京不及40里。彭玉麟的水师也泊在天京的护城河口。这是清军在江南大营溃败两年之后，再次进逼天京。

这时，曾国荃所部加上彭玉麟来援的水师也只有两万人，原计划同时行动的其他几路大军都没有赶到。为了确保曾国荃的后路安全，曾国

---

① 西梁山：位于安徽和县县城南36公里，俯临大江，与芜湖市东梁山夹江对峙，像一座天设的门户，故合称"天门山"。

葆必须守住由皖南至天京后路沿江一线的芜湖、金柱关等地，不能与曾国荃会师。在皖南方面，湘军仅拥有沿长江一线，鲍超部刚刚攻占青阳（今安徽池州市青阳县）抵达宁国，与当地的太平军杨辅清部相持。而天京的南面、东面都是太平天国的统辖区。在这样的形势下，曾国荃的行动可以说是孤军冒进。

按照曾国藩的想法，攻占芜湖后，曾国荃、曾国葆所部与彭玉麟的水师应该驻扎芜湖、太平府、金柱关及南陵一带养精蓄锐。待鲍超在宁国站稳脚跟，多隆阿率攻占庐州的胜兵进至天京江北，曾国荃才能向天京进兵。所以，当他听到曾国荃已进至离天京40里的周村时，急忙写信给曾国荃说：金陵地势宽广开阔，绝不是其他地方所能比的。军队前进的路线，必须从太平、采石的南边开进一支军队，从句容（今江苏句容县）、淳化（今南京市江宁区淳化街道）的东边开进一支军队，浦口、九洑洲的西边隔着江开进一支军队。镇江的北边就算没有军队来，这三支军队也是必不可少的。句容的东边就算没有军队来，隔着江的一支军队也绝不可少。这次弟不等多隆阿的军队到九洑洲就孤军深入，我很焦虑。另外，上游的南陵空虚，国葆不留下兵力防守，对宁国、芜湖的军事行动都会有妨碍。希望弟暂时驻扎在周村一带，等待多隆阿军到来；国葆要分出兵力防守南陵，以坚固后方，这是非常重要的叮嘱。

事实上，当曾国藩还未发出这封信的时候，曾国荃已经扎营在雨花台了。内心扬扬得意的曾国荃看过此信，不禁觉得兄长年纪大了，斗志小了，行事过于谨慎，于是回信道：各位将士应募前来，人人都以攻克金陵为目的。现在不乘势逼近城下，反而下令等待，将导致战事旷日持久，对我们不利。且金陵为敌人的根本，如果拔其根本，则枝叶不披而枯萎。金陵以长江南北各城为屏障，长江南北各城也以金陵为接应和后援。如果攻克了其中一座城，只要军队移师他处，敌人又会重新占据，使我军疲于奔命，而敌人可以随时撤离随时盘踞，想攻打它都没有机会。现在以一军直捣金陵，苏、常各地的敌人听说金陵危急，必定会前来救援，到时派遣别的将士趁机攻取苏、常，我也好趁此机会发起进攻，能不能彻底端了敌人的老巢，全在此一举。

曾国藩见曾国荃如此坚决，也无可奈何，除了时刻为他担忧外，只能力图采取紧急措施予以补救。但是，本来定计合攻天京的多隆阿部这时又奉旨远赴陕西，安徽巡抚李续宜身体状况很差，而且他的军队还要对付安徽残余的太平军以及时降时叛的苗沛霖，这样一来，就只有曾国荃一军驻扎在天京坚城之下。清廷也知道曾国荃孤军进逼天京是冒险之举，因此命曾国藩"务必分别严令各营将领，慎之又慎，不可轻易进攻，以致被该逆所乘，影响大局"，同时保证，一旦陕西平定，就让多隆阿返回金陵前线。

曾国荃孤军进逼金陵虽是冒险，但却打得太平天国措手不及。在安庆失守之时，洪秀全等便预料到湘军一定会顺流东下进攻天京，只是没想到来得这样快。因此，洪秀全非常着急，一面下令布置防守，一面严催李秀成回援天京。

但李秀成此时正与李鸿章的淮军在上海一带苦战，双方打得难解难分，因此，他无法立即回援天京。情急之下，洪秀全一日三诏，严令李秀成回援。他在诏书中说："一日之中连发三诏追你回救京城，你为何不行动？你意欲何为？你身受朝廷重任，还知道朕的法令吗？如果不遵从诏书，国法难容！"李秀成无奈，只好一面将家小送回天京，作为人质交给洪秀全，表示自己决无他意；一面策划救援天京的计划。

李秀成对于救援行动非常慎重，从五月到七月，他先后两次召集将领商议，最后决定兵分三路救援天京：第一路主力由李秀成率领，直接进攻曾国荃；第二路由陈坤书率领，攻打曾国荃的后路金柱关，以切断曾国荃的饷道；第三路由杨辅清、黄文金、胡鼎文等率领，攻打已被湘军鲍超攻陷的皖南宁国，使鲍超、张运兰、朱品隆等部无法增援曾国荃。

太平天国的援军还没到达天京，湘军中就出现了可怕的传染病。自六月以来，湘军中疾疫流行，曾国荃军营中得病者超过万人；左宗棠部生病者足有一半；皖南各军，张运兰部、朱品隆部以及唐义训部病倒者十之六七，最严重的是鲍超部，病倒上万人，几乎人人皆病，每天都有数十人死亡。曾国藩后来记述道："湘军进入雨花台不久，就碰上传染病大流行。哥哥生病，弟弟传染，早晨还在嬉笑，夜晚身体就僵硬了。十座营帐，有五座不常开火做饭。一人暴毙，数人送葬，返回时又有一半人死于途中。附近县城的药都用完了，便派大型战船，一艘接一艘地驶入安徽和湖北各省征集药材。"

湘军中的高级将领鲍超、杨载福、曾国葆、朱品隆等人也患了重病。张运兰之弟——曾国藩认为比张运兰还会打仗的张运桂已经病死，张运兰送其遗体到祁门，不料自己也随之病倒。张运兰军中帮办文案的文员，病死达十六人。曾国藩无奈，只好让张运兰回籍养病。

疾疫的流行，使湘军的战斗力大大降低。在皖南战场上，鲍超因病到芜湖休养，命韦志浚和投降的太平天国将领洪容海驻守皖南重镇宁国，但韦志浚也染了病，只得到芜湖休养，宁国又被太平军攻占。这样一来，鲍超等部不但无法增援天京的曾国荃，连自己能否抵挡得住太平军的进攻，甚至能否生存下去都成了问题。

湘军疫病流行之际，镇抚皖北的李续宜接到母亲去世的消息。曾国藩本想按照从前胡林翼的例子，让李续宜回籍治丧，过几个月再来安徽继续主持皖北军事，因为捻军需要他去镇压，时降时叛的苗沛霖也需要他去震慑。不料李续宜回籍不久便一病不起，于同治二年（1863 年）十一月死在湘乡，这一噩耗使曾国藩无限悲痛，正是用人之际，他又少了一个得力助手。李续宜回籍后，在淮北督师的漕运总督袁甲三也病重不能理事，于是，在淮北对付捻军的任务也落在曾国藩的肩上，曾国藩自觉精力不足，更加穷于应付。

诸多不顺让曾国藩内心非常烦忧，他既担心金陵军营在太平军即将到来的援军攻击下像当年江南大营那样溃败，又担心胜利后功高震主，后事难料。因此，他多次写信嘱咐曾国荃、曾国葆要小心行事。同治元年（1862 年）七月二十八日，他在写给两个弟弟的信中说：

　　我心中忧虑焦灼，没有一刻安定过。一是弟营中及鲍营中生病的士兵太多；二是各县的庄稼，开始因为天旱受损，接着又是蝗虫阴雨，都有损害，收成不好，各路军兵七万人的粮食不好解决；三是陕西的祸乱愈演愈烈，多公（多隆阿）不可能一下子解决，袁（甲三）、李（续宜）又都将离任。长江淮河南北，千里空虚，天意茫茫，不知道战乱有没有停息的期限？幸好国葆的疟疾好得很快，我大为欣慰。眼下民心希望稳定，敌情涣散，金陵似乎有克复的希望。但自古以来成大功有大名者，除了千年才有一个的郭子仪之外，通常有多少风波、多少灾难啊，谈何容易！希望我们兄弟兢兢业业，各怀如临深渊、如履薄冰的畏惧心理，以避免大的灾祸。

　　曾国荃和曾国葆一度指望多隆阿来援，但曾国藩告诉他们，陕西大乱，死者已达四五十万，比三江两湖的劫难更大，他无法再奏调多隆阿回来。大股援兵无法指望，那就只有靠自己了。他告诉两个弟弟：身居绝处，只有在死中求生的办法，绝对不可以一门心思地盼望多隆阿军前来，致使将士觉得会有人前来援助而逐渐松懈，最后又因为失望而感到气馁。

　　湘军更困难的时刻很快便到来了。同治元年（1862 年）闰八月二十日，李秀成率六十万人马来援天京，声势浩大。而湘军在天京一带的兵力，不算水师的话，只有两万多。双方人马相差悬殊。武器装备方面，在李秀成的苦心经营下，太平军使用的洋枪洋炮也超过了湘军。自李秀成抵达这一天起，太平军东自方山①，西至板桥镇（今南京市雨花台区板桥街道），连营数百座，旗帜如林，把湘军层层包围起来。

　　太平军开到天京当天，便分东、西两路大举进攻。洋枪洋炮，子弹密如雨点，兼有开花炮弹打入营中，将士们无不惊心动魄。曾国荃将部

───────────

①　方山：位于南京市江宁区，因为像一个巨大的印章，被称为天印山。

队一分为三，其中两部预防城内太平军突袭，一部由他亲自率领抵抗李秀成的援军。湘军不仅每营都筑有堡垒，而且在整个营盘外又筑了壕墙。

几天后，太平天国侍王李世贤又率三四万人马赶到，战斗变得更加激烈。太平军不仅用枪炮环攻，还开挖地道，企图攻进湘军的壕墙之内。湘军极力侦察地道位置，曾国荃还下令在外面壕墙之内再挖筑壕墙一道，以备太平军攻破外墙后收缩战线。

激战中，曾国荃虽然侥幸逃生，但他的部将左传贵、倪桂先后战死。倪桂是曾国荃的得力勇将，他的牺牲可以说是曾国荃军的一大损失。

九月初三后，太平军放缓了表面攻势，实际上仍在暗挖地道。这一期间，曾国藩也在绞尽脑汁援助曾国荃。他请驻防扬州的都兴阿派出五营援兵，又派驻芜湖的王可升所部三营前往，甚至派出他的护军四百人，总共三千七百人增援曾国荃。对曾国荃来说，虽然没有大支队伍增援，但这些人马已是雪中送炭。

九月十二日，太平军挖好两条地道，只听一声巨响，烟尘蔽日，石土飞上半空，湘军营墙被轰塌10余丈。太平军"万弩齐发，排炮雷轰，踊跃争先，呼声动地"，数千人趁机冲入外墙以内。湘军一面死守内壕，一面组织反冲锋。这场惨烈的厮杀持续了整整一天，结果太平军大败，损失近万人，湘军也伤亡数百人。

太平军声势虽然浩大，但大部分士兵观望不前。经过九月十二日的战斗，太平军不再组织大规模冲锋，而是另谋他法。他们在西线引长江水，企图淹没、断绝湘军往来联络的道路以及后勤补给线；东线则专门挖地道以图再举。湘军也针锋相对，在西线高埠处增修小营，又调水师小舢板与陆营相互支援，保住了粮路；东线则挖地道或深沟，一旦与太平军在地道相遇，便灌烟灌脏水，迫使太平军撤出地道。湘军还不时主动出击。

双方就这样僵持到十月初五，这时天气已经十分寒冷，太平军既无冬衣，粮食也将断绝，只得撤退。这场惊心动魄的战斗整整持续了四十六天。

湘军虽然顶住了李秀成的进攻，但损失惨重，"伤亡五千，将士们形容枯槁，兴兵作战以来，从来没有过如此艰难困苦的战斗"。对曾氏兄弟打击更大的，是同治元年（1862 年）十一月十八日曾国葆病死军中。曾国葆在湘军中疾疫流行时就已经生病，此后时好时坏。李秀成和李世贤率大军来攻时，曾国葆主要负责保卫三叉河后路粮饷通道，大敌当前时还勉强支撑，敌退后一命呜呼，年仅 34 岁。至此，为了与太平天国作战，曾国藩已有两个弟弟先后丧命。他为幼弟作挽联道："英名百战总成空，泪眼看河山，怜予季保此人民，拓此疆土；慧业几生磨不尽，痴心说因果，望来世再为哲弟，并为勋臣。"三天后他又作一副挽联："大地干戈十二年，举室效愚忠，自称家国报恩子；诸兄离散三千里，音书寄涕泪，同哭天涯急难人。"这两副联语悲切沉痛，其中"望来世再为哲弟""音书寄涕泪"都是曾国藩的真情流露。

曾国荃这次侥幸逃过覆灭的命运，但持久作战的湘军已经精疲力竭。曾国藩劝说曾国荃以趁势追击溃退的太平军为名，退出南京一带，但曾国荃执意不肯。他征求左宗棠的意见，左宗棠也主张不退兵，曾国藩只好叮嘱他小心防守，又嘱咐他将军队分为两部分，一支称为"呆兵"，专门负责防守南京大营；一支称为"活兵"，即机动部队，可以出营进攻，也可以在营防守。两支部队可以交替互换。

同治二年（1863 年）正月二十九，曾国藩由安庆起程赴南京曾国荃军营，一路上察看了池州（今安徽贵池）、芜湖、金柱关等营盘，于二月初六抵达曾国荃的大营。曾国藩在南京城下亲自查看了雨花台大营，见营盘严整、士气高涨，又了解到李秀成自此一去，不可能再有回师攻击之力，这才打消顾虑，让曾国荃坚守雨花台营垒，作为合围天京的主力。随后，他安心返回安庆。

攻克天京城，烧杀抢掠淫

为了解决围困天京兵力不足的问题，曾国藩陆续增募新勇，使其所统部队很快增加到三万五千人，同时又将李续宜、韦志浚等军一万五千人调至天京城下助攻，使围城的湘军仅陆军人数便达五万人。

同治二年（1863 年）四月，转战川黔滇三省并且四进四川的石达开，命李福猷部大张旗鼓东入贵州，各路清军误以为是其主力，纷纷追赶。十五日，石达开率四万余人兵不血刃地渡过金沙江①，突破长江防线。五月，太平军进占宁远，经冕宁（今四川凉山彝族自治州冕宁县）小路，于十四日进抵大渡河南岸与松林河交汇处的紫打地（今四川石棉县西北大渡河西岸安顺场），此时北岸尚无清军。太平军造筏准备渡过大渡河②，直下成都。石达开下令多备船筏，次日渡河，但当晚天降大雨，河水暴涨，无法行船。三天后，清军陆续赶到布防，太平军为大渡河百年不遇的提前涨水所阻，多次抢渡不成，损失五千精兵，粮草用尽，陷入绝境。

为求建立"生擒石达开"的奇功，四川总督骆秉章遣使劝降，石达开决心舍己命而全三军。经双方谈判，由太平军自行遣散四千人，这些人大多得以逃生。剩余两千人保留武器，随石达开进入清营。石达开被押往成都后，清军背信弃义，将太平军两千名将士全部处死。六月二十日，石达开在成都公堂受审，慷慨陈词，令主审官崇实理屈词穷，无言以对。六月二十七日，石达开在成都从容就义，年仅 32 岁。临刑之际，他神色泰然，身受凌迟酷刑，至死默然无声，观者无不动容，叹为"奇男子"。

---

① 金沙江：又名绳水、淹水、泸水，因江中沙土呈黄色得名。地处中国长江的上游，穿行于川、藏、滇三省区之间。

② 大渡河：古名渽水、沬水、沫水、羊山江（阳山江）、铜河、中镇水。位于四川西部，为岷江最大支流。

后人在大渡河边太平军留下的文稿中找到《石达开遗诗》一首：

扬鞭慷慨莅中原，不为仇雠不为恩。

只觉苍天方愦愦，要凭赤手拯元元。

十年揽辔悲羸马，万众梯山似病猿。

我志未酬人犹苦，东南到处有啼痕。

尽管该诗的真实性成疑，但诗中的精神与石达开的人格、思想高度吻合，故常被引用作为对石达开的形容或概括。

同治二年（1863 年）十月底，由于叛徒郜永宽等人的出卖，苏州城很快落入淮军手中。同治三年（1864 年）二月底，杭州也被左宗棠所部湘军攻陷。至此，不仅天京以北的和州（今安徽和县）、六合（今南京市六合区）、江浦等地都落入湘军手中，而且天京以南的溧水（今南京市溧水区）、高淳（今南京市高淳区）、句容、金坛、丹阳、常州等地也陆续被湘、淮两军攻占，天京逐渐变成一座被清军严密包围的孤城。

曾国藩兄弟在苏、杭等地大战之时，也加紧了对天京的围攻。早在同治二年（1863 年）五月间，也就是距天京陷落还有一年多时，天京的粮道就被湘军完全切断，城内的粮食供应一天比一天困难。当年冬天，洪秀全号召军民在城中空地种麦、种菜，但是小麦要大半年才能收割，何况城中空地有限，根本无法解决粮食问题。在一无粮草、二无救兵的情况下，李秀成在十一月十一日向洪秀全提出"让城别走"的方案，但是洪秀全没有同意。李秀成还想再奏，洪秀全却立即宣布：从现在开始，天国政事不要你参与，朝政由勇王（洪仁达①）执掌，朝令由幼西王（萧有和，萧朝贵之子）发出，有不遵令者，合朝诛之！并命

---

① 洪仁达（？—1864）：广东花县官禄㙟布村人，洪秀全二哥，先封"福王"，后改封"勇王"。

令他离开天京。后来，在众多官员的告求下，他才将李秀成留在城内。

湘军进攻天京，主要采用军事进攻与政治瓦解两种手段。军事攻城一是乘夜偷爬城墙，二是开挖地道用炸药轰城。天京为六朝古都、天下名城，城墙周长90余里，高如三层楼房，曾国荃的围城部队虽逾五万，但分布开后仍然"寥如辰星"；况且墙体坚固，堞雉高峻，想要攀越城墙硬攻进去绝非易事。李秀成守城后，由于他经验丰富、恪尽职守，在士兵中有一定威信，大大增强了天京的防卫力量。

天京的城墙大多与江湖相接，只有通济门至太平门一带是陆地。而太平门外的富贵山是钟山南麓，左面地势高，右面地势低，是进攻天京的极佳地区。太平军已经在高处修筑了一座石垒，名曰"天堡城"，又在低处修筑了一座"地堡城"。争夺这两座堡垒就成了攻守天京的关键。天堡城虽然坚固，但目标突出。曾国荃命令萧孚泗、朱洪章以巨炮连日轰击，以巨大的代价在同治三年（1864年）一月二十一日攻占了这个号称"钟山第三峰"的南京制高点。

天堡城失守后，湘军进到太平门，完全切断了城中的粮食来源，使太平天国的情形更加困难。到二月初，城内的可食之物全部被吃光，不少人活活饿死。文武官员向洪秀全奏问对策，洪秀全说："全城的人都来食用甘露，可以养生。"所谓"甘露"，实际上是野草。洪秀全解释说："甘露是上帝赐给的粮食，天京百草丛生，就是上帝准备有断粮的一天留给百姓的粮食，从明天起，全城军民俱食甘露，其味甘甜如蜜。"洪秀全以野草代食，不久就病倒了。他深知自己性命难保，天国将亡，因此拒绝看病，也不吃药，不久便去世了。洪秀全逝世后，他的儿子洪天贵福即位，称幼天王。

直到这时，天京军民仍然坚持斗争，一次又一次地挫败曾国荃的进攻，使湘军无论夜间爬城还是开挖地道，都未能奏效。太平军除在城墙上加强巡哨、严密监视外，还在城内挖了很多地窖，埋放大缸，然后派专人蹲在缸内谛听，以确定湘军开挖地道的方位，之后或与湘军对挖地道，使其炸药不能奏效；或用重锤将湘军的地道砸塌，破坏其轰城计划。

曾国荃在采取军事进攻的同时，还派出大批间谍进行诱降活动，利用各种关系打入天京城内，策动太平天国内部人员投诚，想以此从内部瓦解太平军。太平天国了解到这些伎俩后，也采取有效的反制措施，多次挫败曾国荃的图谋。

天京这座孤城，湘军围攻几年仍攻不下。清廷开始按捺不住了，越催越紧，多次下令其他军队前来助战，但曾国荃一心想要独占攻陷天京的头等大功，对围攻天京一事完全采取包揽把持的态度，不准外人插手。

军事强攻和政治瓦解都不见成效，曾国藩只好寄望于天京军民粮尽自毙，但这也使湘军自身遇到前所未有的困难，其中最突出的是粮饷短缺、士气低落和疾疫流行。

自同治元年（1862年）秋季以来，湘军江南各部就开始患流行病，直到第二年秋天仍未停止。疾病使湘军不断减员，战斗力大为削弱。由于医药缺乏，这次流行病不仅造成大批士卒死亡，也使不少骨干将领丧命。到同治三年（1864年），湘军中的流行病才渐渐停止，生病的士卒和将领陆续痊愈，但粮饷缺乏的情况却日益严重起来。

由于战争的破坏和自然灾害频发，江西、安徽一带米价大涨，饥民成群，生产遭到很大破坏。而皖南的徽州、宁国、池州、太平各府尤为严重，有的地区完全变成遍地榛莽的荒野。同治三年（1864年）以来，曾国荃的围城部队和鲍超在宁国的军队所购买的食粮，米价涨到了七千余文1石。这两支部队总数近七万人，按每人每月50斤口粮计算，需要大米300多万斤，不但钱款数额巨大，而且还没有地方采购。因此，曾国荃一军后来只能发饷四成，士卒只能靠稀粥度日。曾国藩也说，"近来饷项特别紧缺，金陵营中竟有靠食粥度日的""我军欠饷十六七个月，又值米价昂贵，时以乏食为虞、以哗溃为虑，不知何日能完成这一篑之功"。为解燃眉之急，曾国藩曾致函李鸿章借粮，但李鸿章却以不堪食用的霉变陈米来敷衍。

　　粮饷的困难又触发了湘军内部的矛盾，引起连锁反应。湘军初起，士气尚可，将领也能约束队伍。自安庆之战后，大局已定，湘军锐气大减，士气日趋低落，内部约束放松，纪律也一天天坏起来。曾国荃军进围天京后，久驻坚城之下，斗志日益松懈，更无纪律可言，尤其是同治三年（1864年）以来，湘军士卒经常四处抢劫，奸淫妇女，完全变成赤裸裸的匪类。湘军合围之后，太平天国为了缓和天京城内的粮荒，曾将大批妇女儿童放出，让他们自谋生路。不料这些人一出江东桥，就遭到湘军陈湜①部的拦截，多数被扣留营中，年轻妇女无一幸免。

　　纪律问题没有解决，曾国藩兄弟的处境也日益困迫，心情更为沉重。就在这时，沈葆桢突然不经函商，径直向朝廷奏请，将原来解往雨花台大营充作军饷的江西厘金全部扣下，留作本省军用。这一下正好触到曾国藩的痛处，他和沈葆桢由此引发了一场争夺江西厘金的斗争。

　　沈葆桢，曾在曾国藩的湘军充当营务处会办，抵抗太平军，后来再任江西广信府知府。太平军杨辅清部攻打广信时，沈葆桢坚守城池，苦战取胜。对此，曾国藩上奏说"军兴有年，郡县望风逃溃，唯沈某能独申大义于天下"等，清廷闻报，加封沈葆桢按察使衔。

　　咸丰十一年（1861年），曾国藩大举进兵安徽，上书奏请沈葆桢来安庆会办军务，朝廷准旨。安庆被攻陷后，慈禧、奕䜣主持政务，曾国藩为两江总督，督办江南四省军务，曾国藩又保奏沈葆桢为江西巡抚。沈葆桢就任江西巡抚后，曾国藩令湘军东进、左宗棠进兵浙江，清廷令江西供应湘军与左宗棠的军饷。当时，沈葆桢手中没有军队，防卫江西的任务主要由曾国藩的湘军负责，双方相依为命。同治元年（1862年）以后，曾国荃移兵下游，鲍超转入皖南、苏南，左宗棠进入浙江，江西兵力空虚，尤其是苏州、杭州、高淳、溧水等处被湘、淮军陆续攻陷之后，大批太平军进入江西。李秀成派李世贤、杨辅清领兵进入江西，以

---

　　① 陈湜（1832—1896）：字舫仙，湖南湘乡人。湘军宿将，参与镇压过太平天国、捻军、甘肃回民起义。历任道员、陕西按察使、江苏按察使、江西布政使等职。

断绝湘军与左宗棠的粮道。当时湘军正围攻天京，无力顾及江西，沈葆桢便亲赴广信督防，抵御太平军，同时又建立了一支江西本省的军队。曾国藩自感兵力单薄，无力分兵援救，也就听之任之，不再过问。

沈葆桢将席宝田、江忠义、周宽世等军陆续奏调江西后，军饷开支大增。为供养这些军队，沈葆桢上奏朝廷，停止供应湘军军饷，包括原来供应雨花台曾国荃大营的款项也一笔笔截留下来，充作江西本省的军饷。同治元年（1862年）八月，奏准截留江西漕折银五万两。同治二年（1863年）三月，曾国藩奏准提取九江洋税三万两以清积欠，但九江道蔡锦青刚将洋税银一万五千两解送到曾国藩粮台，就遭到沈葆桢的斥责，勒令他将原款追回。曾国藩无奈，只好忍气吞声，如数退还。事情发生后，曾国藩的幕僚们无不大骂沈葆桢忘恩负义，催促曾国藩上书争饷，但曾国藩并不愿意与沈葆桢闹翻。

同治三年（1864年）三月，沈葆桢再次奏请截留江西厘金，统归本省支用。曾国藩闻讯十分惊慌，因湘军用饷太急，他只得具疏力争，要求仍把江西的原款拨发给湘军。结果，户部偏袒沈葆桢，有意压制曾国藩，不仅下令禁止湘军再要江西的厘金，还在复奏中称两湖、川、赣每月协解曾国藩军饷十五万五千两，即使不能全解，每月也有十万两的进款。曾国藩此次不仅打输了"官司"，又背上广揽利权、贪得无厌的罪名。

曾国藩接到"部文"后极为愤慨，最终拟了一个《历陈饷缺兵弱职任太广户部所奏不实》的折子，在折子末尾，他恳求朝廷派大臣前来主持江南大局，放他回家养病。因为现在"兵弱饷绌，颠覆将及"，一旦发生重大变故，他实在担不起这个责任。沈葆桢得知曾国藩上奏要求"引退"后，也赶紧上了个奏折，陈请开缺，"以养老亲"。双方的奏折上达后，慈禧只好下旨把江西的厘金一分为二，使他们各得一半。同时，为保证湘军的围城粮饷，清廷又指拨淮北盐厘每月八万两，从湖南拨粮优先保证围城的湘军，还拨给安徽、河南等省士绅的捐款数十万两。这些钱粮一下子缓解了湘军的困难，保证了围城湘军的供应。曾、沈二人同时撤销"告退",结束了轰动一时的争饷闹剧。湘军因祸得福,自此加紧攻城步伐。

由于天京迟迟不能攻下,曾国藩担心生出其他变故,或天京太平军大队冲出,或湘军饷绌而溃,或曾国荃因心情焦躁而病情转重,发生如塔齐布猝死九江城下之事……他思虑再三,觉得与其这样毫无进展地围下去,不如借李鸿章之力早日攻下这座孤城。于是,他不顾曾国荃反对,上疏奏请李鸿章带兵来援。随后,他又去信对曾国荃说:"少荃的意思是辅助我弟兄成就功业,而又不敢直截了当地说,他的心意让人佩服。"他还说:"看少荃几次的奏折信函,好像始终不想来攻打天京。好像他深知弟弟的军队千辛万苦,不想来分享这马上到手的功劳,要是他真有这样的想法,就远远超过一般人的心境了。"曾国藩此举意在表明李鸿章实无争功之心,让曾国荃不要再三坚辞固拒。

但曾国荃完全不听这一套,仍然不愿别人前来分功。李鸿章一时左右为难,一方面清廷令他协助曾国荃进攻天京,他不敢违命,又碍着曾国藩的面子,不能不表示帮助曾国荃攻打天京的意愿;另一方面他又深知曾国荃怕淮军前去抢功。他几经思考,最后主动向清廷上奏说:"曾国荃军围攻两年,一篑未竟,多次接到他的书信,说金陵所缺少的,不在兵而在军饷。"请求推延淮军进攻天京的时日。

然而,曾国荃久攻天京不下,各方面已议论纷纷,有人说曾氏兄弟为争天京之全功,拒绝他军前往,坏了大局;有人说李鸿章眼看湘军攻不下天京也不伸出援手。李鸿章担心被舆论斥为不愿助攻,于是向曾氏兄弟写信,决定立即出兵。

天京方面,同治三年(1864年)六月初,湘军夺得地堡城后,曾国荃采纳参将李臣典[①]的建议,将一百多门大炮安放在龙脖子山上,层层排列,日夜不停地向城墙上猛轰,使太平军无法在城上立足,湘军趁

---

① 李臣典(1838—1864):字祥云,湖南邵阳人。湘军名将,在镇压太平天国起义的过程中立下汗马功劳,尤其在攻取天京时功列第一,锡封一等子爵。

机在城墙根下开挖地道。李臣典日夜兼工，轮班开挖，花了五个昼夜的时间，终于在六月十五日开挖成功。

六月十五日，曾国荃接到李鸿章来函，得知刘士奇①的炮队及刘铭传、潘鼎新、周盛波等二十七营，共计一万四千人已奉命前来天京城外助攻。曾国荃在天堡城行营将此信一一传示诸将，大声问道："援兵到了，我等艰苦守了三年的地方，就这样拱手让给他人吗？"众将齐声回答："愿尽死力！"于是，曾国荃连夜进行总动员，决心不顾一切，抢在淮军到达之前攻陷天京，以独得陷城首功和天京的财物。

六月十六日上午，湘军在地道里装好炸药与火线，约定正午点火。这时，城内太平军发现湘军向地道内运送火药，急忙派兵从太平门冲出，打算捣毁地道。不料湘军很快赶到，太平军匆匆撤回，未能达到目的。

当天中午，湘军攻城部队齐集于地道口，准备爆炸成功后一起往里冲杀。但在决定战斗序列时却遇到难题，迟迟无人肯冲头阵。曾国荃派千总朱洪章询问各营营官，看谁愿作头队、何营愿作二队，询问多遍，谁也不回答。

朱洪章见无人愿意当前锋，就想以职位高低来定先后，但仍然无人答话。当时，萧孚泗是提督，李臣典是总兵，论职位当属最高，理应充任一、二队前锋。朱洪章问萧孚泗，萧孚泗低头不语；又问李臣典，李臣典则要求朱洪章拨给他精兵一两千人。朱洪章气愤不过，大声抗辩说："与其拨兵给你，还不如我来充当头队。"众营官乘机起哄，鼓动朱洪章充头队。朱洪章骑虎难下，只好答应下来，最后议定朱洪章担任头队，刘连捷担任二队，兵分三路，依次推进。战斗序列定下后，各将领又在曾国荃面前书写军令状，后退者就地正法。这时，曾国荃已摆出破釜沉舟的架势，亲自在天堡城坐镇指挥，只等地道爆破成功。

---

① 刘士奇（1835—1894）：号六如，湖南凤凰县水打田乡水田村人。清朝官员，官至贵州提督、四川提督。作为"算（gān）军"代表人物，毕生致力于清剿太平天国起义军、平定捻军和肃清贵州苗民起义。

六月十六日正午，曾国荃下令点火。由于原先没有估计到炸药的威力到底有多大，引信燃尽后，随着天崩地裂的一声巨响，20余丈城墙轰然崩塌，朱洪章的先锋营四百余人全部被炸死，后面各营只得踏尸而过，冲入城中。此时，天京城内断粮已久，主要靠吃野菜度日，士卒早已饥疲无力。太平军连续组织了几次大规模的反击，但都没有成功。到下午三四点，天京九门全被湘军攻破。

湘军攻入城中后，遭到太平军的顽强抵抗，双方开始争夺街巷，随之展开逐院逐屋的争夺。此时的太平军将士身陷重围，舍命抗争，发觉突围无望、防守无力时，纷纷放火自焚。数百名留在天京各府、衙、馆里的太平天国官员及其家属，携手并肩，集体自焚。而湘军除了用火作为进攻的武器外，还用火作为灭迹的手段，无论王府、民宅，大肆掠劫一通后，随即付之一炬。天京攻陷后，大火连烧十余日，直到六月二十四日天降一场大雨，才将大火完全浇灭。

熊熊的大火，烧死了一群奋起反抗的人，但没能烧毁人们反抗的意志。这场大火摧毁了一座千年古都，亦同时摧毁了清王朝赖以存活的根基。就在这血与火的燃烧中，一座摇摇欲坠的大厦将面临更加猛烈的风雨……

湘军冲入城后，残忍的大屠杀随之开始。他们首先杀害负隅抵抗的太平军将士，甚至连已经去世并秘密掩埋的太平天国领袖洪秀全的遗体也被挖掘出来加以侮辱。

攻陷天京的当天晚上，湘军就基本控制了整个天京城，但这场大屠杀却持续了十余天，可见他们杀人的目的并不是为了攻夺城池，而是为了抢劫财物和奸淫妇女；杀戮的主要对象也不再是太平军将士，而是天京城内的居民，尤其是老人、儿童和中年以上妇女。凡遇到百姓一律刀杀，或十多刀，或数十刀。"秦淮长河，尸首如麻"，而十之八九为老幼妇孺。

对于天京的财物，湘军可谓垂涎已久。他们围困天京以来，宁可忍受缺乏粮饷的煎熬也不愿有援军前来，主要就是盼望破城之日大抢一通，发一笔横财。所以，他们一占领城池，就开始肆无忌惮地抢劫。他们先抢王府，再挖地窖，接着逐户搜抢居民财物。不仅攻城部队横行无忌四处抢劫，就连留在城外看守营寨的老弱兵勇也空营而出，入城抢劫，甚至负责警卫曾国荃营房的兵勇和各棚长夫、厮役等非作战人员，也都进城搜刮财货，肩挑手提，成群结队，道路上满是抢劫而归的士兵。湘军抢劫之后，用船装满财物运往湖南，长江之中千船万舸，日夜川流不息。

在这场浩劫中，受欺凌最甚的是妇女，湘军在烧杀抢掠的同时还奸淫妇女。他们烧杀掳掠，丧失理智，拥护太平天国的人姑且不论，即使反对太平天国、拥护湘军的人也很少幸免于难。

受曾国藩委托前来天京的赵烈文①，自天京攻破之日便请曾国荃出面制止杀掠，加强防卫，不要让太平军，尤其是李秀成、洪天贵福等人趁乱逃离，否则无法向清廷交代。但曾国荃拒不接受，他认为当时更应该让将士们尽情地发泄心中恶气。经过一番烧杀抢掠，这座六朝古都、江南名城变成了一片废墟，满眼都是残垣断壁、碎砖破瓦，连一株完好的树木也很难找到。李鸿章、何绍基、赵烈文，甚至曾国藩看了金陵被毁的情景，都感慨万千，认为自金陵成规模以来，被毁之程度从来没有这么严重，以至于不打算在这里设置两江总督署了。

六月二十三日，湖广总督官文、陕甘总督杨岳斌、兵部侍郎彭玉麟、江苏巡抚李鸿章、浙江巡抚曾国荃等，一起向清廷奏报了攻克天京之事。这一消息使清廷内外都欣喜异常。捷报发出后仅六天时间，也就是六月二十九日，曾国藩便收到朝廷的封赏。曾国藩获赏太子太保衔，被封一等侯爵；曾国荃也获赏太子少保衔，封一等伯爵。此外，李鸿章被赐予一等伯爵头衔，李臣典被授予一等子爵头衔，萧孚泗被封一等男爵，彭玉麟、杨岳斌、鲍超、骆秉章等均赏赐一等轻车都尉世职。湘军一共有一百二十多名文武官员加官晋爵。

---

① 赵烈文（1832—1894）：字惠甫，号能静居士，江苏常州人。多年为曾国藩机要幕僚，军事上多所谋划。受曾国藩保举，曾任易州知州。对佛学、易学、医学、军事、经济之学都有涉猎。

太平天国运动历时十四年，是旧式农民起义的最高峰，不仅是中国历史上第一次在南方兴起而波及全中国的农民起义，也是世界历史上规模空前的一次农民起义。它利用西方宗教发动起义，反对帝国主义的侵略，并提出一整套纲领、制度和政策等。这是中国历史上第一次遭到中外势力共同镇压、联合剿杀的农民起义，它揭开了中国军事近代化的序幕。

洪仁玕的《资政新篇》是近代中国第一个要求全方位近代化的纲领，比日本明治维新早十年，比孙中山的《建国方略》早五十年，在中国近代化进程中起到开创、先导的作用。太平天国的《天朝田亩制度》是洪秀全民主思想的精华，在中国走向近代化的道路上首开平均主义和民生主义的先河。清王朝的"掘墓者"孙中山先生在演讲"三民主义"时，多次提到太平天国，认为"三民主义"的民族主义、民生主义与太平天国脉络相通。

第八章　功高震主谋自保，裁军隐忍志难酬

弹劾奏章急，让权保平安

平定太平天国的大功基本告成，但是曾国藩反而日夜不安、忧心忡忡。每当想到历史上那些功高盖主、兔死狗烹的例子，他都不寒而栗，开始认真思考如何处理湘军、自己与朝廷的关系。

据说咸丰皇帝当年曾许下这样的诺言："谁打下金陵就封他为王。"但是，清廷自平定吴三桂等"三藩"之后，再也没有给汉人封过王，而且那些疑忌曾国藩的朝中大臣，也绝不愿封曾国藩为王。不过，攻克天京毕竟是大功一件，而且是无可替代的大功，不能不加以赏赐。经再三考虑，清廷决定把爵位一分为四，给曾国藩和攻打天京的三个有功之臣分别封爵：曾国藩为一等毅勇侯，世袭罔替，即可以代代世袭侯爵，再加太子太保衔；曾国荃为一等威毅伯，加太子太保衔；曾国荃的部将、攻下天京半月后就病死的提督李臣典为一等子爵；封另一部将、提督萧孚泗为一等男爵。

同治三年（1864 年）七月初十，曾国藩接到封爵谕旨后，于当天乘轮船赴天京视察，了解天京城破的具体情况，同时亲自审问李秀成，更劝说曾国荃如何避开功高盖主的潜在危险。

曾国藩视察完天京，在返回安庆的船上又连续接到谕旨。他最担心的事情一一出现了：一是朝廷追要幼天王等逃出人犯。清廷接到左宗棠的奏报，说是幼天王洪天贵福逃出天京后，已到湖州，于是命曾国藩查

办防范不力的官员，并要求"从重严办"，语气严厉；二是追要天京的财物。上谕中写道："据御史贾铎所奏，请曾国藩等勉益加勉，力图久大之规，并将太平天国军所掠夺的金银全部运到金陵，请令查明报部备拨。"上谕中明白表示，如果天京确有巨款，自然应该交给朝廷，作为军饷、赈灾之用。上谕还说："曾国藩以儒臣从戎，历年最久，战功最多，自能慎终如始，永保勋名。唯所部诸将，自曾国荃以下，均应由该大臣随时训诫，力戒骤胜而骄，才能长承恩眷。"

如果说前一个谕旨已是词严语厉的话，后一个谕旨直点曾国荃之名，简直是丝毫不留余地，不但指责曾国荃"骤胜而骄"，而且告诫曾国藩如果放任不管就难以"永保勋名"，也不能"长承恩眷"。曾国藩被这一纸上谕惊得冷汗直流。

清廷勒令他查清天京城里的金银，"报部备拨"。据曾国荃交代，天京城里的金银确实不少，但城破以后，早已被湘军数万官兵抢走，分散在他们的腰包里，多数已运回湖南老家。这样一来，还如何"查清"，又如何"报部"？李秀成、洪仁达早已被杀，又如何押送京师？

当然，清廷的真实意图不过是借此给曾国藩敲敲警钟：不要太得意自满，如果违背朝廷之旨，或有不轨之举，朝廷随时可以将他们一免到底，甚至施以更严厉的惩罚。

这两道上谕逼得曾国荃一个劲地劝曾国藩学赵匡胤搞"陈桥兵变"，黄袍加身。这件事若发生在曾国藩丁忧以前，或许很难想象他会做出什么反应。但现在的他不但性格老到，处世经验丰富，而且思想也成熟了很多。对于这些指责甚至威胁，他心里有数，知道不能完全让步，否则就成了柔弱可欺的懦夫，长此以往，不但任人宰割，而且离兔死狗烹的那一天也不远了。他拿定主意，要将这两件事都顶回去。

忠王李秀成是太平天国后期的重要军事将领。他和陈玉成一道，在杨秀清、石达开之后，成为太平天国军事方面的重要骨干。同治元年（1862 年），因天京告急，李秀成带领太平军返回天京进行援助。同年六月十六日，天京城破，这时洪秀全已经去世，李秀成护送幼天王洪天贵福从天京城里逃了出去，途中与部队失散，落入清军之手。李秀成被捕后，曾国荃提审他，他答应用纸笔写出来。他坐在囚笼中，每天写七千多字，一共写了十天时间。据说曾国藩原来承诺李秀成若投降，就不杀他。而且，李秀成在供状中也表示愿意投降，答应只要饶他不死，他便让太平军停止战斗，但他最终还是没有逃脱凌迟处死的命运。

李秀成之所以未能免死，理由很简单，一是因为他的名望太高。洪秀全死后，李秀成实际上已经代替了洪秀全的地位。他虽然已经落入清军手中，但他手下的将士仍然非常敬重他。二是因为李秀成对天京之战的情况十分了解，而曾国藩的奏折在诸如天京城守兵、财富、湘军的烧杀掳掠等问题上大多偏离事实，一旦李秀成将这些事实泄露给清廷，曾国藩将不可避免地面临灾难。清军在抓到李秀成后，曾国藩在《奏报攻克金陵尽歼全股悍贼并生俘逆酋李秀成、洪仁达折》中这样写道："二十日，曾国荃亲讯，供认不讳。应否槛送京师，抑或即在金陵正法，咨请定夺。"六月二十九日，清廷在给曾国藩的上谕中说："着曾国藩选派妥当人员，将李秀成、洪仁达押解来京，并咨明沿途督抚，令地方文武多派兵役小心护送，不要稍忽大意。"但曾国藩却赶在朝廷的谕旨下达前就处死了李秀成，根本没有等朝廷的命令。

对于幼王洪天贵福逃出金陵，清廷要求曾国藩查办防守不力的官员，他则斩钉截铁地回答"碍难查参"。他说："这天晚上，贼军从缺口中冲出来，我军在城中与敌人巷战了一天，并没有派专员防守缺口，也没有人指认他，实在难以查找。"他又举例说："杭州省城克复时，伪康王汪海洋、伪听王陈炳文两股十万之众，全数逃出，尚未纠参。此次逃出数百人，也应暂缓参办。"他还强硬地说："如果破城那天夜晚，这些逆贼打开十三座城门，每门冲出数百人，不仅有缺口一路，官军也未必能全都堵住剿灭。李秀成如果不是因为乡民争着藏匿，耽误了时间，官军也未必能在他逃脱后再将他捉拿住。"

事已至此，清廷方面也觉得不能把曾国藩逼得太紧，假如真把曾国藩逼上造反之路，他不但掌握着全国最精锐的军队，周围有全国第一流的人才，长江流域几乎都是湘军的天下，而且曾国藩本人威望甚高，真的造起反来，鹿死谁手尚未可知。因此，清廷表示不再追究江宁是否有太平天国的大批财物；对于幼天王逃走之事，也只是让各路军队尽快剿捕；同时又下令，凡同治三年（1864 年）六月前，也就是攻破天京以前各路军队的用款，可以不必造册报销，只需开一个简明清单上奏。换句话说，就是这些年曾国藩花去多少钱，朝廷不再过问。

对于清廷态度的转变，曾国藩其实心知肚明。自从他担任两江总督，节制四省军务以来，清廷既倚重他，又对他不放心。越是接近太平天国失败，清廷的疑虑就越重，一会儿突然无缘由地指责，一会儿又给予抚慰。曾国藩对此早有心理准备，自咸丰八年（1858 年）重新出山后，他虽然仍强调自强自立，但比起以前，不仅多了谦逊之心，还有了时时处处退一步的想法。随着官职越来越高、权力越来越大，他不仅没有丝毫得意忘形之举，反而时时怀着警惕，尤其是清廷让他节制四省军务后，他更是小心翼翼，一直保持头脑清醒。他曾多次请求解除自己节制四省军务的大权，或由朝廷派大员、重臣与他共同负责军事，但朝廷一心想尽快消灭太平天国，不愿军队因互相掣肘而导致失败，所以一直坚持让曾国藩全权负责。如今太平天国已被剿灭，曾氏兄弟的权势已达巅峰，稍有不慎，就会带来无法估计的危险。

曾国荃 40 岁生日时，曾国藩便事先告诫他："生日在即，万不可请客庆贺。这里打算送礼的人，我已力辞；弟在军营中也应该婉辞推却掉。至嘱至嘱。家门太盛，常存日慎一日而恐其不终的想法，或可自保。否则覆亡的速度，是你我料想不到的。"

《易传》中说："日中则昃，月盈则亏。"意思是说，太阳升到最高以后，接着就会向西偏去；月亮最圆的时候，接着就会亏缺。人生又何尝不是如此？当人生事业到达最辉煌的顶峰时，也就意味着要走下坡路了。所以，《易传》又说："天道亏盈而益谦，地道变盈而流谦，鬼神害盈而福谦，人道恶盈而好谦。"这是教导人们，在万事顺利的时候，应该保持清醒的头脑，若要持盈保泰，就要谦虚谨慎，不要骄傲自满，做事要留有余地。

曾国藩思之再三，认为眼下最要紧的是让朝廷放心，而朝廷对自己最放心不下的，也是其他人和政敌对他最猜忌的，就是他手中的这几十万军队。

为打消朝廷的顾虑，曾国藩决定裁减手中的军队。当时湘军和淮军加起来有三十万之众，但左宗棠所部湘军四五万人在左宗棠担任闽浙总督后已经完全脱离曾国藩的指挥，而且清廷正极力抬高左宗棠的地位以压制曾国藩，所以左宗棠所部可以不管。同时，其他进入四川、广西、贵州等地脱离曾国藩直接指挥的湘军也不必管。这样一来，他首先要裁减的就是归自己直接指挥的十二万余人，尤其是朝廷最担心的曾国荃手里的五万余人。

曾国藩做出决定后，立即奏请裁军一事，清廷很快就批准了，但提出不可裁撤太快，以免遣散的士卒聚众闹事，并要求曾国藩将精壮之兵留下补充绿营。曾国藩对清廷的意见未予理睬。同治三年（1864 年）七月二十日，他下令裁撤曾国荃直接指挥的湘军两万五千人，其中包括原为曾国荃部属的一万余人、萧庆衍部九千余人、降将韦志浚部两千五百人。当时曾国荃手下的大将李臣典病逝、萧孚泗因父亲去世丁忧开缺，有些将士也厌倦了终日厮杀的生活，裁减相对比较顺利。但其他部队的裁军行动却难以开展，带兵的将领都倚军自重，因此，曾国藩没有采纳清廷"留精壮补绿营"的意见。

曾国藩这样做，无非是想表明自己既无恃功揽权之意，更无拥军造反之心。同时，为朝廷考虑，既然不能把湘军改为正规军队，那就必须裁撤，以节省经费，减轻百姓负担。所以，在以后数年里，虽然已经不存在清廷对他疑忌以及关系紧张的问题，但他仍坚持继续裁撤湘军，后来除了刘松山部随左宗棠远征西北外，湘军几乎尽数裁撤。

　　曾国藩认为，仅仅裁撤湘军还不够，他与曾国荃统率大军，权大势大，要想让清廷放心，必须有一人离职。同治三年（1864 年）八月二十七日，曾国藩上奏曾国荃开缺回籍。这份奏疏是曾国藩从江宁回安庆时上奏的。当时朝野上下舆论沸腾，都说曾国荃为"老饕"。御史朱镇、廖世民、蔡寿祺三人上奏折弹劾曾国荃、曾国藩及湘军将领占据军政高位，乘时而起，实非国家之福，而将为国家之患；并罗列了曾国荃及湘军将领抢掠天京，湘军士兵虐害地方的种种罪行，要求朝廷对曾氏兄弟及湘军将领严加调查惩处。

　　曾国藩阅罢弹劾奏章，立即派人给曾国荃送信，让他做好辞官开缺回籍的准备；同时上奏清廷，代曾国荃申请开缺。就在曾国藩上奏的第八天，即九月五日，清廷批准曾国荃开缺。

　　九月八日，曾国藩从安庆回到江宁，正式将两江总督衙门设于原英王府。十月初四，曾国荃愤愤不平又无可奈何地返回了湖南老家。

　　曾国藩的以退为进之策果然有效，曾国荃回籍不到半年，清廷便发下谕旨令其"来京师觐见"，以便安排一个职位。但数日后，曾国藩发现京师发来的上谕中没有恭亲王奕訢的名字，料定恭亲王不是生死大变，便是朝局大变，于是赶紧吩咐曾国荃暂时不可出山。不久，僧格林沁为捻军所杀，清廷急于让曾国荃出山，第二年便直接授曾国荃为山西巡抚，但曾国荃却托病坚辞，不肯从命。直到同治五年（1866 年）初，捻军冲进湖北，清廷授他为湖北巡抚，他才出山。

　　曾国藩自解兵权之后，对手中的财权也做了推让。湘军兴起并逐渐扩张后，为湘军提供军饷的，除了最初的湖南、湖北外，以后又有江西、广东、四川诸省的协饷。曾国藩担任两江总督以后，两江辖下自然都成了饷源地。同治三年（1864 年）八月，曾国藩奏请从八月三十日起，不再拨广东厘金给湘军；同时请求给广东增加文武乡试名额各四名，作为奖励。考虑到湘军欠饷很多，裁撤时发给欠饷，需要大笔经费，清廷没有同意曾国藩的请求，而是命广东继续拨厘金给曾国藩。后来，因为太平军余部冲到江西、福建、广东交界处，广东防务吃紧，经两广总督毛鸿宾①奏请，将广东厘金改为七成归广东自留，三成拨给驻安徽的湘军。到该年年底，曾国藩再次奏请将广东厘金全部归广东，这次清廷终于同意了。后来，曾国藩又先后奏准停拨江西厘金、湖南东征局厘金，使自己手里控制的财权逐渐减少。

曾国藩一方面推让权力，另一方面也做了一些让清廷高兴的事情。清军自入关以后，为弹压各地的反抗势力，将八旗兵驻防于全国各要地。八旗兵不事生产，可以说是世代相传的职业军人。在太平天国造反以前，八旗兵就已经腐化失去战斗力，但旗营仍然对当地官员、民众起到某种监视作用，所以清廷对此非常关心。太平军占领江宁时，江宁旗营包括士兵及家属在内三万余人大部分战死，仅存八百余人。京口旗营因为镇江大部分时间掌握在清军手里，损失较少，并且已经挑补足额。对此，曾国藩奏明清廷，江宁旗营人数较少，可以马上发全饷；京口旗营人数较多，可以照前数年办法，暂发半饷。

经过各种努力，曾国藩终于缓和了他和清廷之间的关系，维持住清廷对他的信任，保留了权势和地位，也保全了他的家人和后代的安全，并间接维护了政局和全国的稳定。

入署理政务，重整旧山河

理顺与清廷的关系后，曾国藩终于定下心来，开始做些自己分内的工作。

早在咸丰十年（1860年）四月，曾国藩就以兵部尚书衔署理两江总督，同年七月补授、并授钦差大臣督办江南军务，但直到咸丰十一年（1861年）七月他才接手两江总督关防，并设置相应的机构。同治元年（1862年）又授协办大学士，节制安徽、江西、浙江、江

---

① 毛鸿宾（1811—1867）：字寅庵，又字翙云、寄云，号菊隐，山东历城人。清朝官员，历任礼科给事中、安徽按察使、江苏布政使、湖南巡抚、两广总督等职。

苏四省，名义上管辖着长江中下游的大片国土，实际上只是"统兵剿贼"，并未管理地方政务。直到收复南京后，也就是同治三年（1864年）七月，他才开始全面行使两江总督的职权，真正成为地方最高军政长官。

同治三年（1864 年）九月初，曾国藩把两江总督衙门从安庆迁到江宁，九月初十正式入署办公。自太平天国占领江宁以来，两江总督衙门一直"四处流浪"，事隔十余年，终于又迁回了江宁。

作为地方最高长官，总督的职责是"厘治军民，综制文武，察举官吏，修饬封疆"，而厘治军民最根本的要务就是使人民安居乐业。在旷日持久的战乱之后，重新恢复社会秩序，恢复生产生活，是人心所向，也是迫在眉睫的头等大事。

曾国藩将两江总督衙门迁到江宁后，便开始着手善后事宜。十余年来，两江总督所辖的江苏、安徽、江西，都是清军与太平军作战的主要战场。这里从前是中国最富庶的地方，现在却是遭受战争破坏最严重的地方。有人这样记述当时苏州一带的情形："沿途所历各村，每三四处，必有一完全焚毁者；亦有三村相连，外二村未动，而其中一村仅余焦土者。"湘军还在围攻天京时，曾国藩就曾在写给郭嵩焘的信中感叹："安徽省群盗多如牛毛，人民相食，或百里不见炊烟。"在这样一片断壁残垣、破砖瓦砾的废墟中重建家园，曾国藩深感责任重大。

为了恢复经济，曾国藩和江苏巡抚李鸿章、安徽巡抚乔松年①一道，分别根据各地遭受战争破坏的程度，奏请清廷减免钱粮赋税，设法召回流亡人口，以恢复农业生产。

当年，太平军进入江宁后，秦淮画舫被严令禁止，在此后十多年中，历史悠久的秦淮画舫在秦淮河上销声匿迹。翰林出身的曾国藩进入江宁后，经过深思熟虑，决定恢复秦淮河灯船。他让人贴出告示，说两

---

① 乔松年（1815—1875）：字健侯，号鹤侪，山西徐沟县郝村（今清徐县王答乡郝村）人。清朝官员、文学家、书法家、藏书家，历任松江府（今上海）知府、江苏苏州知府、道员、安徽巡抚、陕西巡抚等职。

江总督决定恢复秦淮旧迹，各行各业在秦淮河两岸兴建酒肆茶馆，可以三年不纳税。这样的优惠条件，很快就将苏浙一带民间投资的积极性拉动起来。

恢复秦淮旧迹的工程由曾国藩的幕僚赵烈文全权负责，他要求在中秋之前在聚宝门（中华门）到通济门一段的秦淮河上先行恢复画舫。谈及恢复秦淮画舫的原因，曾国藩这样说："芸芸众生，碌碌黔首，有几个能立廊庙干大事业？他们辛苦赚钱，也要图个享受快乐。画舫笙歌，能为他们消忧愁、添愉悦，也就有兴办的价值。"他还对赵烈文说："游览秦淮河，如同读一部六朝至前明的旧史，几度兴废，几多悲喜，亦足令读书君子观古鉴今，励志奋发，居安思危。"

赵烈文也不负曾国藩的厚望，不到一个月就将这段秦淮河的主要景点修缮完毕。中秋那天，总督衙门下令军民齐乐，曾国藩还带头登上画舫游览秦淮河。据史料记载，这次中秋画舫灯会，赛过以往任何一次中秋节。曾国藩恢复秦淮画舫，表面上是让江宁士绅百姓有个游乐的去处，实际是想让逃亡外地的流民看到江宁的安定，随之陆续返回。果然，不久就出现了外地商户纷纷移居江宁的现象。

除了恢复生产、发展经济之外，曾国藩在江宁还做了几件实事：

一是修复贡院。江南文化发达，自古就是文人荟萃之地。整个清代，江南科举中进士的人数一直位居全国榜首，所以江南乡试也比其他省的乡试隆重而且影响更大。按照惯例，江宁的江南贡院举行的乡试，不仅有江苏省，还包括了安徽省。但是，自从太平天国占领江宁以来，已有十一年没有开科考试。饱受战乱之苦的江南士子早就盼望参加科考，因此，及时修复贡院，争取按时举行科考，不但能为清廷选拔人才，而且对于争取以前太平天国占领地区的知识分子拥护清廷、恢复社会秩序都很有好处。

曾国藩把修复贡院作为头等大事，不仅在原有基础上做了修复，还扩大了规模。修复贡院之事早在曾国藩正式将官署移驻江宁以前，就由曾国荃主持开始了。当两江总督衙署迁到江宁后，贡院修复工作已接近完工，曾国藩立即奏请于同治三年（1864年）十一月举行乡试，并奏请把从前安徽省少录取的三十六个名额加入此次乡试之中。苏、皖两省士子得知这一喜讯，都奔走相告跃跃欲试，当年参加考试的竟有一万三千人。士子们云集江宁，商贾们也闻风而来。十二月十五日揭榜，共有二百七十三人中举。科考的恢复意味着局势的稳定，此后数月，原居住江宁的民众也渐渐归来。

二是修葺书院。首先是钟山书院。钟山书院原为两江总督查弼纳①于雍正二年（1724年）创建，道光九年（1829年）布政使贺长龄②筹款重建，钱大昕③、姚鼐④、唐鉴等名流都曾在这里主讲过。但往昔辉煌的院舍却在战乱中被焚毁，曾国藩决定重建钟山书院。日理万机的他多次抽出时间前往视察书院的修建情况，可见他对这件事非常重视。他还亲自聘请当时闻名的学者李联琇作为钟山书院的负责人。囿于资金缺乏，修复后的钟山书院房舍不多，规模也不大，但却为日后江宁的高等教育奠定了深厚基础。

曾国藩修复的第二所书院是尊经书院。尊经书院位于江宁城内尊经阁东西两侧，于同治八年（1869年）六月修复。为鼓励自学成才，这里允许非学中之士前来听课和参加月考，成绩优秀者还能拿到奖学金。

此外，曾国藩还修复了惜阴书院。该书院原为两江总督陶澍于道光十八年（1838）创建，曾国藩的亲家贺长龄也曾给书院捐款。曾国藩在旧址上进行修复与扩建，规模颇大，成为晚清时期江宁的重要教育

---

① 查弼纳（1683—1731）：完颜氏，满洲正黄旗人。清朝官员，官至两江总督、吏部尚书、兵部尚书。

② 贺长龄（1785—1848）：字耦耕，号西涯，晚号耐庵，湖南善化人。为官四十年，勤于职守，有惠政。

③ 钱大昕（1728—1804）：字晓征，又字及之，号辛楣，晚年自署竹汀居士，江苏嘉定（今属上海）人。清代史学家、汉学家，18世纪中国最渊博和专精的学术大师，被公推为"一代儒宗"。

④ 姚鼐（1732—1815）：字姬传，一字梦谷，室名惜抱轩（在今桐城中学内），世称"惜抱先生""姚惜抱"，安庆府桐城（今安徽桐城市）人。清代散文家，与方苞、刘大櫆并称为"桐城派三祖"。

基地。

为了解决这些书院的经费来源，曾国藩先是从厘局提出经费，后来又依据清廷清理书院财产的命令，划拨田亩作为书院公田，从而保证书院有固定收入维持运转。

三是设立金陵官书局。官书局原来设在安庆，曾国藩迁到江宁后，便下令将其迁至正江宁，并更名为金陵书局，延聘汪士铎、莫友芝、刘毓崧、张文虎、刘寿曾、李善兰[①]、唐仁寿、戴望、刘恭冕、成蓉镜、冯煦[②]等分任校勘，这些人都是当时的权威专家。在随后几年中，金陵书局刊刻了不少善本书。更难能可贵的是，曾国藩还亲自参与校勘。他委托李善兰重校《几何原本》后九卷，又命儿子曾纪泽代作《几何原本序》，并亲自审定。在整个刻印过程中，他不但细看原稿，而且对刊刻工作不断提出自己的思考和建议。

自曾国藩在江宁府学创建金陵官书局以后，在他的影响下，各地官吏纷纷效仿，相继在全国各地设立官书局二十多个。其中较有影响的有李鸿章于同治四年（1865 年）在苏州创建的江苏官书局、马新贻[③]同治三年（1864 年）在杭州设立的浙江官书局等。这些官书局的设立，抢救了大量古代文献，传播了文化和科学知识，发展了我国近代印刷事业，特别是西方印刷机器和铅活字的引入，逐渐使我国传统的泥活字和刻版印刷成为历史，对中国近代文化传播事业产生了深远的影响。

四是挑浚秦淮河。江宁为六朝古都，自魏晋以来，其富贵繁华天下闻名。但自从被太平天国占领之后，太平天国禁止男女来往，分别男行女行，加上战争不断，秦淮河畔已是一片萧条。为了恢复江宁城的商业

---

① 李善兰（1811—1882）：原名李心兰，字竟芳，号秋纫，别号壬叔，浙江海宁人。中国近代著名的数学家、天文学家、力学家和植物学家。

② 冯煦（1842—1927）：字梦华，号蒿庵，晚号蒿叟、蒿隐，江苏金坛五叶人。少好词赋，有江南才子之称。历官安徽凤阳府知府、四川按察使和安徽巡抚。

③ 马新贻（1821—1870）：字谷山，号燕门，又号铁舫，山东菏泽人。清朝官员，历任安徽按察使、安徽布政使、浙江巡抚、两江总督兼通商大臣等职。后遭刺客张汶祥行刺身亡，成为千古奇案"刺马案"。

和经济，曾国藩下令留守江宁的湘军士兵挑浚秦淮河。

为了招徕商民，曾国藩又于同治四年（1865 年）二月奏请将从前在江宁城外所设的两个税关暂缓征税，减轻商人的负担。

调兵遣将难，"剿捻"谈何易

曾国藩正式进驻江宁不到一年，由于捻军声势大振，在河南、安徽、山东各地迅速蔓延开来，他不得不奉命北上"剿捻"。

所谓捻军，是太平天国时期活动于北方的农民起义军，源于捻子，也称捻党。"捻"为淮北方言，就是捻绳的意思，合起几股为一股，寓意是"团结就是力量"。捻子原是民间的一个秘密组织，大约产生于康熙年间，其成员主要是农民和手工业者，早期活动于皖北淝水①和涡河②流域。嘉庆末年，捻子集团逐渐增多，小捻子数人、数十人，大捻子则发展到一二百人不等，经常在安徽亳州、阜阳，河南三河尖（位于固始县）以及江苏、山东护送私盐，与清军屡次发生武装冲突。后来因冲突升级，捻子发动起义攻城。咸丰三年（1853 年），捻子在太平天国起义的影响下发动大规模起义。起义后的"捻"，就是今天史学界所说的"捻军"。捻军的起义口号是"救我残黎，除奸诛暴，以减公愤"。

捻军起义的历史可分为两个阶段：自咸丰三年（1853 年）春至咸丰十三年（1863 年）三月为前期捻军；咸丰五年（1855 年）秋，豫皖边区的捻军首领齐集亳州的雉河集（今安徽涡阳）会盟，推举张乐行③为盟主，决定建立五旗军制，开始联合作战。从此，捻军在淮河南北广

---

① 淝水：又作肥水，源出肥西、寿县之间的将军岭。分为两支：向西北流者，经 200里，出寿县而入淮河；向东南流者，注入巢湖。

② 涡河：淮河中游左岸一条支流，淮河第二大支流，淮北平原区主要河道，呈西北东南走向。发源于河南尉氏县，东南流经开封、通许、扶沟、太康、鹿邑和安徽亳州、涡阳、蒙城，于蚌埠市怀远县城附近注入淮河。

③ 张乐行（1810—1863）：字洛行，乳名香儿，别名老乐，安徽涡阳人。出身地主家庭，后成为清末中原地区农民起义军首领，被封为捻军盟主。因叛徒出卖，在涡阳县东南的西阳集被俘，随后被凌迟处死。

大地区不断抗击清军，有力支援了南部太平天国运动。

捻军在中原响应太平军，且势力日增，清廷决定起用蒙古亲王僧格林沁率兵镇压。

僧格林沁与皇族的关系起源于嘉庆时期，当时嘉庆皇帝的女儿嫁给蒙古贵族索特纳木多布济，但一直没有生下儿子，到道光皇帝即位后，道光皇帝准许公主，也就是他的妹妹从丈夫的族人中选一人为嗣。公主见僧格林沁相貌堂堂、仪表不俗，料想他日后必有出息，便立僧格林沁为嗣子。于是，僧格林沁就成了道光皇帝的外甥、咸丰皇帝的表兄、同治皇帝的表伯父。僧格林沁先是承袭郡王，然后带兵打仗。他勇猛剽悍，是满蒙贵族中不可多得的好手。慈禧太后和恭亲王奕䜣发动"辛酉政变"时，他手握军权，是慈禧太后的有力支持者之一，所以深得清廷信任。僧格林沁率领的军队一直被视为清廷的嫡系部队。

在陈玉成死后一段时间里，僧格林沁利用捻军孤立无援之机发动攻势。由于捻军组织不严密，缺乏强有力的统一领导，其根据地安徽蒙城县雉河集被僧格林沁一举攻陷，捻军领袖张乐行也被捕杀，僧格林沁血洗了蒙城、亳州。事后，僧格林沁由科尔沁郡王升为亲王，并屡受嘉奖。

僧格林沁自以为蒙古骑兵天下无敌，又深知清廷倚重自己牵制汉族地方军队。湘军攻克天京后大肆焚掠，清廷能够对湘军施加压力，也是因为手中有他这张王牌。所以，僧格林沁对湘军和后起的淮军全都不放在眼里，在共同对抗捻军与太平军时就经常制造摩擦，欺压湘军。起初，清廷让僧格林沁负责"剿捻"重任，是想以其镇压捻军之功与湘军、淮军抗衡，但僧格林沁行事鲁莽，屡遭捻军打击。同治三年（1864年）九月，赖文光在湖北蕲水打败清军，击毙清将石清吉。清廷下令湘、淮军助攻，以达到湘、淮军苦战，僧格林沁坐收其功的目的。但是，当时湘军已在裁撤之中，曾国荃也已开缺回籍，曾国藩自然不会赴援。即使想去援助，湘军人心散乱，也难以征调。所以，曾国藩于十月二十日上奏朝廷，以自己难胜指挥"剿捻"之任，拒绝前往。接着，清廷又令湘军刘连捷、淮军刘铭传赴河南"剿捻"，归僧格林沁指挥。曾国藩接到命令后，立即上奏说刘连捷、朱洪章、朱南桂①三军正拟遣散，不宜北调。清廷只得令刘铭传一军赴援河南，但僧格林沁公然贬低湘、淮军"皆不能战"，拒绝接受，曾国藩便顺水推舟，连刘铭传一军也未派遣。

湘、淮军不参加"剿捻"，蒙古骑兵孤军作战，屡遭捻军打击。在赖文光整编捻军之后，清廷仍派僧格林沁前去镇压。僧格林沁骄横狂妄，对捻军穷追猛打，企图一举歼灭。但捻军灵活作战，利用战机，采取各种战术不断予以回击。

同治四年（1865年）春夏之交，僧格林沁盯住捻军不放，从河南追至山东。捻军故意引其上钩，一会儿进兵山东，一会儿又退到江苏，进时如疾风暴雨，退时又飘忽难追。僧格林沁以为捻军不敢与自己交战，由于求战不得，情绪不免焦躁，又以为捻军粮食已尽，于是率领骑兵穷追不舍。他一口气追了数千里，远远脱离了自己的主力部队，仅有少数骑兵跟随。赖文光看准机会，联合山东的地方造反武装，在菏泽西北的高楼寨设伏。四月二十四日，僧格林沁率骑兵冲进高楼寨，陷入捻军的重重包围，一番惨烈厮杀之后，僧格林沁惨败，在突围时被捻军捕杀。除部将陈国瑞带伤逃走外，跟随僧格林沁突围的骑兵全部被消灭。

僧格林沁是清廷自太平天国运动以来战死的地位最高的官员，他的死使清廷自以为可靠的支柱倒塌了。清廷在大为震惊之余，不得不再次起用本不愿用的湘、淮军。

五月初，曾国藩一连接到三道谕旨，命令他"星夜出省，赶赴山东"，到僧格林沁被歼的地点接受"剿捻"任务。清廷担心曾国藩手中无兵不愿北上，接着又给了他指挥河北、河南和山东三省八旗、绿营各军的大权，后又连连发布谕旨催他起程。

---

① 朱南桂（？—1866）：湖南长沙人，罗泽南旧部，转战于湖南、湖北、安徽、江西等地，作战勇猛，异常慓悍。官至河南归德镇总兵。

僧格林沁死后，清廷最担心的就是捻军抢渡黄河，进攻京城。当时，京城一片恐慌，连城内的警卫部队、神机营①都被调动起来，准备抵御捻军的袭击。但曾国藩已不愿意再率军出征，他已经 54 岁了，精力大不如前，早年的锐气也随着时间的流逝和阅历的增加而逐渐消退。不仅如此，前段时间慈禧太后与恭亲王奕䜣的争斗，很大程度也是因他而起，这也使他不愿立马北上"剿捻"。

原来，恭亲王奕䜣与慈禧太后合作发动政变以后，奕䜣主持政务，权倾朝野。但正如曾国藩等人观察的那样，奕䜣人虽聪明，办事也算干练，但却不知求人自辅，缺乏根基，在权势隆盛的背后早已潜藏了重重危机。太平天国势盛之时，慈禧太后因为自己缺乏主政经验，不得不倚重奕䜣，对他多加笼络。等到太平天国灭亡后，他们之间的矛盾也逐渐浮出水面并日益尖锐起来。

同治四年（1865 年）二月二十五日，翰林院编修蔡寿祺上疏弹劾曾国藩、李鸿章、曾国荃、官文、胡林翼、骆秉章、刘蓉等一批湘军将领及与之关系密切的官员，说他们败坏纲纪，谎报战功，又说他们贪婪鄙陋，只能授以小官，将湘军的战功一笔抹杀。对于这样一份信口开河的奏折，慈禧太后未置可否，于是蔡寿祺胆子大了起来。他窥测太后之意，于三月四日公然参劾奕䜣，给奕䜣安上四大"莫须有"的罪状：贪墨、骄盈、揽权、徇私。他又直接要求奕䜣"退居藩邸，请别择懿亲议政"，即罢斥奕䜣。慈禧太后看到蔡寿祺的奏折正中下怀，便绕过奕䜣和军机处，直接召见大学士周祖培②、大学士瑞常、户部侍郎吴廷栋等八人，要他们重治奕䜣，甚至"逮问"。诸臣不敢应命，慈禧太后威胁说："他日皇帝长成，你们难道还能明哲保身吗？"第二天，周祖培

---

①　神机营：军队名。明代京城禁卫军三大营之一，专门掌管火器的特殊部队。清朝沿用明朝军制，设火器营常守卫于紫禁城及三海，皇帝巡行时亦扈从。鸦片战争后，清廷建立的神机营，装备了洋枪、洋炮，又被称作洋枪队。

②　周祖培（1793—1867）：名之翔，字淑滋，号芝台，祖培为官名，河南商城县牛食畈人（今安徽六安市金寨牛食畈）。清朝官员，历嘉庆、道光、咸丰、同治四朝，官至刑部、兵部、户部、吏部尚书，协办大学士，武英殿总裁。

等会同倭仁询问蔡寿祺，蔡寿祺对自己所说的各项罪名都无法指实，只有"纳贿"一条说出薛焕、刘蓉，然而又说是得自传闻，没有实据。倭仁等人见状，只好以模棱两可的话回奏，说是"黜陟大权，操之自上，应如何将恭亲王裁减事权以示保全懿亲之处，恭候宸断"。慈禧太后见大臣们畏缩推辞只好打破惯例，不通过军机处，立即下诏。她在诏书上列举蔡寿祺所说的"莫须有"罪状后，说："恭亲王着毋庸在军机处议政，革去一切差使，不准干预公事。"一夜之间，奕䜣所有的职务和权力全被免除。

同治四年（1865年）三月十七日，曾国藩接到谕旨，见首行无"议政王"衔，发觉情形不对，大吃一惊，幕僚们也非常惊讶。三月二十八日，曾国藩终于见到京师三月初八发来的革去恭亲王差使的谕旨，其中有"目无君上，诸多挟制，暗使离间，不可细问"等语。在曾国藩看来，这些都是"莫须有"的罪名。他认为恭亲王虽然有些浮躁，但却是不可多得的贤王、贤臣。曾国藩平时从不轻易和京师的权臣打交道，但却多次与恭亲王通信，也说明他虽然不是奕䜣的同党，但至少对奕䜣印象不错。"辛酉政变"以后，奕䜣主持政务，曾国藩认为他在大政方针上并无明显失误。此时清廷已经基本摆脱英法联军侵占京城、咸丰皇帝驾崩造成的巨大危机，太平天国也已经基本剿灭，正是应该励精图治、创造一个真正的中兴局面的大好时机，不料却出现了这种意想不到的事情。后来，由于多数朝臣反对罢黜奕䜣，特别是奕䜣的几个弟弟据理力争，慈禧太后不得不改命奕䜣负责军机处和总理衙门，但并没有把议政王的头衔恢复。几天后，曾国藩见到了奕䜣复职的上谕，但他的心情并没有好转。这次政潮可以说是因奕䜣任用曾国藩等汉人而起，曾国藩非常担忧，唯恐奕䜣长期被贬黜，汉人将职位不保，或遭遇更大不测。为此，他还写信告诉曾国荃等家人，准备好接受一切不测的打击。由于慈禧太后对汉人和湘、淮军抱着这种态度，曾国藩自然不情愿出师"剿捻"。

但终究皇命难违，曾国藩几番推辞后，只得勉强出师。出师前后，他对捻军的作战特点、僧格林沁战略战术的得失进行了认真研究，最后根据捻军以骑兵为主、流动作战、行动迅速、忽南忽北、极难捕捉其主力踪迹的特点，制定了"以静制动"的方略。出师二十多天后，他向朝廷上奏自己的"剿捻"之策。

一是"剿捻"部队与地方配合，将北起黄河，南至沙河①、淮河，东起运河，西至贾鲁河②，包括山东、江苏、河南、安徽四省十三府州县作为"剿捻"的战区，由各地方督抚配合部队作战；二是开展清查运动，割断捻军与百姓的联系，使捻军失去群众基础，断绝其粮草供应；三是采取追剿与拦截相结合的作战原则，以水师拒黄河，防止捻军进入直隶，在临淮、周口、徐州、济宁四镇驻重兵，另筹两支精锐部队机动作战。

不过，要真正落实这一战略计划，曾国藩必须解决非常多的困难，第一个困难便是手中无兵。

当时，曾国藩直接指挥的湘军已大部分被裁撤，仅剩驻在江宁的十六个营。三月时因遭到御史参劾，他决定等秦淮河疏浚完工后便立即全部遣散。而且这些湘勇不习惯北方的气候，吃不惯北方的面食和杂粮，一听说要到北方打仗，都不愿前往。曾国藩只好采取愿去则去，不愿去则裁撤的手段，将十六个营裁去了十二营，又重新招募两个营，驻南京的湘军共六营三千人随曾国藩出征。另外，原属张运兰部的易开俊、刘松山③表示愿意跟随曾国藩北征。这样湘军总共才有九千人。因此，曾国藩此次出征只能以淮军作为主力。但是，淮军的管制与湘军一样，只听命于最高统帅，没有李鸿章的指挥，即使曾国藩也无法驾驭。曾国藩

---

① 沙河：古称滍水、氵派水，发源于河南省鲁山县伏牛山脉主峰尧山，是淮河流域沙颍河水系的一级支流，以河床积沙多而得名。

② 贾鲁河：淮河支流沙颍河的支流，因时有洪水泛滥，又称小黄河。发源于河南新密市，向东北流经郑州市，至市区北郊折向东流，经中牟，入开封，过尉氏县，进入扶沟县后至周口市入沙颍河，最后流入淮河。

③ 刘松山（1833—1870）：字寿卿，湖南湘乡人。清朝将领，以功擢千总，守备，肃州镇总兵，广东陆路提督。后在甘肃金积堡一战，力战回民军，不幸亡故。

调集的淮军有刘铭传、周盛波、张树声、潘鼎新诸部，共两万两千人。其中，潘鼎新军已由海轮运赴天津，以防捻军冲击京师。为了方便指挥，曾国藩奏调李鸿章之弟李鹤章管理营务、李昭庆协助军务。尽管如此，淮军仍难以驾驭，这也为他后来"剿捻"失败埋下了伏笔。

第二个困难是需要购置战马筹办骑兵。捻军用骑兵打运动奔袭战，如果清军全靠步兵，根本找不到与捻军交战的时机，只能被动挨打。

第三个困难是筹备黄河水师。为防备捻军抢渡黄河北上，防守范围涉及直隶、山东、河南三省，而黄河水浅，长江所用的吃水较深的战船无法在黄河使用，需要另行制造，短时间内难以完成。

对清廷来讲，他们最担心的是捻军向北进攻京师，为此，李鸿章命潘鼎新率部五千人乘轮船渡海赶赴天津，保卫畿辅，让朝廷放心，也使曾国藩可以从容地展开战略行动。

此时僧格林沁的残部驻在山东，因新败之后军心不稳，曾国藩命刘铭传军驰赴济宁，稳定山东局势，他自己则继续开展各项准备工作。直到同治四年（1865 年）五月二十八日，曾国藩才乘船北上，准备赴徐州建立"剿捻"老营。

捻军的声势虽然远远比不上太平天国，但其战斗力也不容小觑。捻军依靠骑兵，行动迅速，每日常奔驰 300 里以上。湘、淮军若紧跟在后面追击，可能重蹈僧格林沁的覆辙，所以曾国藩在吸取教训后制定了"堵截为主，追击为辅"的战略。

同年闰五月二十一日，曾国藩向清廷奏报，以安徽的临淮关（今属安徽省凤阳县）、江苏的徐州、山东的济宁、河南的周家口四镇为根据地，这四个地方除了驻扎重兵外，还要充分储备粮草、弹药，力图把捻军圈在安徽、江苏、山东交界一带。在军队分配上，淮军刘铭传、潘鼎新两军各负责一路；淮军张树声、周盛波两军合起来为一路；湘军刘松山、易开俊两军合起来为一路，正好组成四路。另外，李鸿章之弟李昭庆训练马队，与僧格林沁残部的马队合为一军，作为游击之师。

军事上布置停当后，曾国藩打算双管齐下，在政治上也孤立捻军。

经过一番分析，他认为安徽的凤阳、颍州（今阜阳市）和江苏的徐州以及河南的归德（今商丘市）、陈州（今周口市淮阳区）一带，是捻军经常活动的地区；而安徽的蒙城、亳州则是捻军的老家。这些地区的百姓都仇视官兵，对捻军多有同情。因此，他除了在四处设重兵遏阻捻军外，还加强搜查村寨以消除捻军的根基。捻军首领藏身村寨的，查访确实后，即勒令该村交出，如不肯交，即剿洗该村；交出的，只斩捻军首领，其他人一概不问。村中首领并非捻党，但村中首领之下有捻军同党的，令村中首领捆送一二人斩之，其余不问。为了清查捻军，曾国藩还命各军及地方官大力动员地方绅士。对于与捻军没有联络的村寨，则命其坚壁清野，对抗捻军。有的地方还实行了保甲连坐①之法。另外，曾国藩还特地上奏，请求朝廷表彰从前力抗太平军七年、最后于同治元年（1862年）冬被太平军摧毁并被杀八九万人的安徽宁国府宣城县金宝村，以鼓励地方乡村合力抵抗捻军。这种查办方法很快就取得了成效，此前每隔一段时间，捻军都会跑回老家探看，或略作休息，但自从曾国藩命人严加搜查后，他们就再也没能回来过。

经过一番周密的筹划，曾国藩准备对捻军发起攻势，没想到就在此时陈国瑞、刘铭传两军发生争斗。僧军与淮军皆不奉调，使他一出师便遇上指挥失灵的兵家大忌。

陈国瑞是僧格林沁麾下悍将，也是僧军败后保留较完整的一支军队的统领。他是湖北应城人，10多岁时曾加入太平军，后来投降，受到清军总兵黄开榜的喜爱，被收为义子，隶属于袁甲三部下，后来又归漕运总督吴棠②节制。陈国瑞打仗勇猛剽悍，也有计谋，因而屡立战功。僧格林沁督兵与捻军作战时，陈国瑞又成为僧格林沁的得力部将，在围

---

① 保甲连坐：保甲制度是旧时代统治者通过户籍编制来统治人民，若干家编作一甲，若干甲编作一保。保设保长，甲设甲长。保甲制的实质是通过联保连坐法将全国变成大囚笼。联保就是各户之间联合作保，共具保结，互相担保不做通共之事，就是一家有"罪"，九家举发，若不举发，十家连带坐罪。

② 吴棠（1813—1876）：字仲宣，号棣华，安徽盱眙（今安徽明光市三界镇）人。晚清官员，官至四川总督、署成都将军。

剿苗沛霖、镇压山东造反民众中都立首功。但是，陈国瑞性情残暴，又居功自傲，加上僧格林沁的祖护，无人敢对他说个"不"字。僧格林沁战死后，其余部下都因救援不力受到处分，只有陈国瑞一人因屡立战功而免于处罚，这使他更加骄横跋扈、目中无人。本来曾国藩担心僧格林沁残部军心不稳，所以命刘铭传率部开赴山东。刘铭传遵命攻占济宁长沟后，陈国瑞见刘铭传部洋枪精利，心起歹意竟亲率五百军士突入长沟，见到淮军勇丁即杀人夺枪，连杀数十人。

自从太平天国起义以来，清军将帅不和的现象并不鲜见，但像陈国瑞这样明目张胆、公然火并抢夺友军武器的情况还是头一回发生。更重要的是，陈国瑞遇上的刘铭传也不是一个任人欺凌、善罢甘休的人。

刘铭传是李鸿章的合肥同乡，与陈国瑞的地位、脾气相似，在淮军中也是拔尖的人物，为李鸿章所倚重。他生于民风剽悍的淮北农家，自幼天不怕地不怕。有一天，刘父没有按期缴纳粮米，遭到豪绅百般侮辱。刘铭传的兄长们都是老实人，敢怒而不敢言。刘铭传当时只有18岁，还在私塾念书。他从私塾回家，听说父亲受辱，顿时火冒三丈，转身就去追赶那个豪绅。豪绅骑在马上，居高临下地打量着他，狂笑道："你想决斗吗？我把刀给你，如果你敢杀我，便是男子汉！"不料刘铭传手起刀落，竟将豪绅的头砍了下来。接着，他提着豪绅的头，一跃上马，向周围的人大呼道："豪绅勒索乡里，我已斩了他，愿保卫乡里的跟我走。"从此，他取代豪绅，组织起地方武装。李鸿章办团练时，第一个便招他加入团练，刘铭传所部后来成为淮军人马最多、战斗力最强、武器装备最好的一支军队。

陈国瑞作为一个败兵之将，居然敢到刘铭传营中杀人抢枪，简直是"太岁头上动土"。事情发生时，刘铭传正好不在营内，第二天他得知此事，立即点起大队人马，突入陈国瑞军营，逢人便杀，陈国瑞的亲兵五百人全被杀死，陈国瑞也被活捉押进长沟。刘铭传亲审陈国瑞，不仅狠狠地鞭打、痛骂他，还把他锁在黑屋里，整整饿了他三天，直到他告饶才把他放回济宁。

陈国瑞、刘铭传两人火并过后,又都向曾国藩禀告,控诉对方。曾国藩素来不喜欢陈国瑞,但见他还算一员勇将,又正值用人用兵之际,因此希望通过劝说让他改掉那些骄暴不通人性的毛病,于是在他的禀文后批了两千余字,历数其种种不法悖谬之事,并与他约定三事——不扰民、不私斗、不梗令(服从长官命令)。曾国藩可以说是苦口婆心,希望陈国瑞能改掉那些不良习气,成长为一个好的将领和国家的栋梁。考虑到陈国瑞文化程度不高,他用词尽量通俗。此后,曾国藩又上奏朝廷,将陈国瑞调到河南,归河南巡抚吴昌寿调遣,以免和刘铭传同在山东再起冲突。

然而,陈国瑞根本不领会曾国藩的一番苦心,对于曾国藩指出的过错,他只承认吸食鸦片一事,其他的一概不肯承认;对于曾国藩的"约法三章",他也采取回避的态度,不愿认真执行。他以为清廷信任自己,曾国藩不能把他怎么样,依然我行我素。曾国藩担心因陈国瑞会影响整个"剿捻"大局,立即上奏,参奏陈国瑞在僧格林沁被围时不顾主将自行逃跑,于是清廷撤去其帮办军务头衔,革去黄马褂,暂留处州镇总兵实缺,责令其戴罪立功,以观后效。陈国瑞这才领教了曾国藩的厉害,只得老老实实到徐州拜见曾国藩,表示以后一定服从命令。

陈国瑞这支部队被制服了,但曾国藩所依靠的"剿捻"主力——淮军仍然难以指挥。李鸿章表面上把兵权交给了曾国藩,暗地里却一直遥控,曾氏令出后,如果得不到李鸿章的认可,淮军各将便拒不执行,有时阳奉阴违。曾国藩深知其中原因,只能预先征得李鸿章的同意,让李鸿章下令,这样才能调动淮军。

献河防大计,攻他山之玉

曾国藩出师多时,与捻军一仗未打,却在部队调置上耗费大量精力,这让他大伤脑筋,同时也预感到前路坎坷多险。

在曾国藩奉旨离开江宁北上之时，捻军正将安徽布政使英翰①围在雉河集。英翰命部下史念祖②率兵坚守待援，自己亲率二十余骑突出重围求救。曾国藩得到消息后，立即命淮军周盛波部、刘铭传部分头增援雉河集。等到清军的援军聚集之时，捻军因为缺粮，便采取运动战的老办法，兵分两路向西逃往河南。

曾国藩随后进驻徐州，不久捻军又进入湖北。同治四年（1865年）十二月初二，驻湖北的湘军成大吉部哗变，捻军乘机与哗变的湘军联合，攻占湖北黄冈、黄安、黄陂（今湖北武汉市黄陂区）、孝感等地，蔓延数百里，并在黄陂杀死清军总兵梁洪胜，声势大振。省城武昌震动，湖广总督官文飞书求援，曾国藩急调刘铭传部援救黄州，清廷再次命曾国荃出山并委以湖北巡抚重任，希望能尽快消灭捻军。曾国荃这回不再犹豫，他召集旧部，募湘勇六千人赴任。但是，当清军援军云集之时，捻军又采取运动战的老战术，迅速退出湖北，逃往山东。等到清军援兵赶到山东，捻军又转向了河南。

这时，曾国藩的老部下鲍超和另一支淮军刘秉璋部先后投入"剿捻"战斗，使曾国藩指挥的总兵力超过了八万人。但是，由于捻军运动速度太快，曾国藩始终找不到决战的机会，他的军队也曾多次打败捻军，但捻军一败就走，想要聚歼捻军，实在太难。

到同治五年（1866年）六月，曾国藩再一次调整战略。当时捻军各部聚集在河南的沙河、贾鲁河地区，曾国藩根据刘铭传的建议，制订了防守沙河、贾鲁河的计划。

这一计划的意图是利用自然河道把捻军阻遏在沙河、贾鲁河，然后将其逼向河南、湖北交界山多田少的山区地带，然后再聚集湘、淮军，

---

① 英翰（1828—1876）：字西林，萨尔图氏，满洲正红旗人。清朝官员，曾任安徽巡抚、两广总督、乌鲁木齐都统，是晚清因镇压太平天国、捻军起义而成名的督抚之一。他曾俘捻军领袖张乐行，参与剿灭苗沛霖，招降马融和，捕杀太平天国辅王杨辅清，功勋卓著。

② 史念祖（1843—1910）：字绳之，号弢园，别号俞俞子，江苏江都（今江苏扬州）人。清朝官员，善花卉、工诗，官至广西巡抚。

将其一举消灭。这就是后来颇受争议的"防河之策"。

沙河自西向东流经千余里，贾鲁河又泥沙淤积，湘、淮军人数不足，只得以河南的豫军加以补充。"防河之策"部署一个月后，湘军刘松山、张诗日部在河南周家口西北的西华、上蔡一带与捻军张宗禹①部相遇，双方激战七天，大仗打了六次，捻军损失惨重。这是曾国藩率军北上以来的第一次大胜仗，曾国藩闻报十分高兴。

这时，捻军赖文光、任化邦②试图向东突围，被淮军潘鼎新部击退。南部战线的鲍超自湖北枣阳向淅川（今河南南阳市淅川县）、内乡（今河南南阳市内乡县），防西路；郭松林由桐柏（今河南南阳市桐柏县）出东路；另有彭毓橘、刘维桢各部支援。一时间，清军似乎已把捻军包围。曾国藩打算利用"防河之策"调集大队人马，把捻军歼灭在贾鲁河以西、沙河以南地区。然而，各路捻军再一次会合后，很快发现了清军布防中的薄弱环节，那就是贾鲁河上游豫军防守的开封南北一段。

中秋节刚过，八月十六日夜，捻军毁掉豫军壕墙，冲过贾鲁河，豫军三营没能堵住，等到驻扎在朱仙镇（今属河南开封市禅符区）的刘铭传发现时，捻军已冲过贾鲁河，直奔山东而去。淮军在追击中虽然杀伤不少捻军，但"防河之策"还是失败了。

曾国藩自受命"剿捻"以来，身体一直欠佳，捻军冲破贾鲁河防线以后，心力交瘁的曾国藩身体更差了。他想让左宗棠或李鸿章来接办"剿捻"事宜，并于同治五年（1866 年）九月正式奏请让李鸿章驻徐州，负责东路及山东防务，并建议左宗棠调往陕甘总督，负责西路"剿捻"。

捻军冲破沙河、贾鲁河防线后，在向东进军时因未能冲破曾国藩布

---

① 张宗禹：小名辉，混号"小阎王"，生于嘉庆、道光年间，亳州雉河集（今安徽涡阳）人，张乐行族侄，西捻军统帅，曾被太平天国封为"梁王"。捻军失败后不知所终。
② 任化邦（？—1867）：幼年名柱，安徽蒙城县檀城集人。捻军名将，捻党蓝旗领袖，曾被太平天国封为"鲁王"。

下的运河防线，不得已又转回河南。十月中旬，捻军在河南中牟一带分成两支，一支由张宗禹、邱远才统率，向西进入陕西，即后来的"西捻军"；另一支由赖文光、任化邦统率，仍活动在河南、山东等地，即"东捻军"。从此，东、西两支捻军再也没有会合过。

随着"防河之策"宣告失败，朝野内外对曾国藩的不满责备再次兴起。他的敌对势力借机大肆攻击曾国藩，上疏严参曾国藩"剿捻"无方，放纵"捻匪"，要求皇帝罢去曾国藩的两江总督之职，收回钦差大臣之命。其实在曾国藩开始"剿捻"后几个月，就"中外纷纷谤议，指责我部不能与贼纵横追逐"。到同治五年（1866 年），攻击者更多，仅抨击曾国藩办理不善的御史就有朱镇、卢士杰①、朱学笃②、穆缉香阿等人。如果清廷倾向于维护曾国藩，完全可以将这些奏折作"留中"处理，不讨论、不外传，但清廷却将它们直接寄给了曾国藩，其用意很明显：如果不能尽快剿灭捻军，就尽早让位。

这时，曾国藩已经产生了辞职隐退的念头，他在写给曾国荃的信中说："自问精力大减，断不能久当大任，到周口后与弟谋一引退之法，但不要鲁莽地提出来。"

就在曾国藩焦头烂额之际，曾国荃又惹出一件大事，即弹劾湖广总督官文。

自太平天国起义以来，官文一直在湖广任职，他其实是清廷安插在长江上游的一颗钉子。因为湘、淮两军在长江流域崛起，清廷不放心，于是利用官文控扼长江，作为对付湘、淮军的一个筹码。胡林翼担任湖北巡抚时，深知其中奥妙，因此一直对官文采取笼络政策，督抚同城，关系融洽，官文对胡林翼也是有求必应。但胡林翼死后，官文与湘军的

---

① 卢士杰（？—1888）：字子英，号艺圃，河南光州（今潢川）人。清朝官员，历任福建按察使、福建布政使、江宁布政使、安徽布政使、署安徽巡抚、江西布政使、署漕运总督等职。

② 朱学笃（1826—1892）：字祜堂，号实甫，聊城县（今聊城市东昌府区）人。历任编修、翰林院侍读、国史馆协修、纂修，"遇事敢言"，急公好义，具有重民情怀，曾受命督修黄河工程。

矛盾逐渐暴露出来，湘军进攻安庆时，他不发兵、不供饷；曾国荃兵驻雨花台，急需救援时他却奏调多隆阿去陕甘。不过，因为曾氏兄弟与他无多大干系，所以矛盾没有公开化。胡林翼死后，曾国藩还是尽量笼络官文，曾国荃攻占天京本来没有官文什么功劳，但曾国藩依然推官文领衔上奏；《长江水师章程》本为曾国藩和彭玉麟起草制定，他也请官文一同会奏。但是，曾国荃担任湖北巡抚后，开始组建"新湘军"，加上他为人锋芒毕露，目空一切，丝毫不把这个满洲勋贵放在眼里，于是，官文决心想办法整整不可一世的曾国荃。

官文虽是庸才，但他的"长处"在于深谙做官之道，京城很多官员被他用银子喂得饱饱的，加上他是满族人，所以深得清廷信任。

曾国荃正式上任湖北巡抚没几个月，就难以忍受官文的做派，旧怨新恨涌上心头，遂于同治五年（1866年）八月二十六日上奏弹劾官文。曾国藩得知曾国荃要弹劾官文，立即写信劝阻他，说"这种事就算有幸获胜，而众人环顾窥伺，必然会寻找机会发泄愤恨，就算他不能报复，众人也会想着替他报复"；而且官文坐镇武昌，本有监视湘、淮军之意，所以清廷轻易不会调动他。曾国荃弹劾官文，势必引起清廷的不满，即使对曾国荃让步，日后必有报复。但一向骄横的曾国荃听不进劝告，还是将奏折呈上。他弹劾官文的名目有贪庸骄蹇、欺罔徇私、宠任家丁、贻误军政，没有一件虚妄。到十二月，清廷将官文免职，但不久又让他管理刑部，稍后又调任直隶总督。这一人事调动充分显示出清廷虽然对曾国荃做了让步，但对官文的信任有增无减。

而曾国荃这一意气用事的举动却给曾氏兄弟的政治生涯带来了新的危机。就在曾国荃发出弹劾官文奏折的同一天，曾国藩再次收到御史弹劾他的奏折。他思虑再三，决定再次求退，以保全自己。

同治五年（1866年）八月，曾国藩第一次以身体不好为由上奏，请了一个月的假在营调理。九月，曾国藩续假一个月。两次告假之后，十月十三日，曾国藩正式奏请开缺。不仅如此，他在附片中还奏请将他的侯爵取消。几天后，曾国藩收到朝廷严厉责难的谕旨，这使他去意更坚。按照他的想法，是连两江总督一并辞去，回老家安度晚年，但这样做必然给接替他"剿捻"的李鸿章带来麻烦。因为负责攻剿捻军的淮、湘军每月需饷银四十万，都是由署两江总督的曾国藩筹划的。如果换其他人接任两江总督，很可能不会出力支持李鸿章"剿捻"，所以李鸿章请求他继续留任两江总督。清廷大概也看出这一点，同时也知道不能对曾国藩步步紧逼，假如真的让曾国藩辞职回籍，战场上的所有淮、湘军将领都会寒心，甚至包括已经调到陕西接替杨载福担任陕甘总督的左宗棠也会有兔死狗烹之感，"剿捻"的后果将难以想象，所以清廷坚持要求曾国藩继续担任两江总督。

"剿捻"一年多来，虽然没有取得让清廷满意的结果，但曾国藩已经总结出一些捻军的特点，他在写给曾国荃的信中说："这股敌人确实很机智，有时疾驰狂奔，日行百余里，一连数日都很少停歇；有时盘旋于百余里之内，就像蚂蚁旋磨，忽左忽右。敌人中流传着这样的秘诀：'多打几个圈圈，官兵的追赶队伍自然会疲惫不堪。'僧格林沁在曹县（今属山东荷泽市）大败，就是敌人用打圈圈的办法使他疲惫不堪。我看捻军的特长大约有四个方面，一是步兵长竿，在枪林弹雨之中冒烟冲进；二是骑兵四周合围迅速而且均匀；三是善战而不轻易试其锋芒，必待官兵找他们，他们不先找官兵，深得太平天国初起时的秘诀；四是行走剽疾，时而数日千里，时而旋磨打圈。捻军的短处也有三个方面：一是全都没有火器，不善于打攻坚战，只要官吏能坚守城池，乡民能坚守堡寨，敌人就无粮可抢；二是夜不扎营，散住在村庄里，如果有擅长偷袭营地的乘夜偷袭，那些被迫跟随他们的人最易逃散；三是辎重、妇女、骡驴极多，如果有善战之人与其相持不下而从别处派出奇兵袭击其辎重，必定使其大受重创。这些都是我从实践中总结出来的。"

事实上，在曾国藩指挥各军的打击之下，捻军的力量已经衰减，消灭它只是一个时间问题。即使在连战不利的情况下，曾国藩也没有把捻军当作心腹大患，在他看来，捻军之患仅排第三位。但是，清廷不愿意给他这个时间，更不愿意再让他得到剿平捻军的功劳。

同治五年（1866 年）十一月初六，曾国藩接到上谕："曾国藩着回两江总督本任，暂缓来京陛见。江苏巡抚、一等肃毅伯李鸿章着授为钦差大臣，专办剿匪事宜。钦此。"这道上谕指示由李鸿章接替曾国藩负责"剿捻"，曾国藩回任两江总督。

十一月十九日，曾国藩在河南周口派人将钦差大臣的关防文件送到驻徐州的李鸿章处，把"剿捻"的指挥权正式移交给李鸿章。

在周家口过了新年后，同治六年（1867 年）正月初六，曾国藩离开周家口赴徐州。正月十九日，李鸿章将两江总督关防交还给他。曾国藩打算就此辞官回乡颐养天年，但是为了顾全大局，最后还是回到两江总督任上。用他自己的话说，是位高权重，难以息肩。送走李鸿章以后，他离开徐州，于三月初六再次回到江宁。

曾国藩回到江宁两个月后，清廷将他由协办大学士升为大学士。大学士在清末已少有实权，但却是最崇高的头衔。因此，这对心情郁闷的曾国藩而言多少是个安慰。

这时，除了李鸿章在中原地区负责"剿捻"外，清廷已命左宗棠担任陕甘总督，专职剿平西捻军和甘肃的回民起义，而原属曾国藩的湘军刘松山部也已进入陕西，统归左宗棠指挥。

捻军分为东、西捻军后，总的情况是对清廷更加有利。捻军冲进山东，突破运河防线，本来是一个胜利，但是李鸿章趁机调整部署，将他们逼在运河以东、黄河以南地区，然后堵住四面。这一策略称为"倒守运河"，实际上仍是曾国藩所用的"防河之策"，只是地点不同而已。捻军左冲右突，但始终没有冲出包围。十二月十九日，捻军首领赖文光在江苏扬州东北部被俘，五天后在扬州城外老虎山从容就义。东捻军至此覆灭。

西捻军由张宗禹率领进入陕西后，一直在陕西境内盘旋。与陕甘回民起义军相互配合，取得灞桥①伏击战、进军陕北等作战的胜利，后闻

---

① 灞桥：历史上也叫情尽桥、断肠桥、销魂桥，是陕西西安市灞桥区境内的一座桥梁，位于灞河水道之上，曾是西安东去的一条必经通道。

东捻军被围,转兵东进救援,经山西、河南进入直隶,于饶阳(今河北衡水市饶阳县)之战失利后,继续转战于山东、河北地区。同治六年(1867年)五月,左宗棠兵分三路入陕。同治七年(1868年)一月,西捻军进军直隶,抵近保定,京师震动。左宗棠和李鸿章相继率军赶来参战,清廷命李鸿章总领各军。几经周折,李鸿章再次采用歼灭东捻军的办法,把西捻军压缩在黄河、运河和直隶沧州以东的减河这个三角区以内。同年八月,西捻军也于山东境内覆没。

爆发于皖北地区的捻军起义战争,历时十八年,波及安徽、山东、河南、江苏、陕西等十省,歼灭清军及地方团练十万余人,有力地配合了太平天国和北方各地的农民起义,给清王朝的统治以沉重打击。捻军在长期的抗清作战中,形成了一套独特的流动战法,常能克敌制胜,但捻军领导者政治目光短浅,未能形成集中统一的领导和指挥,军事上实行流寇主义,忽视建立巩固的根据地,后期又将军力分为两支,作战指导盲动,以致被清军各个击破,全军覆没。

对曾国藩来说,尽管捻军不是在他的统率下剿灭的,但是李鸿章所用的战略实际上还是他的重点防御、另以游击之师追剿的办法。

第九章　创办洋务有远虑，师夷长技以制夷

内忧与外患，凌厉纵横至

曾国藩北征"剿捻"无功，请辞未果，只得继续担任两江总督。他任两江总督已有七年之久，但七年来因为总在带兵打仗，真正治理地方的机会并不多。在回任途中，他亲眼见到"所过之处，千里萧条，民不聊生"的凋敝之象，心里十分清楚战争给人民带来的创伤有多惨重。自咸丰元年（1851年）太平天国起义以来，十几年间，几乎所有省份都难逃战火、生灵涂炭。现在动乱基本结束，该是让百姓休养生息、恢复经济的时候了。但是，清王朝又遇到一个更大的难题，那就是带着洋枪洋炮东来的西方列强的步步进逼。

自从洋人用洋枪大炮打开中国的大门以后，曾国藩的思想经历了一个极为痛苦的转变。第一次鸦片战争时，他刚刚步入仕途不久，先是担任翰林院检讨，稍后又担任国史馆协修官，他努力钻研程朱理学，做内心的艰苦修行。作为低级官员，他无法影响朝廷决策，但对鸦片战争的动向仍十分关心，在家书中他多次介绍战争情况，有时也发表自己的看法。当时他对西方列强还缺少起码的了解，盲目自大的思想充满他的头脑，但对"英夷"的船坚炮利只能无可奈何。这次战争以签订丧权辱国的《江宁条约》（后称《南京条约》）而结束，他备感耻辱，为国家前途担忧。

鸦片战争以后，中国的社会性质和中外关系发生了根本变化，中

国人面临着一场亘古未有的大变局。中国历史自开篇以来，经历了由
"鸿荒之天下，一变为文明之天下"，再由"封建之天下，一变为郡
县之天下"，如今又由"华夷隔绝之天下，一变为中外联属之天下"，
而这最新的变化，是数千年来的大变局。在这一变局中，洋人的"船
坚炮利""争奇夺巧"，使洋人成为"数千年来未有之强敌"。在这种
认识的基础上，中国人开始寻找救国出路。林则徐、魏源①等人面对
这一社会现实，提出了"师夷长技以制夷"的开明主张，但并未引起
朝野内外的重视。第一次鸦片战争后的曾国藩，似乎也与一般士大夫
没有什么两样，他更关注内政的腐败和危机，而对世界的观念还沉浸
在"天朝上国"的旧梦里。对于英、法、美、俄等西方列强，他也没
有特别关注。

《南京条约》签订十多年后，英法两国联合起来，对中国发动了
第二次鸦片战争。咸丰七年（1857年）十一月十四日，英法联军进
攻广州，十一月二十一日，两广总督叶名琛②被俘。接着，英法联军
挥师北上，先到上海，然后抵达天津。咸丰皇帝仓皇出逃至热河，为
平息事端，派奕䜣与英法列强周旋，最后签订《北京条约》。

第二次鸦片战争的失败，极大地震撼了清朝封建统治阶级和整个中
国社会。思想先进的有志之士主张因时变通，采取顺应世变的办法。他
们认为，"天下事穷则变，变则通""中国不能闭门不纳，束手而不向"
"不变通则战守皆不足恃，而和局亦不可久"，因为"以时局来看，中
外通商之举将与地球相终始，现在还说徙戎攘夷，真可谓迂儒不通事
变"；当下必须"排除那些非议，万不可拘泥于陈规旧俗，振兴工商的
风气不能不从现在就开始"，只有这样才能"转祸为福，变弱为强。不

---

① 魏源（1794—1857）：名远达，字默深、墨生、汉士，号良图，湖南邵阳县金潭
（今邵阳市隆回县司门前）人。清代启蒙思想家、政治家、文学家，近代中国"睁眼看世
界"的首批知识分子代表。曾任高邮知州，晚年弃官归隐，潜心佛学，法名承贯。

② 叶名琛（1807—1859）：字昆臣，湖北汉阳人。清朝中后期著名疆臣，官至两广总
督擢授体仁阁大学士。在第二次鸦片战争中被俘，自诩"海上苏武"。人称"六不总督"：
不战、不和、不守、不死、不降、不走。

怕西洋人天天前来，而只怕我中国闭关自守。无他，就在于变法而已"。冯桂芬①在《校邠庐抗议》中说，鸦片战争是"有天地开辟以来未有之奇愤，凡有心知血气，莫不冲冠发上指者"。他称颂林则徐和魏源的"师夷长技以制夷"，主张采西学、制洋器，"以中国之伦常名教为根本，辅以诸国富强之术"，这也就是后来广泛流传的"中学为体，西学为用"的主张雏形。在这种"中体西用"思想的指导下，他认为对洋器能"自造、自修、自用"，就可以实现自强，中国才能自立于天下，否则"将为天下万国所鱼肉"。

这个时候，因父亲去世尚居家丁忧的曾国藩还没有意识到问题的严重性，四月十七日，他给江西前线的曾国荃写信说："夷船至上海、天津，只是恫吓之常态。"他又分析说："对方的长处是船炮，短处是路极远、人极少。若办理得宜，终不足患。"由于对西方国家的了解还相当少，曾国藩的文字中仍然充满盲目虚骄的自大之气。

不久，英法联军占领北京，火烧圆明园，英法联军在中国的一系列恶行彻底打醒曾国藩。从第一次鸦片战争开始，他用了二十年的时间才意识到，中国遇到的已经不是历代入侵中原的夷狄，敌人不但有强大的武力，还有发达的科学与技术。

第二次鸦片战争以后，按照《天津条约》，汉口、九江开辟为通商口岸，外国轮船时常来往。湘军攻占安庆后，曾国藩进驻安庆，免不了要和这些洋人打交道。咸丰十一年（1861年）十月的一天，曾国藩在与英国人交涉后，晚上翻来覆去睡不着。他在日记里这样写道："睡时已三更二点，四更入眠，五更又醒。想到夷人纵横中原，却没有什么办法可以抵御，心中忧惧。"

可以说，及至消灭太平天国和捻军后，曾国藩的心情从来没有轻松过，因为还有更厉害的对手在国内游荡。他在给友人的信中

---

① 冯桂芬（1809—1874）：字林一，号景亭，吴县（今江苏苏州）人。晚清思想家、散文家，改良主义之先驱人物，曾师从林则徐，在上海设广方言馆，培养西学人才。

说："外患未止。这些怀着贪诈之心的人，虽然远隔数万里却不亚于近逼卧榻，急需有后起之秀来大力匡救时局，否则世事的变化难以预料。"

忧虑之后，曾国藩也开始了解西方的情况。咸丰八年（1858年），他开始研读徐继畲①所著的介绍世界各国地理历史的《瀛寰志略》，并将此书寄给好友刘蓉。同治六年（1867年），他"剿捻"未成，回任两江总督，又将《瀛寰志略》仔细阅读了两遍。除了汲取书本知识外，他还亲身体验，曾到湖南会馆参观方子恺制造的大地球仪。这个地球仪特别大，曾国藩见了非常喜欢，特地在总督府中造了三间屋子来放这个地球仪，以便随时研究。随着时间的推移及对西方情况了解的加深，曾国藩的思想悄悄发生了变化。他认识到，中国如果仍然抱残守缺，不奋发努力，后果不堪设想。

面对这几千年未有的变局，面对这数千年未有的强敌，他得出一个解决办法，那就是魏源和林则徐首倡的"师夷长技以制夷"。

咸丰十年（1860年）十一月，曾国藩在奏折中说，目前借外国力量助剿、运粮，可减少暂时的忧虑；将来学习外国技艺，造炮制船，还可收到永久的利益。

咸丰十一年（1861年）七月，在讨论购买外洋船炮时，曾国藩上奏说：购买外国的船炮，是当今救时第一要务。依恃自己的长处而夸大别人的短处，乃人之常情。忽略常见的东西而震惊于罕见之物，也是人之常情。轮船之速，洋炮之远，在英法则夸其所独有，在中华则震惊于其罕见。若能陆续购买，据为己有，以后见惯不惊，而英法也渐渐失去其所恃……购成之后，访求征募有识之士、能工巧匠，先演习，后试造，一二年后，火轮船必将成为中外官民通行之物，不但可以进剿太平军和捻军，而且还能抵御外来侵略。

----

① 徐继畲（1795—1873）：字松龛，又字健男，别号牧田，书斋名退密斋，山西代州五台县（今山西忻州市）人。晚清名臣、学者，中国近代开眼看世界的伟大先驱之一，历任广西、福建巡抚，闽浙总督，总理衙门大臣，并为首任总管同文馆事务大臣。

同治元年（1862 年）一月二十一日，曾国藩动用五万五千两白银购买定洋船一艘，并亲自阅看。幕僚李鸿章、李榕①等也一同观看。由于时间仓促，他对轮船上的蒸汽轮机及传动装置没有看得很明白，但在日记中仍然称赞"无一物不工巧精致"。

购置洋机器，兴办军工业

在购买洋船的实际操作与观摩中，曾国藩逐渐形成了自己造船的想法。

咸丰十一年（1861 年）八月，曾国藩攻陷安庆后，下一步就是准备进攻太平天国首都天京。当时，李秀成在上海通过洋人购买了一批新式武器，不仅多次打败清军，而且在上海附近与外国军队、中外混合军队作战也连连取胜。曾国藩认定要想剿灭这样一支庞大的装备洋枪洋炮的太平军，不能仅用大刀和鸟枪。于是，他首先在安庆建立兵工厂，并交由杨国栋负责。这是洋务运动期间清王朝最早设立的一个军工厂。

杨国栋为筹办军械所到处搜罗人才，先后把浙江海宁著名学者李善兰和江苏金匮（今无锡）数学家华蘅芳②、徐寿③等人请到安庆，同时还雇了数十名工匠、技师，又设法从广州、上海等地买来一批洋枪、洋炮、开花炮弹的样品，交给这些匠师研究、仿造。咸丰十一年（1861年）十一月，安庆内军械所试制出第一批洋枪洋炮。

---

① 李榕（1819—1890）：原名甲先，字申夫，号六容，通籍后改名榕，四川剑州东北何马沟（今广元市剑阁县下寺镇友于村）人。经郭嵩焘举荐，赴湘军大营追随老师曾国藩，军功卓著，历迁江宁盐运使、湖北按察使、湖南布政使。精诗文、工书法，治学谨严，颇受地方百姓敬重。

② 华蘅芳（1833—1902）：字若汀，江苏无锡县荡口镇（今江苏无锡市锡山区鹅湖镇）人。清末数学家、科学家、翻译家和教育家，一生与洋务运动关系密切，绘制机械图并造出了中国最早的轮船"黄鹄"号。

③ 徐寿（1818—1884）：字生元，号雪村，江苏无锡人。清末著名科学家，中国近代化学的启蒙者，中国近代造船工业的先驱，被公推为中国近代化学的启蒙者。

　　不过，曾国藩并没有满足于试制洋枪洋炮。同治元年（1862年），他制订了三面并举、五路进军江宁的作战计划。作为这个计划的一部分，水师的扩建尤为重要，而要扩建水师，就需要配备先进的军舰。曾国藩认为，既然李善兰、华蘅芳、徐寿等人能仿造西洋的枪炮，也一定能仿造西洋的军舰。所以，从这一年开始，他极力支持李善兰、华蘅芳、徐寿等人研制军舰，徐寿他们也不负所望，埋首实干起来。经过一段时间的试验，他们造出了小火轮，但"不甚得法"，远不如洋船。除了技术差距外，关键是缺少设备。

　　造船工作屡次碰壁，徐寿等人焦灼万分，曾国藩又一再催迫，这时，华蘅芳忽然想起在上海认识的广东人容闳。

　　容闳，是南屏镇人，道光十五年（1835年）通过熟人介绍，7岁的他进入英国教士古特拉富夫人在澳门办的"西塾"读书，后又经古特拉富夫人介绍进入玛礼逊学校读小学，再后来又因玛礼逊学校主持人勃朗博士的关系及两位苏格兰人的资助，意外获得赴美留学的机会。他在美国先进入孟松学校补习，后考入美国耶鲁大学，留美达八年之久，于咸丰四年（1854年）学成回国，是中国第一位毕业于美国名牌大学的学生。

　　容闳怀着"以西方之学术灌输于中国，使中国日趋于文明富强之境"的教育救国的宏愿回到祖国。他回国后，正遇上太平天国运动高涨，清廷借机扩大打击面，对无辜群众实行残酷镇压。这使容闳对太平天国深表同情，对清廷则十分反感。咸丰十年（1860年）十一月，他带两位美国教士到苏州、江宁等地访问太平军，见识了"太平军领袖人物的行为品格与筹划，实在不敢相信起义必定成功"，于是又回到上海，在上海茶业公司帮工。同治二年（1863年），容闳在九江开办茶叶公司，生意颇为红火。就在这时，华蘅芳等人向曾国藩推荐了与他们曾有一面之缘的容闳。曾国藩听说后立即让他写信给容闳，请他前来安庆。

　　容闳在九江接到来信，欣然应召前往。曾国藩素以稳重见称，此次派人携带重金去国外购买机器，若择人不慎，携款外逃，无异于泥沉大海。由于对容闳全无了解，他只好借助自己的相人之术，经过一番"审查"，他认定容闳诚实可靠，于是交给其白银六万八千两，到美国购买制造机器的设备。为了证明容闳是代表清廷办事，特授予他五品军功衔头，并请赐戴蓝翎。

很快，容闳由上海赶赴美国，因为正好赶上美国南北战争，所以他直到同治四年（1865年）春天才办成事。当机器运至上海时，恰逢曾国藩"剿捻"失败，弹劾交至，遵旨退驻徐州准备交割。容闳只好赴徐州复命。曾国藩见到容闳后十分高兴，当即奏请清廷给予奖励。事后，容闳被保奏五品实官。

机器买回来了，曾国藩和李鸿章随即在上海共同兴办了洋务运动中规模最大的军工企业——江南机器制造总局。

江南机器制造总局，简称江南制造局或江南制造总局，又称上海机器局，是清朝洋务派开设的规模最大的近代军工企业，也是江南机器制造总局早期厂房，近代最早的新式工厂之一。江南制造局的前身是上海铁厂，由李鸿章和丁日昌①创建。同治元年（1862年）三月，曾国藩派李鸿章进驻上海，李鸿章到达上海不久即署江苏巡抚，与上海道的丁日昌等人"讲求御侮之策，制器之方"，在虹桥购买了洋人的一座铁厂，命人制造枪炮。

后来，曾国藩奏请将其规模扩大，选址另建，由此催生了江南机器制造总局。该局不仅能制造枪炮弹药，还设立船坞，以制造军舰。到同治七年（1868年）七月，江南制造总局终于制造出一艘真正的轮船，曾国藩亲自为船取名"恬吉"，取的是"四海波恬，厂务安吉"之意。八月，轮船驶到江宁，曾国藩在彭玉麟的陪同下亲自乘坐验看这艘轮船。这艘轮船的性能远远超过了安庆内军械所试制的小轮船，曾国藩既欣慰又高兴。到光绪二年（1876年），江南机器制造总局共造出7艘轮

---

① 丁日昌（1823—1882）：字持静，小名雨生，别名禹生，广东潮州府丰顺县（今梅州市丰顺县）人。中国近代洋务运动的风云人物、四大藏书家之一，历任苏松太道、两淮盐运使、江苏布政使、江苏巡抚、福州船政大臣、福建巡抚等职。

船，其中包括铁甲舰 1 艘、炮舰 6 艘。

继曾国藩创办安庆内军械所之后，李鸿章、左宗棠等人相继举办洋务，先是军事工业，继而民用工业，中国的洋务运动迅速开展起来。

曾国藩经营近代军事工业，不是在组建湘军之初，而是战争晚期才开始，这是因为他所处的是冷热兵器交替的时代，由冷兵器到热兵器，期间经历了简单的热兵器到现代工业生产的热兵器，有一个酝酿的过程。他的思想认识由排斥洋兵器到被迫接受洋兵器，到主动购买洋兵器，最后到进口制造兵器的设备，在进口设备的过程中又从进口轻兵器设备到重兵器设备。

就其简单过程而言，曾国藩兴办近代军事工业肇始于安庆，发展于上海，影响于福州。也就是说，他亲自在安庆兴办，支持李鸿章在上海兴办，影响左宗棠在福州兴办。他自己也说：铁厂之开，创于少荃（李鸿章）；轮船之造，始于季高（左宗棠）；沪局造船，则由国藩推而行之。由于曾、李、左三人关系密切，在兴办洋务的时间上又比较接近，因此后世往往将他们三人并提，但毕竟事有先后，三人兴办洋务的先后次序应该是曾国藩始发，李鸿章继起，左宗棠仿效。容闳曾经说过："世无文正，则中国今日正不知能有一西式之机器厂否耶？"这话似乎有点夸张，但也是事实。所谓"今日"，指的是曾国藩决定扩大机器厂，新迁厂址至高昌庙（在今上海浦东新区川沙镇西 36 里六里乡）之时。从发展的观点看，中国迟早会有自己的机器厂，曾国藩不创办自有他人创办，但在当时，创办近代军工业的任务恰巧落到了曾国藩的头上，因而有人说他是我国近代工业试办的先行者。

兴近代水师，引西学东进

为了加强海防力量，早在购船之议初起时，曾国藩就力图在湘军水师的基础上发展近代水师。

此前与太平军作战，湘军的陆军虽然一直是主要力量，但看到水师在其中所起的重要作用，曾国藩不由得感叹："探究湘军扭转战局之成功，则湘军水师肃清道路最为关键。"

当时，清廷虽然已设有水师和水师提督，但仅供防守海口及内河缉私捕盗之用，毫无作战能力。清廷的旧式水师并非独立兵种，而是附属于八旗、绿营之内的专业兵种，直到顺治八年（1651 年）才正式定制，分为内河水师和外海水师。

八旗水师包含在驻防八旗之中，以营为基本编制单位，每营官兵有百余名至千余名不等，营的长官视驻地、人数的不同，分别由副都统、参领、佐领担任，受驻省将军节制。清代先后在黑龙江、齐齐哈尔、墨尔根（今黑龙江嫩江县城）、吉林、旅顺口、天津、京口（今江苏镇江市）、乍浦（今浙江平湖县）、广州、福州设有十个八旗水师营，人数不足万人。

绿营水师是清代旧式水师的主力，承担着海防的主要任务。凡有水师的省份都设有水师提督或水陆提督，统辖全省水师。水师的基本建制为营，分为本标营（直辖）、分防营（分驻各地）两种。每营由参将、游击、都司、守备充任统将，水师营下又分哨、司两级，哨由千总统领，司由把总统领，人数多少不等。外海水师设于直隶、山东、福建等省，内河水师设于湖南、湖北、安徽、江西、广西等省，而江苏、浙江、广东三省则外海、内河水师兼备，全国绿营水师的总额估计为十五万到二十万人。

清代旧式水师装备落后，战船名目繁多，均由木材制造而成，很容易腐蚀。而动力主要靠人力划桨摇橹，辅以桅帆，甲板上不设防卫设备，因而防护性能极差。水师的武器分火器和冷兵器两大类，船炮为泥模铁铸，前膛装弹，炮管无膛线，威力不大。火枪为火绳枪，射程近，杀伤力小；冷兵器则是刀、矛、弓箭等传统武器。

由于驻防分散、军制落后、装备陈旧、缺乏训练、积重难返，绿营水师日趋腐败和废弛。因此，当太平军兴起时，绿营水师根本无力与之抗衡，湘军水师遂代之而起。

曾国藩于咸丰四年（1854年）春正式建立湘军水师，共十营，拥有辎重炮船120艘、辎重民船100艘、士兵五千人，后发展至两万余人，控制长江。

湘军水师是湘军的重要组成部分，在湘军的水师、陆师、马队三兵种里，水师"尤能致贼死命"。因此，清廷在镇压太平天国运动之后论功行赏，首推湘军统帅曾国藩创立湘军水师之功。而湘军水师之所以能够发挥如此重大的作用，关键在于其营制方面颇有特色。

湘军水师的营制不同于绿营水师：第一，编制严谨，水师分营、哨，营以上辖于分统，分统隶属统领（由彭玉麟、杨载福分任内湖水师和外江水师统领），统领隶属于大帅（曾国藩）。这种以各级将领为中心的私属关系，有利于提高指挥效率和作战能力。第二，湘军水师是一种具有相对独立性的军种，不像绿营水师那样只是陆军的附属物，它具有独立的编制和指挥系统，只担负出征作战的任务，并无驻防之责。第三，湘军水师采用新式武器装备，曾国藩于咸丰四年（1854年）从广州购置洋炮六百尊以装备水师，战船虽仍为旧式，但均为特制的新船，坚固耐用，因而大大提高了战斗力。

同治三年（1864年），曾国藩与彭玉麟制定《长江水师章程》，决定设长江水师提督，于太平府、岳阳分设提督衙门和行署，设总兵四人，分驻岳阳、汉阳、湖口、瓜洲（今江苏扬州市瓜洲镇），另设兼辖总兵一人，驻狼山（位于江苏南通市）。长江水师兵力为六个标、二十四个营，共统辖战船774艘，弁兵一万两千人。

曾国藩还提出建立外海水师，分设于吴淞（今上海市吴淞区）、天津、南澳，担任整个东南沿海的防御。他建立的长江水师，首先取代绿营水师成为国家的正式军制，且"酌改营制，略仿西洋之法，一船设一专官"，可以说是中国近代海军的先声。

为了创建水师，曾国藩付出了许多艰苦的努力。早在同治元年（1862年）与太平军交战之时，他就详细安排了湘军水师的前途："将来事定之后，利器不宜抛弃，劲旅不宜裁撤，必须添设若干缺额，安插此项水师，以巩固我国江防，永绝中外之窥伺。"后来，湘军平定了太平天国起义，曾国藩受到清廷的猜忌而裁撤大批陆勇湘军，却唯独保留了几乎全部水师，并将其改成经制之师。

同治四年（1865 年）十二月，曾国藩与彭玉麟共同制定了《长江水师章程》三十条及《长江水师营制》二十四条，开始对水师进行整顿。

同治七年（1868 年）四月，曾国藩明确提出，水师应该按照西洋之法改革营制，每艘船上设专门的官员，这样才有可能在海上取得胜利。同年十一月，他又制定了《江苏水师事宜》十四条及《江苏水师酌改营制及拟裁官兵清单》，并向朝廷上了奏折。他所说的"略仿西洋之法"以改"制"的设想内容很广泛，包括衙署的设置、内洋外海里河三支水师的不同职责、各营各船的人员配备、粮饷的多寡与报销、设药弹局与船厂等后勤供应等，还包括根据外国炮台的样式进行修造、完全用洋人的规则来操练士兵等。所有这些，都说明他思路非常清晰周密，而且与他仿造西洋的方法制造枪炮等器械比起来，他的"师夷智"思想在晚年得到了更为深入的发展。当然，他只是在"船政"这个具体问题上提出了比较细微的建议。

不过，由仿制机器轮船从而发展到为某些制度进行改革，由翻译外国科技书籍进而发展到派人出国留学，曾国藩对中国近代化的历史进程作出了非常大的贡献，无论是对中国近代的物质文明建设，还是对拓展中国人的眼界、转变观念，其影响都是深远的。

与此同时，在曾国藩的主持下，组织青少年留学美国的教育计划也开始变成现实。

当时，随着大型兵工厂的设立，急需具有近代科技知识的人才。同治六年（1867 年），曾国藩向容闳请教，容闳建议他在江南机器制造总局附近设立一所兵工学校，聘请一批外国人一边翻译西洋科技书籍，一边教授中国员工学习新知识、新技术。在容闳的帮助下，曾国藩建立了第一所新式学校，初步培养了一批新的科技人才，并且译出一批西方科技书籍。

同治九年（1870 年），曾国藩调任直隶总督，容闳作为幕僚和翻译随行处理"天津教案"。其间，容闳又与曾国藩商量公派留学生之事，后到天津的丁日昌也与曾国藩谈及此事。曾国藩欣然赞同，答应和李鸿章联名上奏。

同年九月，曾国藩在调用刑部主事陈兰彬①的奏报中，就初步提出了派人赴欧美留学的事情。日积月累的洋务实践经验，使晚年的曾国藩进一步认识到，外国技术之精为中国所不及，之所以如此，是由于外国教育发达，书院广立，学求实济，精益求精，递相师授，故能日新月异。中国欲学习其长处却无力尽购其器，即使购得其器，若不遍览久习，也无法洞彻其本原。同治十年（1871 年）正月，曾国藩又一次向清廷上奏。这两次奏报他都是在附片中顺便提及自己的想法，也许是事关重大，他担心朝中反对者太多，因此先行试探。

同年冬天，清廷批准了曾国藩与李鸿章合奏的派员留学的奏折。

同治十一年（1872 年）正月，曾国藩与李鸿章再次联名上奏派幼童出洋的落实情况。随后，清廷任命陈兰彬、容闳为正副委员，常驻美国，经管中国留学生事务；幼童出国前在上海的训练，由刘翰清②负责；留学生的年龄扩至 12 ~ 20 岁。

同治十一年（1872 年）夏天，经过考试合格的中国第一批出国留学幼童三十名，在上海乘轮船出洋，正式揭开了中国学生出国留学的历史篇章。遗憾的是，曾国藩已于当年二月初四辞世，未能亲眼看到这一幕。但无论如何，中国留学史上终究留下了他为之努力的印迹。

---

① 陈兰彬（1816—1895）：字荔秋，广东吴川黄坡村（吴川市黄坡镇黄坡村）人。晚清官员、学者，曾以太常寺卿身份出使美国、西班牙、秘鲁，后奉调回国，历任兵部、礼部侍郎及会试阅卷大臣等职。

② 刘翰清（1824—1882）：字开孙、开生，江苏常州市武进区人。清朝政治人物、学者，曾国藩幕僚，擅长古散文、绘画、中医、佛学。

第十章　拱卫京师担重任，强兵治河保民生

调任赴京师，觐见皇太后

正当曾国藩大力兴办洋务事业，努力恢复江南经济的时候，同治七年（1868 年）七月二十七日，他接到上谕，命他赴任直隶总督。

直隶总督负有拱卫京师的责任，一直是最重要的地方大员，其次才是掌握最富庶的江南、供应朝廷财政需求的两江总督。曾国藩接旨后十分意外，也很不安，他与赵烈文讨论说，自己"北征""剿捻"无功，回两江总督任上没多久，政绩也并不出色，为什么朝廷把如此重要的职位委派给他？赵烈文也猜不透朝廷的想法，但他认为在"北征"回任的一年中，曾国藩由协办大学士升为体仁阁大学士、武英殿大学士，又加云骑尉世职，说明朝廷对他依旧信任；以"剿长毛"和"剿捻"的功劳，由两江总督升任直隶总督也是顺理成章的事情。

曾国藩内心虽然疑虑重重，但又拿不出合适的理由辞谢，只好走马上任。十一月八日，他交接完两江总督任内事务后，便冒着严寒登舟北上。他要赶在元旦前进入京师，因为凡晋升为直隶总督的大臣，皇帝都要陛见。

十二月十三日，曾国藩风尘仆仆抵达京师，当晚由吏部接到京城东安门外金鱼胡同的贤良寺寓居，同时还收到谕旨："赏曾国藩紫禁城骑马，明日养心殿召见。"曾国藩得旨后深感惶恐，自咸丰二年（1852 年）他离开京城，到现在已经过去了十几年，十几年的风雨沧桑，他的

容颜和内心都发生了巨大变化，而清王朝的变化更是让他连声慨叹。道光、咸丰皇帝都已辞世，过去很多熟悉的面孔也不见了，当年的军机大臣没有一个在位，对他有恩的军机大臣、大学士穆彰阿在咸丰皇帝即位后被罢免，现在也已去世十多年了。

十二月十四日，曾国藩朝见两宫皇太后，这时实际掌握朝廷大权的是刚刚三十出头的慈禧太后。曾国藩在日记中详细记录了这次召见的过程：

巳正叫起，奕山带领余入养心殿之东间。皇上向西坐，皇太后在后黄幔之内，慈安太后在南，慈禧太后在北。余入门，跪奏称"臣曾某恭请圣安"，旋免冠叩头，奏称"臣曾某叩谢天恩"。毕，起行数步，跪于垫上。

太后问：汝在江南事都办完了？

对：办完了。

问：勇都撤完了？

对：都撤完了。

问：遣撤几多勇？

对：撤的二万人，留的尚有三万。

问：何处人多？

对：安徽人多。湖南人也有些，不过数千。安徽人极多。

问：你一路来可安静？

对：路上很安静。先恐有游勇滋事，却倒平安无事。

问：你出京多少年？

对：臣出京十七年了。

问：你带兵多少年？

对：从前总是带兵，这两年蒙皇上恩典，在江南做官。

问：曾国荃是你胞弟？

对：是臣胞弟。

问：你兄弟几个？

对：臣兄弟五个，有两个在军营死的，曾蒙皇上非常天恩。

问：你从前在京，直隶的事自然知道。

对：直隶的事，臣也晓得些。

问：直隶甚是空虚，你须好好练兵。

太后一句一句地问，曾国藩一句一句地回答，总想等着太后问自己正经事，偏偏一句正经的也没问，他几天来背熟的词一个也没用上。后来又是三次陛见，每次都是闲聊家常一般，漫不经心，不着边际。

十二月十五日，慈禧又在养心殿召见曾国藩。曾国藩在日记中写道：

皇太后问：你造了几艘轮船？

对：造了一艘，第二艘现在方造未毕。

问：有洋匠否？

对：洋匠不过六七个，中国匠人甚多。

问：洋匠是哪国的？

对：法国的，英国也有。

问：你的病好了？

对：好了些。前年在周家口很病，去年七八月便好些。

第三次召见时的情形，曾国藩也记了下来：

皇太后问：你此次来，带将官否？

对：带了一个。

问：叫什么名字？

对：叫王庆衍。

问：他是什么官？

对：记名提督。他是鲍超的部将。

问：你这些年见的好将多否？

对：好将倒也不少，多隆阿就是极好的，有勇有谋，此人可惜了。鲍超也很好，只是勇多谋少。塔齐布甚好，死得太早。罗泽南是好的，杨岳斌（杨载福）也好。眼下的将才就要算刘铭传、刘松山。〔每说一名，伯王（即僧格林沁之子，负责带大臣入见皇帝和太后）在旁叠说一次。〕

太后问水师的将领。

对：水师现无良将。长江提督黄翼升①、江苏提督李朝斌②还算可用，但他们是二等人才。

问：杨岳斌是水师的将，陆路何如？

对：杨岳斌长于水师，陆路调度差些。

问：鲍超的病好了不？他现在在哪里？

对：听说病好些。他在四川夔州府（今重庆市开县、万州区以东地区）住。

问：鲍超的旧部撤了否？

对：全撤了。本存八九千人，今年四月撤了五千人，八九月间臣调直隶时，恐怕滋事，又将此四千人全撤了。皇上如要用鲍超，尚可再招。

问：你几时到任？

对：臣离京多年，拟在京过年，朝贺元旦，正月再行到任。

问：直隶空虚，地方是要紧的，你须好好练兵。吏治也极废弛，你须认真整顿。

对：臣也知直隶要紧，天津海口尤为要紧。如今外国虽和好，也是

---

① 黄翼升（1818—1894）：字昌岐，湖南长沙人。清朝将领，累功擢都司、营官、江南水师提督、长江水师提督。

② 李朝斌（？—1894）：字质堂，湖南善化人。清朝将领，累功擢至参将、总兵、江南提督，赐号"固勇巴图鲁"。

要防备的。臣要去时总是先讲练兵，吏治也该整顿，但是臣的精力现在不好，不能多说话，不能多见属员。这两年在江南见属员太少，臣心甚是抱愧。

太后说：你实心实意去办。有好将尽管往这里调。

对：遵旨，竭力去办，但恐办不好。

太后说：尽心竭力，没有办不好的。

这三次召见，除了平常的问候外，慈禧太后的用意明显是要曾国藩利用他训练湘军的经验在直隶练好军队。因为京师离天津海口很近，极容易受到攻击，所以必须驻以重兵。

曾国藩进京除了陛见之外，还受到盛宴招待。在宴会上，他被排在汉人大臣的首位，其荣耀风光自不待言。接下来在京的一个多月，便是名目不断翻样的宴会，王爷专设之席，大学士专设之席，直隶京官席，江苏、湖南、湖北等省京官席，以及众多的旧友私席。花天酒地，歌舞升平，这在曾国藩十多年的戎马生涯中是不曾有过的。

在此期间，曾国藩还抽空到塔齐布家中拜望塔齐布的老母。塔齐布的二弟在咸丰四年（1854 年）就已经病死，三弟也在最近病死，三兄弟身后竟然都没有儿子，塔齐布留有一女，二弟有四个女儿。老太太已经 80 岁，曾国藩见到她后，想起往事，又见塔齐布家衰败的情景，不禁悲从中来，拉着老太太的手相对饮泣。

随后，曾国藩又悄悄去了恩师穆彰阿家中。穆彰阿去世已经十余年，曾国藩见到他的两个儿子，面对昔盛今衰的穆家，他不禁无限感慨。

旧历新年过后，同治皇帝于同治八年（1869 年）正月十六日设宴招待大臣们。宴会在乾清宫内举行，满汉大学士、尚书分列两排。曾国藩同样排在汉人大臣之首，后面是大学士朱凤标①、吏部尚书单

---

① 朱凤标（1800—1873）：字桐轩，号建霞，浙江萧山城东朱家坛村人。清朝官员，廉政严己，通晓治安、军务，擅长筑城建台，历道光、咸丰、同治三朝，任户部、刑部、兵部、工部、吏部五部尚书，多有兴革。

懋谦①、户部尚书罗惇衍、礼部尚书万青藜②、兵部尚书董恂③、刑部尚书谭廷襄④。这对曾国藩来说已是最高的礼遇，他享受了人间之欢、满汉全席、百全大宴，不亚于康熙、乾隆的"千叟之宴"，太后的"春帖子赏"，皇上的"元日御赐"，应有尽有。

从元旦至元宵节，该见的老朋友以及朝廷新贵都先后见过了，因此佳节一过，曾国藩也该上任去了。在赴直隶总督任前，他再次拜见两宫皇太后，这在当时叫作"请训"。他在日记中详细记述了当时的情形：

皇太后问：尔到直隶办何事为急？

对：臣遵旨以练兵为先，其次整顿吏治。

问：你打算练两万兵？

对：臣拟练二万人。

问：还是兵（绿营兵）多些？勇多些？

对：现尚未定，大约勇多于兵。

问：刘铭传之勇，现扎何处？

对：扎在山东境内张秋（位于聊城市）地方。他那一军有一万一千余人，此外尚须练一万人，或就直隶之六军增练，或另募北勇练之。俟臣到任后察看，再行奏明办理。

问：直隶地方也不干净，闻尚有些伏莽，总须练兵乃弹压得住。

问：洋人的事也是要防。

---

① 单懋谦（1802—1879）：字仲亨，号地山，湖北襄阳人。晚清官员，历道光、咸丰、同治、光绪四朝，官至文渊阁大学士。精诗词，工书法。

② 万青藜（1821—1883）：字文甫，号照斋，亦号藕龄，清江西九江府德化县（现九江市）人。清朝官员，曾任兵部尚书、礼部尚书兼顺天府尹、吏部尚书等职。

③ 董恂（1807—1892）：原名醇，后避同治帝讳改恂，字忱甫，号醒卿，江苏甘泉（今扬州）人。清朝官员、近代诗文家，历道光、咸丰、同治、光绪四朝，官至户部尚书。曾奉派与比利时、英国、俄国、美国等国签订通商条约。

④ 谭廷襄（？—1870）：字竹崖，山阴华舍（今浙江绍兴县）人。清朝官员，历任陕西巡抚、山东巡抚、都察院左都御史、刑部尚书、吏部尚书等职。

对：天津海口是要设防的，此外，上海、广东各口都甚要紧，不可不防。

问：近来外省督抚也说及防海的事否？

对：近来因长毛、捻子闹了多年，就把洋人的事都看松些。

问：这是一件大事，总搁下未办。

对：这是第一件大事，不定哪一天他就闹翻了。兵是必要练的，哪怕一百年不开仗，也须练兵防备他。

问：他多少国连成一气，是一个紧的。

对：我若与他开衅，他便数十国联成一气。兵虽练得好，却断不可先开衅。讲和也要认真，练兵也要认真。讲和是要件件与他磨。二事不可偏废，都要细心地办。

问：也就靠你们替我办一办。

对：臣尽心尽力去办。凡有所知，随时奏明请示。

问：直隶吏治也疲顽久了，你自然也都晓得。

对：一路打听到京，又问人，也就晓得些。属员全无畏惮，臣到任后，不能不多参人。

问：百姓也苦得很？

对：百姓甚苦，年岁也不好。

问：你要的几个人是跟你久了的？

对：跟随臣多年。

此时，两宫皇太后最关心的是练兵以拱卫京师，其次是整顿直隶的吏治。当时，直隶的省城在保定。同治八年（1869 年）正月二十日，曾国藩离京赴任。在前往保定途中，他还顺道察看了经常发生水患的永定河的治河工地，于正月二十七日抵达保定。

遵旨练精兵，强军卫京师

曾国藩来到保定后，重逢了与他办理交接手续的官文。在曾国藩调任直隶总督之前，官文以大学士的身份署理直隶总督。同治五年（1866年），官文因曾国荃的弹劾被解除湖广总督一职，受到罚伯俸十年的惩处，但仍留大学士、伯爵衔，不久便被召回京师管理刑部，兼正白旗蒙古都统。同治六年（1867年），沧州盐民张六起义，数千人攻袭固安、霸州，危及京城，直隶总督刘长佑因疏于防范而被降级留任。之后由官文接替直隶总督职位，但是，会做官的官文却没有办事的本事，仅皇太后耿耿于怀的练兵一事，他就没有办好。清廷这次调曾国藩来当直隶总督，就是希望以他的经验和威望将直隶的事情整顿好。

虽然曾国荃弹劾官文的事情已经过去两年多，但曾国藩与官文这次见面多少有些尴尬。同治八年（1869年）二月初二，曾国藩正式接印，开始处理直隶的事情。

天下大乱稍定，直隶的事情可以说是百废待兴，千头万绪。曾国藩虽然年事已高，但仍想勉为其难做好这个直隶总督。因此，他刚到保定还没有正式接印，就作了一副州县官厅联：

> 长吏多从耕田凿井而来，视民事须如家事；
> 吾曹同讲补过尽忠之道，凛心箴即是官箴。

第二天一大早，他面对这副联语思之再三，觉得不太满意，挥笔另写了一副：

> 念三辅新离水旱兵戈，赖良吏力谋休息；

愿群僚共学龚黄①召杜②，即长官藉免愆尤。

写完之后，他还是觉得不够满意，于是再写一副：

随时以法言巽语相规，为诸君导迎善气；
斯民当火热水深之后，赖良吏默挽天心。

这三副联语虽然含义有别，但都表达了他当时的心情，那就是除了办好练兵等事，还要整顿吏治，希望官员们能够体恤民间疾苦，认真办事，修养民力，让老百姓有个喘息休养的时间，恢复在战乱中受创的社会经济，以巩固大清统治的基石。

至于防务，其首要因素是兵员，但直隶已人满为患，旧有的旗兵毫无战斗力但又无法裁汰，新招又势所不能，因此只能在原有兵员中择优选练，称为"练兵"。

练兵一事始于刘长佑。刘长佑在署直隶总督时，遵兵部所议，在绿营弁兵中挑选数千人，提高他们的待遇，以加强部队的训练。到同治四年（1865 年），户部与兵部会议，选练直隶六支部队，定名为"练军"。但练兵之事常受户部及京中忌妒湘军的官员掣肘，到同治六年（1867年），刘长佑便被免职，所以成效不大。五年过去后，练饷虽在不断增加，但兵之疲弱依然如故，甚至生出种种新的弊病。直隶的军队弱不堪用，导致直隶的防务形同虚设。"剿捻"期间，西捻军一度冲入直隶，直隶军队毫无还手之力，只能依靠外调的"勤王"之师。清廷经过此次惊吓，自然不希望再发生这样的事情。同时，京师离海较近，在两次鸦片战争中，英法军队出入天津海口，不断骚扰、威胁，特别是咸丰十年（1860 年）还占领京师。因此，直隶急需一支勇猛强健、具有战斗

---

① 龚黄：汉代循吏龚遂、黄霸的并称。
② 召杜：召，指西汉召信臣；杜，指东汉杜诗。召信臣、杜诗先后任南阳太守，行善政。

力的军队。

为了迅速提高直隶军队的战斗实力，曾国藩首先想到借重淮军。曾国藩认为，淮军中最好的将领非刘铭传莫属，他所率领的铭军是淮军中战斗力首屈一指的劲旅。因此，他打算调用刘铭传所部铭军一万多人来拱卫京师。

当时刘铭传因不满清廷对"剿捻"战功的奖赏而告病在家。朝廷中有人认为战事既已结束，应将勇兵包括刘铭传所部全部裁撤，也有人主张另派统领，但曾国藩坚持不另派统领也不裁撤铭军，而暂由刘铭传的部下刘盛藻担任统带。但是，刘铭传军只有一万多人，曾国藩认为至少需要两万人。这近一万人的余缺不能再靠湘、淮军，只能从练军中挑选。

对于当时练军的具体情况，曾国藩在《遵旨筹议直隶练军事宜折》中这样写道：练军的兵卒离开本营调入新队，却由本营的营官决定。又听说各营练军都存在冒名顶替的情况，无法杜绝。而营兵因为收入少，常常兼做小生意养家糊口，或从事手工艺，以补贴家用，全国各地大多存在这样的情况。直隶六军①将本地的兵丁调到外地训练，得饷钱二两四钱，在练营支领，其底薪一两五钱仍然在本营支领。兵丁往往不愿离开本地，就在练营的附近花钱雇人参加操练。一旦有事，调兵远征，受雇之人又不肯随军出行，就又花钱雇乞丐和穷人代替出征。兵额只有一个，但人已经变成三个；练兵之中，雇人顶替的占一半。

这可以说是一个天大的笑话，指定参加训练的本人可以不去训练，而是拿出若干所得的"练饷"雇人顶替。表面上兵"练好"了，但等到派兵用兵之时，代练者又从自己所得的好处中拿出若干，再另行雇乞丐、穷人顶替。因此，"练兵"得好处的是营兵，操练流汗的是假冒者，最后出征卖命的则是穷人和乞丐。

---

① 直隶设宣府（今河北张家口市宣化区）、真定（今河北正定县）、蓟州（今天津市蓟州区）、通州、天津、山海关六镇总兵官，因此称为六军。

曾国藩认为，练军中之所以出现冒名顶替的现象，全是钻了底营与练营并存的空子，如果只认练营不认底营，弊病自然消匿。因此，他提出一个很简单的解决办法：以后，一名士兵被挑选进入练军，即将他在本营之中的名额裁减掉，练军增加一名士兵，底营中即减少一名，无论是底薪还是练薪，都归到一个地方支领。如果有革职或增补新兵，底营不能干预。

然而，这个办法只是避免顶替，并不能彻底解决问题。要想真正练出一支劲旅，还要有其他更重要的改革。上任三个半月后，曾国藩根据实际情况提出三个建议：

一是文法宜简。在比较了湘军和绿营兵后，曾国藩认为，绿营兵过分讲求仪式礼节，仿佛不是军队而是官府衙门。出征的时候，行军要用官车，扎营要用民夫劳作；"油滑偷惰，积习使然"。先前所定的练军条规有一百五十余条之多，"文法太繁，官气太重"。因此，练军条规要参照湘军的办法加以改革，做到简明、易懂、易守，不要排场，不要官气。

二是事权宜专。从前的练军效仿绿营的办法，统领经常更换，统领之下的营、哨各官，都是由总督指派而不是由统领选拔。统领没有选拔和撤换下属的权力，没有管理军饷的权力，一旦作战，下属不肯用命。现在要像湘军一样，将一营之权全部交给营官，将一军之权全部交给统领。只有事权归一，指挥才能纵横如意。

三是情意宜恰。曾国藩说，现在练军士兵离开原来绿营的队伍，但是，是否挑入练军应由原绿营的营官主持，而不是由练军的营官挑选。主持练军的营官没有提拔和黜革士兵之权，上下隔阂，情意全不相连，有紧急事变时就不可靠。

半年以后，也就是八月二十七日，曾国藩又奏定按照湘军的制度，为练军设立长夫之制。

因为当时直隶六镇总兵大多不是湘、淮军出身，所以曾国藩决定次第展开，先在古北口（今北京市密云区古北口镇）、正定、保定三镇开展，每镇练一千人，先练三千人，为练万人的后续工作积累经验。

在曾国藩的组织领导和筹划之下，练军的制度基本成型。直隶编练练军之后，地方各省也纷纷仿效，于是同治朝以后，绿营逐渐消失。

革官场旧习，清狱讼积案

除了办好练军这件头等大事，曾国藩要办的第二件大事就是整饬吏治。他到职后，仅酝酿了一个月零几天，便在同治八年（1869 年）三月十六日上《参劾直隶劣员并报贤员折》。这份奏折中共参劾劣员十一名，其中包括知县九名、知州一名、知府一名；请予革职的八名，革职而永不叙用的三名；报奖贤员共十名，其中包括知县一名、知州五名、知府四名。

曾国藩在奏折中叙述参劾、报奖的原委及名单形成的过程时说："臣于正月十七在请训折中陈述了直隶官场劣员风气很坏，必须加大参劾力度，以纠正官场邪气。上任之后，臣向藩臬①两司发出密函，令他们将府、厅、州、县的官员名单按优劣各开具一份，当面商议处理。清河道②与直隶相处最久，也令他就所见所闻开具一份名单秘密上呈，以做参劾的参考。不久，卢定勋、张树声等人先后呈送清单，分别标注了评语，臣详细查对审核，与臣在上任途中，在京城听到的大致相同，这些足可看出直隶的公务，古今一样。现挑出十一人劣迹严重，开具清单，恭敬地呈献给皇上御览。此外，还有十余人正在调查审核，等三月后，仔细研究，再根据实际情况上奏。"

---

① 藩臬：指藩司和臬司。明清两代布政使、按察使的并称。

② 清河道：领二府五直隶州，即保定府、正定府（府治正定，今河北正定县）、易州（今河北易县）、冀州（今河北冀州市）、赵州（今河北赵县）、深州（今河北深州市南）、定州（今河北定州市）。府治在今河北保定市。

在整饬吏治时，曾国藩提出首先要有一定的制度和法规，作为考察和制约官吏的标准。他以州县为基本单位，因为吏治的兴废全在于州县官吏的好坏。

同年八月六日，曾国藩又以《续查直隶各员据实举劾》为题，再次上折。这次保奏贤员九人，包括知府一人、知州三人、知县五人；弹劾劣员八人，包括知州三人、知县五人。他在奏折中说："臣在三月十六日将直隶有劣迹的官员开具清单请予弹劾，并酌情保举贤明的官员，奉旨允准备案。当时，臣上任不久，尚要访问考查没有确认的人员，说明数月之后另行上奏。近来依据公事进行考核，以臣所访问的名单及藩臬两司之前开具的清单和人们的评论作参考，对待情节轻微的予以宽恕，待其悔过自新；劣迹斑驳的还有数人，很难指望他们悔悟振作起来，因而开具名单进呈皇上御览。"

曾国藩到任后连续上两折，可谓雷厉风行，威严立显，为他在直隶进行吏治整顿打开了局面，随之他开始做情理上的诱劝。他作《劝诫浅语十六条》，分别为《劝诫州县四条》《劝诫营官四条》《劝诫委员四条》《劝诫绅士四条》。每条下面都以浅近明快的文字说明对不同人员的劝诫，并刻印成册，州县官吏人手一份，作为不贪财、不沽名的座右铭。劝诫对象包括一切在职大小文武员弁，内容主要是爱民、尽职、廉俭之类。劝勉虽然不是法规，但却反映了曾国藩崇尚的吏治方向，反映了他治理地方的政治思想。

与此同时，曾国藩力除官僚作风，办事讲求实效。他指出："凡公事迟延，通病有二，一是支，二是展。所谓支，也就是推诿他人，如院推给司，司推给府，府推给州县……但求推出门外，不求了结其事……所谓展，也就是迟延时日，如上月延迟至下月，春季延迟至夏季……两者同时存在以致过分懈怠玩忽。"

为了使官员各尽其职、各专其责，曾国藩还力求裁撤机构，减少多余人员。他说："凡治事以人员少些为妙，如此才能责任到人而无法推诿。人员少则必须选择才能足以任事者，使得劣员无法滥竽充数；人员少则各项头绪都在二三人心中，不至于坐杂遗忘。"

在选用人才方面，他力主"戒私"，坚持"为官择人而不为人择官，为事择人而不为人择事"。他说："办事择人，则心公而事举；为人谋事，则心私而事废。"曾国藩对自己的亲信故旧也不例外。他的挚友李元度好文学、有才气，但好取宠纳贿。曾国藩与他"约法五章"，其中就有用人戒滥戒私，为官择人而不为人择官。曾国藩的用人原则，为其招来众多人才，"凡法律、算数、天文、机器等专门家，无不毕集，几乎举全国人才之精华，汇集于此"，如薛福成、容闳、李善兰、华蘅芳、徐寿等思想家、科学家、学者，都因曾国藩的知遇得以充分发挥自己的才能，为中国近代科学技术的发展作出贡献。

由于曾国藩止浊扬清，加上修文兴教，劝农课商，不过几年时间，直隶的民气开始复苏，而官场轻浮油滑的习气也为之一变。

在曾国藩所处的时代，地方上没有专职的司法审判人员，府、州、县都由地方官负责审判；省一级虽有按察使负责刑名案件，但还要兼管驿传，而且按察使也不是职业法官，也许今天是按察使，明天就转任布政使等与司法没有关系的职务，完全脱离审判。反之亦然。所以，审办刑名案件是地方官员从县、州直至总督、巡抚的重要职责之一，是衡量地方官政绩的标准之一，同时，它又与百姓的利益、社会的稳定有密切关系。因此，曾国藩决定大力整顿直隶的积案和法治。这项工作开展仅一个月，他就先后颁布了《直隶清讼事宜十条》和《直隶清讼限期功过章程》。

这两个文告，前者相当于工作条例，后者相当于奖惩条例，都是围绕承办狱讼制定的，所以都有"清讼"字样。所谓"清讼"，即清理积案，使狱讼清白之意。《直隶清讼事宜十条》规定：

第一，通省大小衙门公文宜速。曾国藩要"力挽积习，舍旧图新""通省上下皆以勤字为根本"。他要求，凡是上司要下属查明或办理的事，都要明定期限，违限记过，凡小过达到六次，大过达到三次者，要被撤差撤官。

第二，整顿保定府发审局①。保定为首府，要做表率。曾国藩要求发审局不准受贿，更不准勒索；审案必须尽速，不得拖延。

第三，要求州县官必须亲自接案审案，不得听信幕友②丁书③。直隶向来逢三日、八日为老百姓的告状之期，地方官从不亲自受理，而是由典史、门丁收诉讼状，积压多日，地方官根本不过目，全由幕友负责，地方官甚至不知道状告何事。这种现象必须杜绝。

第四，禁止滥传被告，滥押证人。曾国藩规定，凡管押（即拘留，当时对证人也施行管押）之人，必须挂牌明示，如未悬牌，或牌上人数与实际管押人数不符的，家属可以喊冤，总督还要派人密查。如果州县官审案时出现此类事情，将记过、严惩。

第五，严禁差役勒索。

第六，每月必须将审案、监禁、管押、逃犯等情形上报。

第七，严治盗贼，以消除隐患。

第八，讼案久悬不结的应核明注销，这主要是针对乡民因小事而进行诬告。

第九，分清是非曲直，严办诬告讼棍。

第十，奖励人才，变易风俗。

《直隶清讼限期功过章程》则是对官员清理积案的功过，规定明确细致的赏罚条例。比如第二条规定：解押犯人作证，第一次根据情况限定若干日，限期满而没有解押到的，该州县记过一次。再次勒令，限定若干日，限期已满而没有解押到的，再记过一次。合计三个月定期限，还没有解押到的，记州县大过一次。如果人证在五名以上，能在第一个期限解押到的，记功一次。

第五条是关于清理积案的奖惩规定：同治七年（1868年）腊月底

---

① 发审局：又称"谳局"，是清朝各省省府自行设立的复审案件的专门机构。其设置源于清代的审转覆核制，直接原因可能在于州县招解至省的案件，为避免发回州县复审案件的积压拖延，臬司开始任命专人负责此类案件。

② 幕友：明清时地方军政官署中协助办理文案、刑名、钱谷等事务的人员。

③ 丁书：指旧时官府中书办一类的小吏。

之前，府、局承办审理京师、本省的案件，积压已有一百三十四起之多。以后首府、发审局分为前后左右四个股，每个股承办积案三十多起，每天必须审结三起。结案不满三起的，全股记过一次；结案四起的，全股记功一次；结案五起以上的，记大功一次。

第十一条是关于州县治安的考绩规定：境内出现强盗劫案，一月发生两起的，记过一次；一月发生三起的，记大过一次。本境内有盗劫窝藏没有捕拿、被外地拿获的，以"协助捕获"等词掩饰上奏的，记大过一次。如有捕获外地盗劫犯的，除照例上奏奖励之外，每起案件记大功一次。

通过采取以上措施，直隶的狱讼吏治状况有了一定好转，办案速度大大加快。

除了颁发文告、制定条例外，曾国藩还身体力行，亲自处理案件。同治八年（1869年），曾国藩年近六旬，按当时的标准已是一个老人。欧阳夫人的双眼已看不清人和物，基本失明。曾国藩的身体和精力也越来越差，但既然为官，就要踏实为民做事。而作为地方长官，要求下属做到的自己必须首先做到，否则下属必然阳奉阴违。所以，对于重大、疑难的案件，曾国藩常常亲自处理。经过整整一年的努力，多年的积案终于清理完毕。到同治九年（1870年）二月初二，曾国藩奏报，已经结清同治七年（1868年）以前的旧案一万两千零七十四件，同治八年（1869年）以来的新案两万八千一百二十一件；现在旧案只剩九十五件，新案只剩两千九百四十件。

务实修水利，严防杜河患

河患自古以来就是危害农业生产的一大自然灾害，曾国藩出身于山居农家，虽然在镇压农民起义时手段残忍，但对民间疾苦比较了解，深知农民不稳必将影响清王朝统治的根基。所以，治理河患成为他在直隶总督任上做的一件大事，也是利国利民的一件实事。

当时，直隶经常发生水旱灾害，也是受灾最严重的省份之一。而直隶毗连京师，水旱灾害不仅造成巨大的经济损失，而且关系到清朝的统治是否稳固，因此，清朝统治者对直隶的水利工程格外重视，不惜动用巨资整修河道。但是，从咸丰初年到同治年曾国藩接任直隶总督之前，连年战争耗费了大量财力，使清廷对水利工程的修建有些力不从心。现在战争基本结束，治理水旱灾害迫在眉睫。这也是曾国藩上任前奏报的直隶应办三件大事中的一件。

直隶的水旱灾害与其他地方相比，自有其特点。这里雨水稀少，十年九旱，但一旦雨水较大就会造成洪水肆虐。因生态环境的破坏，直隶境内的河流与黄河的情况非常接近，河水中携带大量泥沙，河床常常比堤外的民田和平地还要高。每遇大雨，河水或者漫溢而出，或者冲垮堤坝，造成巨大灾害。

曾国藩上任之后，逐一分析了直隶的九条大河，认为最易发生水患的一是北面的永定河，二是南面的滹沱河。

永定河是海河水系的五大河流之一，位于今河北西北部，上游为桑干河①，源出山西省北部的管涔山②，怀来县官厅以下称永定河。由于该河上游流经黄土高原，含沙量仅次于黄河，又有"浑河""小黄河"之称；下游淤浅，河道迁徙不定，故又称"无定河"。永定河十年九灾，给两岸百姓带来无穷的痛苦。清代曾筑永定大堤以固河槽，并因此改名为永定河，但河水并没有就此"安定"，依然经常决堤闹灾，所过之处的百姓苦不堪言。永定河发水的时候，河水常向南蹿入大清河，导致新城（今河北高碑店市新城镇）、安州（今河北保定市安新县安州镇）、雄县等地受灾。同治七年（1868 年），也就是曾国藩担任直隶总督的前一年，永定河于三月、七月两次发生多处决口。

————————

① 桑干河：旧作桑乾河，相传每年桑葚成熟的时候河水干涸，故得名。古称漯水、漯涫水。是海河的重要支流，位于河北西北部和山西北部。

② 管涔山：处于宁武、岢岚、五寨等县的交界处，为贯穿山西境内的主要河流——汾河的发源地。

　　清廷很重视直隶水患的治理，特别是永定河，由于它靠近京师，清廷特设永定河道负责该河的治理。官文主政时，清廷拨巨款修治，但工程还未完成官文就离职了，所以曾国藩未到保定之前就先去治河工地视察。他首先到灰坝地方查看减河。减河类似于现在的溢洪道，当正河水位过高时，可以把水泄到减河中，以防洪水冲垮堤坝。曾国藩发现，由于泥沙淤积，正河河床已经高出减河之堤，造成河水不从正河走，反而在本来以备万一的减河中流淌。接着，他又查看了上年决口的地方，其中一处决口宽150余丈，上年冬天修复了70余丈。

　　经过实地考察，曾国藩与当地官员研究制定了一个治理方案。首先是加固堤坝，当时主持河工的官员已经着手加固，但曾国藩在视察中发现有些地方的工程十分马虎，非常生气，下令必须抓紧加固。其次是疏浚河道。在视察中，他看到许多河道的泥沙在河床中积成小山，使河道又窄又高，这样一来，堤坝再高再坚固也禁不住河水的冲刷。曾国藩决定每年利用五个月的时间，在少雨的季节施工，疏浚河道。

　　曾国藩还根据各处的实际情况和工程难度增加了拨款数额，同时对工程的质量也极为关注，一再强调"未经与水斗"的工程都难以让人放心。同治八年（1869年）四月十四日，他在奏折附片中说："所有南上决口，于初七早丑刻合拢。现值桑干之际，河中无水，适合施工。凡新筑之堤未与水斗，不知其可靠与否，犹如新练之兵未与敌斗，不知其能胜与否。所以，永定河每年修复后，百姓常不放心，虽勘验坝基尚属坚固，引河尚属宽深，终究不敢保证其十分可靠。"

　　曾国藩这种从实际出发、实事求是的精神十分可贵。他将新筑之堤未经洪水考验比喻为新练之勇未经实战的考验，既生动又深刻，而未经洪水考验的堤坝在两个月后就得到了验证。

　　每年的阴历五月，雨季来临。同治八年（1869年）五月初三，第一波洪峰到达新筑的堤坝之处，至初六洪水汇入凤河，新筑的堤坝安然无恙。曾国藩接到报告后，长舒了一口气。五月二十一日，他将洪水通过新筑堤段，堤坝岿然不动的事情上奏。没想到就在他发出奏折的第二天，便传来永定河决口的消息。

所幸垮堤的这段河床经常南北移动，附近人口较少，没有造成人员伤亡。曾国藩只好奏请将自己交部议处，并按惯例将负责河工的官员和地方官予以处分。

大水冲毁堤防令曾国藩十分难过，但也增强了他疏浚河道的决心。这年秋天，他督率有关属员，在调查研究、吸取过去经验教训的基础上施工治河。

十一月十九日，他在奏折中说："历年来的堵筑工程，通常是将缺口堵填完，将引河挖通，就算完工。此次要找出病根，为久远规划，因此特地从下游着力。一方面帮助修筑大坝，深挖引河，另一方面开挖中洪水道，疏通下流的出口，使上游来的洪水直接流向下游，不停留片刻，以避免下游淤积堵塞，上游积水难下，这里堵住了，但那里又决口的隐患。"

经过全面分析考量，不仅治河方法有了变化，施工也更加认真，为此曾国藩多次亲赴工地督察。他在同一奏折中这样说道："臣到工地逐一勘验，北四下汛暨南七两处坝工，均工坚料实。张家坟一带所挑中洪，南七以下所挖引河，拍岸畅流，直注下口，毫无阻滞。此后但能按年挑挖，修治堤埝，使河身不甚淤垫，则盛涨也可无忧。"

当然，这只是施工的计划和要求，是否真的可靠，还必须经过"与水斗"的实际考验。

同治九年（1870 年）三月二十九日，曾国藩奏报说："据永定河道李朝仪①报告，今年的凌汛即将到来，委派文武官员分别驻住险要地段，来往防护。由于天气暖和，冰雪融化，河道北面水量多次上涨，从八九尺涨到一丈一二尺不等，冰层来势汹涌，与往年的大汛一样。而南上、南下、南三、南四、南六、南七、北二下、北四下、北五等地汛情

_____

① 李朝仪（？—1881）：字藻舟，贵州贵阳人。清朝官员，历任顺德知府、广平知府、大名知府、永定河道、山东盐运使、山东按察使、顺天府尹等职，为官三十七年，勤政爱民，始终一致，有古循吏风。

复杂,险情一再出现,尤为吃紧。因而臣立即督率文武官员,动用存储的物料加紧抢修,并添加了埽卷,一律保护平稳。三月十三日全河段的冰凌全部消融,水位逐渐下落,下河口通畅无阻,卢沟桥现在有底水八尺五寸。两岸的堤埽土石等各项工程均稳固正常。"

因为补筑新堤是第一次"与水斗",所以上上下下都十分紧张,严阵以待,所幸有惊无险,冰凌高峰顺利通过,工程经受住了考验。当然,后面的考验还有很多,所以,曾国藩在奏折末尾写道:"令永定河道督率本厅官员注意巡查防汛,并将应该进行的年修工程及河道疏挖事宜抓紧办理,以预防秋汛的到来。"

曾国藩的务实精神,使修堤工程取得了超出历年的好效果。河患的有效治理,既维护了清王朝统治的稳定和经济利益,也保护了民众的生命和财产安全,保证地方的长治久安。

第十一章　奉旨赴津办教案，未立国威毁声名

屈辱冲突久，"教案"终酿成

正当一切渐渐步入正轨之际，曾国藩迎来自己政治命运的一个转折点——奉旨查办"天津教案"。

所谓教案，是指中国民众与来自西方的传教士或由这些传教士发展的中国教民之间的冲突。这些冲突轻则谩骂、斗殴，重则发生流血事件，拆房毁屋烧教堂，乃至造成人身伤亡。自 19 世纪中叶开始，中国日趋频繁的教案成为近代社会的一个突出问题，让清廷颇为头疼。

"天津教案"发生于同治九年（1870 年）五月，但它的历史背景却可追溯到第二次鸦片战争。第二次鸦片战争发生的导火线之一便是中法"西林教案"①，而这次战争之后签订的《天津条约》和《北京条约》对西方来华传教都有了明确条文。中法《北京条约》规定，准许西方传教士在中国传教，准许中国人信奉天主教，准许传教士建教堂。

在当时的谈判中，担任翻译的法国传教士私自在条约的中文本中添上"并任法国传教士在各省租买田地，建造自便"的字样。清廷在大炮的威胁下，没有仔细审查便签了字，这就进一步扩大了传教士的权

---

① 西林教案：咸丰三年（1853 年），法国天主教神甫马赖非法潜入广西西林县，披着宗教外衣，进行侵略活动。咸丰六年（1856 年），西林知县张鸣凤根据村民控呈，调查据实后，将马赖及不法教徒共二十六人逮捕归案，依法判处马赖及不法教徒两人死刑，其余分别论罪处罚。

限和活动范围。此后，西方的教会、医院、教堂、教会学校、教会慈善组织机构在中国大规模开办起来。中外民族矛盾与中西思想文化的撞击、交织混合发生，随着反侵略斗争的高涨，反"洋教"运动也随之兴起，引发了更多教案。在"天津教案"爆发之前，已陆续发生过江苏"青浦教案①"、贵州"贵阳教案"、江苏"扬州教案②"、广西"西林教案"等。

按照第二次鸦片战争后签订的《天津条约》规定，战后的天津被开辟为通商口岸。西方各国纷纷来到天津进行贸易和各种侵略活动，同时也开展教会活动，盖教堂、设教会、开育婴堂、办教会学校等。咸丰十一年（1861 年），法国传教士卫儒梅③被派到天津。不久，法国驻华代理参赞兼署驻天津领事德尔沃出面，向三口通商大臣崇厚④索租三岔河口⑤北岸之地。崇厚将三岔河口北岸的望海楼（位于狮子林桥旁）、崇禧观一带的 15 亩繁华地段租给了法国传教士。

望海楼和崇禧观都是著名的古建筑。望海楼建于乾隆三十八年（1773年），是乾隆皇帝的行宫。当年乾隆皇帝还曾在此宴请盐商，所以这是一

---

① 青浦教案：基督教新教传入中国后的第一件教案。道光二十八年（1848 年），上海伦敦会 3 名传教士违反地方规章，擅入江苏青浦县散发福音书。当时有万余名船上水手滞留该处，围观洋人，传教士挥舞手杖打伤了人，群众持篙问罪。青浦县令急忙护送传教士回沪，上海道台也答应捉拿"肇事者"。但英国驻上海领事阿礼国借端寻衅，抗付关税，封锁漕船，调遣军舰去南京要挟两江总督。结果地方官被革职查办，10 个乡受刑赔偿传教士 300 两白银。

② 扬州教案：同治七年（1868 年），法国天主教传教士金缄三在扬州设立育婴堂，虐死婴孩 40 多名，激起民愤。8 月初，英国内地会传教士戴德生又来扬州租借房屋，设堂传教。扬州文武生员驱逐洋教。随后，百姓焚烧教堂，拆毁教士住所，击伤戴德生等人。事后，英驻上海领事麦华陀率军舰 4 艘、军队数百人赴南京，向两江总督曾国藩发出最后通牒，并扣留清军"恬吉"号轮船相要挟。曾国藩只得接受麦华陀一切条件，将扬州知府撤职，赔偿教会损失并在教堂门前立碑保护教堂。

③ 卫儒梅（1815—1862）：天主教遣使会法国传教士，天津仁慈堂养病院（望海楼天主堂前身）的创建者。

④ 崇厚（1826—1893）：字地山，号子谦，别号鹤槎，满洲镶黄旗人。清末外交家，历任兵部左侍郎、三口通商大臣、署直隶总督。光绪年间出使俄国，擅自与俄国签订《里瓦几亚条约》，被弹劾入狱，后降职获释。

⑤ 三岔河口：位于天津市区西北部，老城厢北隅（今狮子林桥附近），为子牙河、南运河（卫）、北运河（潞）的三河交汇处，被称作天津的发祥地。

个具有象征意义的地方。望海楼稍西为崇禧观和望海寺，再往西便是三口通商大臣的公署。

同治元年（1862 年）七月，第一批仁爱会修女抵达天津，在丘若瑟的旧宅创办仁慈堂，不久迁至东门外的小洋货街，由传教士谢福音主持。同治八年（1869 年），传教士又在望海楼旧址修建望海楼教堂，法国领事馆也随之迁入教堂东院。从此，教徒越来越众，势力也越来越大。

在法国政府的鼓励下，天主教徒们形成了"国中之国"，他们漠视当地的法律和习俗，压制不信教的邻人，践踏中国的法度。每逢教徒与非教徒发生争执，无论问题的性质如何，神父都立即参与。如果他不能胁迫官吏让教徒胜诉，便以被迫害者的身份诉之于法国领事，不胜不罢休。这样一来，因法国人的特权及教徒特权，教会也由"会合讲道"之所变成了为非作歹之徒的政治庇护地。

以谙熟洋务而著称的江苏巡抚丁日昌后来到天津处理教案时也说："天主教本心并非为恶，但传教士所到之处，不择良莠，广收徒众，以多为能。无识愚民，或因词讼无理，或因钱债被逼，辄即逃入教中，教士听其一面之词，为之出面庇护，词讼无理者可以变为有理，钱债应还者可以不还。莠民以教会为逃亡的藏身之所，教士以莠民为羽翼，这正是百姓积恨日深、教士声名日坏的原因所在。"

基于这些原因，天津的士绅和普通民众谈及天主教，都异口同声地表示恨之入骨。

与此前发生的教案相比，"天津教案"的规模更大，后果也更严重。它的发生，除了根深蒂固的教、民矛盾之外，与天主教从事的业务及奉行的教俗也有关系。

当时，传教士们为了扩大影响力，吸引群众，不顾自己的实力和客观条件，盲目开展所谓的慈善事业，四处收容甚至出钱收买弃婴和幼童，仅仁慈堂就收养了四百五十名幼童，这么多小孩挤在一起，生活设施和医疗条件缺乏保证，死亡率很高，一旦气候反常或疾病流行，后果不堪设想。

另外，天主教还有给垂死婴孩行"付洗"的教俗。付洗是七件"圣事"中的第一件。在仪式举行前，受洗者需取一个天主教圣人的名字作为洗名，男性请一"代父"，女性则请一"代母"。仪式举行前，"代父"或"代母"站在受洗者身后，施洗者（一般是神父）先呼受洗者的洗名，在他额上注水，同时诵念洗礼经文。他们不仅给本地的垂死婴孩"付洗"，还从外地收集大批将死的婴孩，船装车载地运来天津，为他们"付洗"。从同治七年（1868年）至同治八年（1869年），总共有两千多名婴孩"付洗"。这些死亡的婴孩，经常被成批地运往望海堂附近的教堂墓地入葬，很快墓地就被葬满，教会不得不在河东开辟新的墓地。

这些现象很快引起了当地人的注意，但由于教堂大门终年关闭，教会严密封锁信息，人们无法知其究竟，本来就心存不满的外界人士开始怀疑教堂有什么不可告人的秘密，各种谣言不胫而走，且愈传愈烈。有的说，教堂专门给人用药迷拐幼孩送到教堂，然后挖眼剖心，用来做药；有的说，教堂里有地窖，迷拐来的幼孩就幽闭在地窖里；有的甚至说，被挖下来的幼孩眼珠已装满一坛子……

同治九年（1870年），进入夏季以后，直隶因久旱少雨，传染病开始流行，仁慈堂的婴孩死亡率也随之上升。堂中死人过多，而掩埋又多在夜间进行，还有两尸、三尸共用一棺的，加上埋葬尸体的人不负责，坑浅土松，极易暴露。五月六日，野狗刨开一处墓穴，从棺内叼出死尸，人们发现一棺中竟有两具尸体，于是引来数百居民围观。恰巧时任天津镇游击的左宝贵由此路过，他发现暴露在外的死孩尸体都是由外先腐，胸腹皆烂，与平常所见的死人尸体由内先腐不同，于是认为这是挖眼剖心所致，一时谣言大起。

五月八日，天津县查获诱拐幼童犯张拴、郭拐二人。消息传开后，群情激愤，幸好天津知府张光藻①从外地回津，讯明情况后当即将二犯正法，人心稍安。不料，十几天后再次发生了诱拐幼童案。天津桃花口（今北辰区北仓镇桃口村）的居民抓住一个叫武兰珍的人犯，武兰珍当时正诱拐一个名叫李所的儿童，被村民当场抓获并扭送县衙。经知县刘杰审问，武兰珍供称，迷药系教堂中的教民王三所送，并交代先已迷拐一人，得洋银五钱；又说教堂内有席棚栅栏，他白天睡在那里，晚上出来诱拐儿童。因为事涉教堂，并取得实据，刘杰与知府张光藻一起请示驻天津的三口通商大臣崇厚。崇厚委派天津道周家勋与法国驻天津领事丰大业、教士谢福音商议，约定五月二十三日带武兰珍到教堂对质。没想到丰大业骄横无忌，两次向中国官员开枪，激起公愤，最终酿成这起中国近代史上最严重的教案。

　　事情发生后，三口通商大臣崇厚在向清廷的紧急报告中详细讲述了事情的原委经过：

　　天津一带自入夏以来，旱情严重，人心不定，民间谣言甚多，有说用药迷拐幼孩者，有说义冢内有幼孩尸骨暴露者，有说暴露之尸均系教堂所弃者。于是，有人说天主教挖眼剖心，纷纷谣传，然并无确据。随后经天津府县拿获迷拐幼童的匪徒张拴、郭拐二名，讯明正法，民间迷拐之事愈传愈多，街巷为之骚动。

　　旋经民间拿送教堂教徒沈希宝，殴打送官，经天津县刘杰讯明，实系带领学生回家，并非拐带，于是马上释放。本月二十日，又有桃花口居民拿送用药迷拐李所的人犯武兰珍，天津县审出有牵涉教堂的王三等情形，于是民情汹汹，门户蠢动。经天津道周家勋前去会晤法国领事官丰大业，查问王三之事，该领事亦允为查办。奴才见民心浮动，恐滋事端，亲自见了丰大业，约其与地方官讯问犯供，以明虚实，并告诉他现

---

① 张光藻（1815—1891）：字翰泉，安徽广德县人。清朝官员，历任河北曲周、望都、寂县、邢台等县知县，正定知府，天津知府。

在民情蠢动，必须确切查明，方免生事。该领事与传教士谢福音约定二十三日巳刻由天津道、府、县押带该犯前赴该堂查看对质，到了约定日期，该道周家勋、知府张光藻、知县刘杰，带人犯武兰珍前去面见。教士谢福音还算恭顺，指令该犯识认所住的地方房屋。该犯原供有席棚栅栏，而该堂并无所见，该犯亦未能指实。传遍堂中之人，但该犯均不认识，无从指证，该道、府等遂带犯回署。

旋即教士谢福音来奴才署中面商日后办法，以期民、教相安。奴才与该教士议明，嗣后堂中如有病故人口，应报地方验明，跟同掩埋。堂中读书及收养之人，也应报官，任凭查验，以消除百姓的怀疑。该教士均允照办。该教士去后，奴才正拟贴出告示，以安民心。未刻，忽闻有教堂之人与观看之众闲人口角相争，抛砖殴打，当即派武弁前去弹压。适逢丰大业来署，当即接见。

看其神气凶悍，腰间带有洋枪二杆，后跟一外国人，手执利刃，飞奔前来，未及进室一见，出言不逊。跟他说有话细谈，但该领事置若罔闻，拿出洋枪，当面施放，幸未击中，经人拉住。奴才不便与之相持，暂时退避。该领事进屋后，将什物信手打破，咆哮不止。奴才忽又出见，好言告之民情汹涌，街市聚集水火会已有数千人，劝他不可出去，恐有不测。该领事奋不顾身，声称'我不畏中国百姓'，遂盛气而去。奴才恐怕发生意外，忙派人随同护送。没想到该领事路遇天津县刘杰自该堂弹压而回，又拔枪相向，误伤刘杰的家人。百姓看见后，愤怒至极，遂将丰大业群殴毙命。随后，民众传锣聚集各处民人，将该教堂焚烧，并将东门外的仁慈堂焚烧，别处讲书堂亦有拆毁之处，传教、习教中外之人均有伤亡。奴才即督同地方文武并派队弹压，怎奈百姓人多势众，顷刻之间杀伤焚毁，已经成事，堂中教民亦纷纷逃散。奴才等分头劝解弹压，一面督饬将火扑救，以免殃及民房。此次焚烧拆毁教堂共几处，伤毙中外教民若干名，札饬天津府县赶紧查明，详细具报。此事初因掩埋幼孩，谣传有挖眼剖心之事，继又因拿获迷拐匪徒供出教堂之人，以致百姓怀疑积怨，有激而成。现在妥当开导，民众渐已解散。事关重大，请饬下直隶总督曾国藩来津，确实查办，以靖地方。

这份奏疏基本说明了事件发生的过程，但对丰大业如何突然冲进崇厚官署却一带而过，未作解释。

据有关资料记载，当天午后，仍有少数群众停留在望海楼教堂门外观望，见有教民出入，则齐声讥诮。这时，有一名领馆人员自教堂走出，与围观群众发生口角，并扭住一人的发辫殴打。于是，群众用砖头瓦块向教堂门前抛掷。谢福音当即派人到商署报告，崇厚急忙令刘杰派两名巡捕前去弹压。当巡捕赶到望海楼时，斗殴的群众都已住手，法国领事馆人员呵斥责问巡捕："为何不将闲人拿去？"巡捕回答说："他不闹事，如何拿他！"这时，丰大业刚好从教堂走出，手持皮鞭，一面乱打巡捕，一边吼道："你负责保教，你领许多兵来这里扰我，我定不依！"巡捕回去报告崇厚，崇厚又派一武弁前去解劝。丰大业见状大怒，腰别两支短枪，揪住武弁的发辫，领馆秘书西蒙持刀在后，直奔崇厚商署。

暴怒的民众将丰大业群殴致死后，冲向教堂和其他外国人居住的地方，将望海楼天主教堂、法国领事馆、仁慈堂、英国讲书堂、美国讲书堂全部焚毁。在这场骚乱中，民众共烧毁法国教堂一处、仁慈堂一处、洋行一处，误毁英国讲书堂一处、美国讲书堂两处，死亡人员二十人，包括法国领事丰大业、丰大业的秘书西蒙、翻译官汤姆生夫妇、传教士谢福音、商人查勒姆松夫妇及仁慈堂修女六人；俄国商人巴索夫及普罗洛波夫夫妇三人；仁慈堂比利时修女两人、意大利修女一人、爱尔兰修女一人。

教案发生后，京津震动。在此之前，其他地方也发生过教案或者中外教民纠纷的事件，但一次打死这么多外国人，并且打死外国外交官的事还从来没有发生过。五月二十六日，法国、俄国、美国、英国、德国、比利时、西班牙七国联合向清廷发出照会，表示抗议。过了三天，法国公使罗叔亚又单独照会抗议；俄国公使也为俄国有三人毙命要求严惩凶手。与此同时，各国军舰开始向天津大沽方向集结，一时剑拔弩张。

踟蹰难推诿，冷静立遗嘱

由于"天津教案"事关"洋官"命案，清廷不得不特别重视，一边不断向各国表示诚意，一边迅速做出决定。案件发生于同治九年（1870 年）五月二十三日，仅仅三天后，也就是五月二十六日，清廷命曾国藩赶赴天津查处的密谕就送到了曾国藩手上。

此时的曾国藩正病魔缠身，右眼失明，左眼也只能看到模糊轮廓。自四月十六日起，他就患上了眩晕之症。据他在日记中的记述，"床像旋转一样，脚像朝天一样，头像坠水一样，这样发作了四次，不能起坐"。到四月二十一日，曾国藩身体不支，只好请假一个月。五月二十二日，他还没有完全复原，只得又续假一个月。

朝廷的密谕在援引崇厚奏疏的主要部分之后说："百姓激于公愤，将该领事围殴致死，并焚毁教堂等处房屋。现在民情稍为稳定，仍着崇厚督同地方文武官员设法开导民众，妥为弹压，毋令聚众再滋事端。曾国藩的病尚未痊愈，本日已再行赏假一月，但此案事关重大，曾国藩精神如可支持，着前赴天津与崇厚悉心会商，妥为办理。匪徒拐卖人口，挖眼剖心，实属罪无可赦。既然供称牵连教堂之人，如查有实据，自应与洋人指证明确，将匪犯按律惩办，以除地方之害。至于百姓聚众将该领事殴死，并焚毁教堂，拆毁仁慈堂等处，此风亦不可长，着将为首滋事之人查拿惩办，以示公允。地方官如有办理未协之处，也应一并查明，无须袒护。曾国藩务当体察情形，迅速公平办理，以顺舆情而维大局。"

密谕的最后又另附一句："同治九年（1870 年）五月二十五日，内阁奉上谕：着曾国藩前赴天津查办事件。"这封密谕文字虽短，但几个要点是很明确的：

第一，曾国藩虽然病未痊愈，而且当日才发出准假一月的上谕，但因事关紧要，仍须赶赴天津与崇厚会商，妥筹办理。

第二，基本认定"迷拐人口，挖眼剖心"是客观存在的事实。

第三，对教堂及洋人的态度较为强硬。

第四，对群众殴毙法国领事丰大业及焚毁教堂等行动意属支持，密谕中并无指责词语，仅以"此风亦不可长"了之。

第五，没有排除追究地方官的责任。

面对这样一桩突如其来的棘手案件和一道几乎无法贯彻执行的密谕，曾国藩的心绪十分复杂。他在接到密谕当天的日记中这样写道："接奉廷寄，派我赴天津查办事件，因病未痊愈，踌躇不决。"

他心里很清楚，身为直隶总督，案件既然发生在自己的辖区，没有推卸不去的道理。所幸他"病未痊愈"，可以暂时作为推辞的借口，但如果真的借"病未痊愈"不去天津，势必要辞去直隶总督之职，而此时提出辞职并不是最佳时机。曾国藩踌躇再三，仍没有想出什么好办法，但总应向朝廷表明态度。五月二十八日，他上了一份奏折，在引述密谕的主要内容，略议自己对案件处理的原则意见之后说：

"谕旨令臣前往天津，仍不忘亲切询问臣的病情。臣的眼病是根上的疾患，将来必须请长假调理，不能以病患之躯久居要职。至于新得的眩晕症，现在已经好了八分，只是脾胃虚弱，饮食减少，一个多月以来，在官署里上台阶都需有人扶掖，因医生说得眩晕症的人，要小心防止跌倒，以免半身不遂。这样的重要案件，臣不敢以病患为由推诿不理，待略加调理，练习行走，几天之内稍有好转，身体能够支撑下去时，即赶赴天津，与崇厚尽心商议处理。"

曾国藩在奏折中强调自己的身体状况，目的自然是希望朝廷能考虑这一点，让他留在保定继续疗养，免去他天津之行的差事。但他又不能不表明随时动身去天津的姿态，于是在奏折中接着说："当务之急是查询各事详情，一面先派候补道员博多宏武、陈重迅速赶往天津，会同天津道、府详细讯问办理。而法国在天津的丰领事、谢教士既然已经被殴打致死，目前还没有谁来主持这件事，各道府应趁此机会查明事情原委，理清头绪。至于法国公使将来如何行动，是否要调派兵舰，臣等随时请示皇上遵旨而行。"

奏折虽然发出，尽可能委婉地表达了自己的意见，但他预感到天津之行在所难免，越想越烦，越想越急。他虽然在平定起义时杀人如麻，戎马半生，也曾多次自杀未遂，但这回与外国人的交涉比以往哪件差事都棘手难办，他发自内心地慌乱，但想到身居总督高位又不敢自杀，只是做好了死的准备。

六月初一傍晚，突然狂风大作，暴雨如注。京津地区已连续干旱十三个月，本系反常，从五月二十五日起连日大雨不止，同样反常。就在曾国藩苦无良策、极度紧张之际，六月初二又得到清廷将派崇厚出使法国赔礼道歉的消息。这个消息几乎让他彻底崩溃，因为崇厚是驻天津的三口通商大臣，也是此次教案的当事官员之一，崇厚一走，他无疑被推到了事件最前沿，风险更大了。他冷静地想了想，觉得自己去是必须去的，既不能回避，也不能推诿。他主意一定，再次立下遗嘱。这是他第二次正式立遗嘱，遗嘱是写给两个儿子曾纪泽、曾纪鸿的。遗嘱开头写道：

"我即日前往天津，查办殴打致死洋人、焚毁教堂一案。外国人性情凶悍，天津民众习气嚣张，很难和平协商，将来因此结怨导致战争，恐怕引起大的事变。我这次出行反复思考，苦无良策。我自咸丰三年（1853 年）募勇从戎以来，即发誓效命疆场，今年老体弱、身体多病，值此危难之际，绝不贪生怕死，一改初衷。恐怕遇到灾难，而你们在很多事情上都没有秉承我的意愿，因此大略地跟你们说一下，以防备不测之事。"

这段文字将曾国藩去天津前的踌躇、焦虑、担心、害怕的缘由和盘托出。他在如此凶险的情况下亲赴天津，不是凶多吉少，而是必死无疑。所以，他在遗嘱中接着交代自己的后事："我如果死了，灵柩由运河运回湖南，中间虽有临清（今山东临清市）到张秋（今山东聊城市阳谷县张秋镇）一段要走陆路，但比起全走陆路要容易得多。去年由海上运来的书籍、木器等过重的物件，绝不可全部运回湖南，须仔细分辨好坏，选择好的带回，带不回的可以分送给他人，也可以烧掉。不能因贪一点物件而花费更多的运费。我在保定自制的木器，全部送给他人。沿途要谢绝一切人的赙仪，不要收礼，只是水陆两路有兵勇护送即可。"

曾国藩在这里交代的"概不收礼"也许是实在的想法，毕竟他不像九弟曾国荃那样贪财，也不像当年的少年书生，跻身翰林之后，四处拜客敛财。他之所以定下灵柩由运河运回湖南的路线，一是比较方便，二是途中经山东、过安徽、入江苏，全是湘、淮军的势力范围，沿途若发生意外可以得到照应。

接下来，他在遗嘱中还提到古文、学术及修身、齐家诸事：

我所作古文，黎莼斋（黎庶昌①）抄录颇多，不久前他已照抄一份寄我处存稿，此外黎没有抄录的文章寥寥无几，万不可发刻送人。不仅因篇帙太少，而且年轻时不努力学习，纵有远大的抱负却没有足够的才能相匹配，刻出来只会彰显其粗劣而已。

我生平略涉先儒之书，见圣贤教人修身，千言万语，最重要的就是要做到不忮不求。所谓忮，是指嫉妒贤能，拼命地邀功争宠——自己懒惰、不进步，却嫉妒别人，害怕别人超过自己；所谓求，是指不安于现状，一心追名逐利——没得到的拼命弄到手，弄到手后又担心失去。忮，并不常见，通常发生在名声相当、事业相当、地位相当的人身上；求，也不常见，通常出现在有钱财往来，或仕途与别人相互冲突的时候。如果想为天下人谋求幸福，首先就要消除忮心，这样才没有贪心，也没有害人的念头，同时也有用不完的仁义。如果想要品德高尚，就该除掉贪心，除掉了贪心，便没有患得患失的想法，心中便有用不完的道

---

① 黎庶昌（1837—1898）：字莼斋，自署黔男子，贵州遵义县东乡禹门人。晚清著名外交家、散文家，历任驻英国、德国、法国、西班牙使馆参赞，驻日本国大臣。与张裕钊、吴汝纶、薛福成以文字相交，并称"曾门四弟子"。

义。除掉了忮心，心中就没有荆棘；除掉了贪心，心灵便不会日渐卑劣。如果人们要使心灵纯洁，就该在去贪、去忮这两个方面下功夫，并愿子孙世世戒之。

历览有国有家之兴，都是因为克勤克俭，其衰败则相反。我生平也颇以勤字自勉，但实不能勤，所以读书无手抄之册，居官无可存之牍。生平喜好以俭字教人，但自问实不能俭，今署中内外服役之人、厨房的日常开支，也可以说是奢侈了。其中原因在于之前在军营，规模宏阔，相沿未改；近来又身体多病，医药的花费无法控制。由俭入奢，易于下水；由奢返俭，难于登天。在两江总督交卸时，尚存养廉费二万金，我本来没料到会有这笔钱，然而像现在这样放手用去，转瞬即已用光。你们以后居家，应当向陆梭山学习，每月用银若干两，限定额度，另封秤出，本月用毕，只准盈余，不准亏欠。衙门奢侈之习，不能不彻底痛改。我开始带兵之时，立志不取军营之钱中饱私囊，所幸现在还算不负初心。但也不愿子孙过于贫困，低颜求人，唯愿你们力崇俭德，善持其后。

孝和友爱是家庭的祥瑞，人们常说的因果报应在其他事情上未必全部能够应验，只是在孝悌友爱就立即获得吉庆、不孝悌友爱就立即招来灾祸这个问题上，没有不应验的。我早年长期在京城任官，常常荒废修养之道，后来从事军务，得到各位弟弟的很多帮助，而自己对各位弟弟却无丝毫帮助。我的兄弟姊妹的家庭，之所以都能有田有宅，大概都是九弟（曾国荃）的功劳。我身故之后，你们对待两位叔叔要像对待父亲一样，对待叔母要像对待母亲一样，要把堂兄弟看成自己的手足之亲，凡事力求节俭，而对待各位叔叔的家庭则应处处大方。对待堂兄弟应该以德业相劝诫，纠正他们的过失，希望他们有所成就，这是最重要的。其次要亲近爱惜他们，希望他们富贵。常常替他们祈祷吉祥之事，这样人神都会钦服。温甫（曾国华）、季洪（曾国葆）两弟之死，我内心觉得愧对他们。澄侯（曾国潢）、沅甫（曾国荃）两弟渐老，我此生不知能否再与他们相见。你们若能从"孝友"二字切实讲求，或许能为我稍微弥补缺憾。

遗嘱的最后还写有《怵求诗》两首。曾国藩要求子孙克勤克俭，不怵不求。其中，克勤克俭是他一生信奉并身体力行的，但不怵不求却是他从早年的锐意进取、疾恶如仇的儒家风格转变为顺其自然、不争不怒的处世态度的心得。

曾国藩写完遗嘱，又等了两天，等来的是对自己五月二十九日所上奏折的批复："曾国藩的眩晕之症现已十愈其八，日内如可支持，即着前赴天津，会同崇厚悉心商办。"

曾国藩读罢上谕，强打起精神，定于六月六日启程上路。

委曲难求全，万人来声讨

同治九年（1870 年）六月六日，曾国藩率领赵烈文、薛福成、吴汝纶①几个幕僚和少许兵弁，冒着酷暑扶病登程。

曾国藩要去天津审案的消息很快便传开了，天津的官员士绅还记得他在咸丰四年（1854 年）所作的《讨粤匪檄》，因为其中有反对"洋教"、护卫儒道的言辞，所以都把他看作是一位敢于反对"洋教"的官员，相信他定能对此案做出公正的裁决，为天津各界主持正义。

六月十日，曾国藩一行刚到天津城门，就看到众多官员、士绅及百姓，包括与案件有关的人前来迎接，并拦轿鸣冤。但是，民众的期望很快变成了失望。

曾国藩进城之后，谢绝道、府、县的邀请，带着随从住进了文庙。他刚刚吃罢晚饭，崇厚便来了。崇厚又把教案发生的经过详细讲述了一遍，但他的观点却与士民官绅大不一样。他认为教案的发生纯

---

① 吴汝纶（1840—1903）：字挚甫，一字挚父，安徽桐城县（今枞阳县会宫镇老桥村吴牛庄）人。晚清文学家、教育家，先后任曾国藩、李鸿章幕僚及深州、冀州知州，长期主讲莲池书院。晚年被任命为京师大学堂总教习，并创办桐城学堂。

属百姓无知起衅，迷拐幼童挖取心肝之说也是无稽之谈。崇厚还说，在这次事件中，有些强盗混进群众里趁火打劫，教堂和被杀的洋人都曾被劫。

为了弄清事实真相，曾国藩在听取崇厚等人的介绍后，又派人前往育婴堂了解情况，并亲自提审了武兰珍等罪犯。调查结果表明，育婴堂的儿童都是无父无母、流浪街头的儿童，没有一个是拐来的。调查人员还发现，参加这次反洋教的骨干是活动于京津一带被称作"水火会"的团伙。该团伙由来已久，其成员多数是海河脚夫和铁匠、木匠等手艺人。近年来天津洋人聚集，教会开展活动，水火会仇视洋人、洋教，并积极拉拢许多仇视洋人与"洋教"的天津市民及外地来津的流民加入其中。遇有行动，他们便串联一起，蜂拥而上。这次打死丰大业、火烧教堂，就是水火会带头掀起的，很多流民、强盗则趁火打劫。

经多方了解，天津教案的情节曲折已基本理清，但曾国藩的心情却异常沉重。因为如何处理这个案件，不但事关中外邦交、国际关系，而且事关中国官民关系，也事关他个人的名誉地位。诸多顾虑让他有些举棋不定，但来自朝廷的催促和外界舆论的压力又使他不能不尽快拿出一个处理方案来。

六月十九日，曾国藩在天津会见了法国公使罗叔亚。罗叔亚以外交官的温愠之词指责中国"暴民"戕害法国领事，焚毁教堂，杀死法国人的种种"罪行"，并详询曾国藩打算如何处置。曾国藩则不卑不亢地指出，事态的起因一是教堂虐杀中国幼童的传闻，二是丰大业首先向清廷官员开枪，最终激起民愤。论理曾国藩明显胜于对手，但他不想再进行毫无意义的口舌之争，决定按照上谕的口径，表示严办杀人凶手，训诫办事不力的地方官员，并对法国方面的损失酌量赔偿。罗叔亚趁机提出修复教堂等被毁建筑、缉拿凶手、惩办天津地方官、礼葬丰大业等条件。曾国藩认为，赔偿损失、缉拿凶手、礼葬领事丰大业都可以做到，但对惩办地方官一条却难以接受，表示需要请示朝廷后再予答复。

两天后，法国公使罗叔亚纠合英国公使威妥玛①联名发来照会，指责曾国藩对他们提出的条件未作明确答复，实属故意拖延，毫无诚意，故此重申两国严正要求：中国必须赔偿损失费白银五十万两；所有凶手必须立即正法；天津道员周家勋、知府张光藻、知县刘杰、总兵陈国瑞系暴乱之首，必须以命抵死难之教士、修女。上述条件必须在十天内兑现。

此次照会还要挟：法国第三舰队已至红海，英国加尔各答舰队亦已起航。若不如期兑现，两舰队将炸平天津，进攻紫禁城。

曾国藩看了照会后又气又惊，认为英法公使无理至极。清朝官员即使犯罪，也应由清朝皇帝量罪处置，何况天津地方官在此案中本无大错，总兵陈国瑞也不过在五月二十三日群众焚烧教堂时立马桥头助威而已，并未亲自参与行动。于是，他在六月二十二日拒绝了英法公使照会中的该条内容。

六月二十三日，曾国藩向清廷递交了《查明天津教案大概情形》和《天津府张光藻、知县刘杰革职请旨交刑部议罪》等折，因其主导思想一味迁就法国人，所以清廷对此并不满意，于六月二十五日用密件发出廷寄，指出："洋人诡谲成性，得寸进尺，若事事遂其所求，将来如何终止？现在想平息事端，而洋人仍不免寻隙挑衅。"同时强调："总之，和局固宜保全，民心尤不可失，曾国藩总当体察人情向背，全局统筹，使民心允服，使中外相安。"

尽管清廷的态度时软时硬、反复不定，但这份廷寄的指导思想无疑是正确的。然而，曾国藩认为这种处理办法可行性小，偏于理想，他在六月二十八日的奏折中反驳道："臣查办此次天津之案，事端极大，不能轻而易举地化解。中国目前力量虚弱，断然不能发动战争，只有委曲

---

① 威妥玛（Thomas Francis Wade, 1818—1895）：英国外交官、著名汉学家，曾在中国生活四十余年，发明了用罗马字母标注汉语发音系统——威妥玛注音，此法在欧美广为使用。在华期间曾参加第一次鸦片战争，担任上海关第一任外国税务司、英国驻华公使等职务，曾参与中英《天津条约》《北京条约》等不平等条约的签订活动，扩大英国在华特权。1883年，返回英国，五年后在剑桥大学首开汉学课程。

求全这个办法。臣在五月二十九日回复的奏折中曾表明不去挑衅以免引发更大的争端，几个月来，朝廷有意安抚外国人，中国臣民也都看到了，臣等现在处理的情形，仍属于坚持当初的意见，即便法国公使罗叔亚肆意要挟，也没有改变初衷。"

在曾国藩看来，法国公使罗叔亚坚持要将在"天津教案"中并无过错的天津知府张光藻、知县刘杰在天津就地正法，为丰大业等人抵命，而他并没有照办，只是将张、刘二人革职交刑部议罪，这就是胜利，就是遏制了罗叔亚的肆意要挟。

曾国藩交出张光藻、刘杰，原意也许只是做做样子，以免大局决裂。不想由于他的误导，不仅罗叔亚得寸近尺、愈追愈紧，清廷也假戏真做，竟将张、刘当成罪犯审讯，押送刑部拟办。

八月十四日，曾国藩不得不在《呈递已革天津府县亲供并陈现办情形折》中说明真相："臣等仔细审查核实此案，虽然由谣言引发，但百姓聚众闹事，实际上是因丰大业向朝廷命官开枪而引起突发事变。在没有开枪之前，该领事斥责巡捕，赶往官署，持刀枪闯入。百姓都给他让路，任由他行动，起初并没有伤害他的想法。如果不是丰大业两次开枪，一定会相安无事。直到他开枪滋事之后，引起众怒，场面终于失去控制。该府县等官衙当时没来得及弹压，事后又没有缉拿凶手，看其情形，虽有不可原谅之处，但若地方酿成这样的大祸，引起国家之间的战争，这样的案件不是寻常案例可以比较的。因此上奏皇上，令刑部核查审议，最终如何处理，听候皇上的裁决。"

曾国藩的意思是希望刑部也如他的本意一样，做做样子。但刑部并不买他的账，以"应得罪名，秉公自拟"回复。曾国藩更加着急了，又于八月二十六日上折请求"敕部从轻定拟"。他在奏折中说："天津五月二十三日的事件因法国领事丰大业仓促激起哗变，并非府县有意挑衅，中外皆知。臣也屡次上疏论及法国公使要求府县官员抵命之说，均迭奉谕旨加以拒绝。府县本无大过，张光藻为官以有循良之声而著称。臣的本意是竭力保全而不愿仓促参撤，又岂肯加以重咎？及得法国公使罗叔亚照会，忽有三员拟抵罪之说，料敌不准，匆促失措，一心想要尽快促成和局，以致不顾情罪是否恰当；又错误地听取没有根据的议论，以为下狱以后，罪名轻重还可以自己做主，遂将府县奏交刑部。这个奏章刚交上去我就后悔了。"

但一切都太迟了，他最后请求的"从轻定议"也未得批准，"张光藻、刘杰均着从重改发黑龙江效力赎罪"。

在曾国藩看来，"天津教案"完全是天津"士民平日不明事理""素无远虑"造成的。按照协助办案的江苏巡抚丁日昌"如此大案，总须缉获四五十人，分别斩、绞、充军、流放"的预定方案，曾国藩通过采取"但取情节较真，不能拘守常例"的变通办法来审理，最后确定正法之犯二十人、军徒各犯二十五人。曾国藩、丁日昌之所以一定要斩、绞、充军、流放四五十人，无非是想达到两个目的，一是委曲求全，息事求和；二是对内立威。

曾国藩自认为委曲求全是中国生民之福，却不料因此名誉尽毁，引起国人的强烈义愤。当他决定把天津地方官交部严议及捕拿"凶犯"以抵洋人之命的奏折传出之后，京津及各埠士人一片哗然，"卖国贼"的骂声随之腾起。曾国藩的亲友、同乡、同年纷纷来信劝说、指责，而与他不相干的官绅士人则对他大张挞伐，使他一下子陷入被万人声讨的舆论旋涡之中。对此，他惶恐、痛苦地在信札中写道，"敝处六月二十三日一疏，庇护天主教本来就违背正理"，而引起"议论沸腾，致使人不忍闻""辱骂之声大作，卖国贼的贬损名号竟加于国藩。京师湖南同乡，尤引为乡人之大耻"。连京师虎坊桥长郡会馆、教子胡同湖南会馆等处由曾国藩所题的匾额，也被愤怒的士子们当众砸毁，并把凡有"曾国藩"之名者尽数刮掉，口吐、脚踏犹不解其恨。

这时，法国因为普法战争①爆发，无力顾及"天津教案"，更无力分兵对付中国。清廷上下看到这一形势，不少人又变得强硬起来，纷纷要求皇帝乘此机会把法国人甚至各国的在华势力都赶出中国。京、津两地的民情更加"嚣浮"，掀起反侵略、反投降的浪潮。

为了平息民愤、缓和舆论，清廷下令曾国藩对法国人的"要挟、恫吓之语"要"力持正论，据理驳斥，才可折敌焰而张国威"，并下令调淮军郭松林②等部至京津要隘"以壮声威"。但曾国藩对"兵衅"一事讳莫如深，他上奏说："洋人遇到争端，只讲强弱，不论是非对错，兵力越强大，要挟的也就越多。""假如现在开战，即使今年能够侥幸获胜，明年他必然会来报复；即使天津可以抵挡得住敌人的进攻，但沿海那么多地方，很难都守得住。朝廷以大义诚信昭示天下，不挑起战争，实在是天下百姓的福气。李鸿章的兵力虽然有所加强，但是与外国长年累世地专门研究战争相比，还很不够。以后仍然要坚持委曲求全，以和平相处为好，只有万不得已才准备战争。"

---

① 普法战争：1870—1871 年普鲁士王国与法兰西第二帝国之间的战争。起因是普鲁士首相俾斯麦就西班牙王位继承问题发表了挑衅的"埃姆斯密电"，触怒了法国政府。法国愤而向普鲁士宣战，但战争开始后，法军接连败北。装备精良的普军很快攻入法国境内，最终导致法兰西第二帝国垮台，普鲁士完成了德国的统一。

② 郭松林（？—1880）：字子美，湖南湘潭（今株洲县雷打石镇脉湾村）人。晚清湘军名将，历任福山镇总兵、湖北提督、直隶提督等职。曾参与镇压太平天国运动及捻军起义。

第十二章 风烛残年忆平生，勤耕谢幕归故乡

失意归两江，"刺马"成疑案

在内外压迫、全国上下一片辱骂的情况下，曾国藩的病情再度加重。他卧病榻上，回顾自道光以来朝廷"兴办洋务"的历史，其间，两个极具代表性又极富悲剧色彩的人物深深刺痛了他，一个是主战的林则徐，另一个则是主和的穆彰阿。

这两个人虽有天壤之别，但到头来都没有好下场。仗打败了，道光皇帝把责任推给林则徐；委曲求全签订屈辱卖国的《南京条约》，皇帝又把"卖国"的罪名推给穆彰阿。他们的结局使曾国藩不禁联想到自己。他受清廷委派处理"天津教案"，完全是按照清廷的旨意办事，到头来却要像恩师穆彰阿那样，替清廷去顶这个"卖国贼"的罪名。想到这里，曾国藩悲愤难平，病体实在难以再支撑下去，于是上奏请求另派大臣赴津协同办案。清廷很快同意了他的请奏，调派号称"洋务能员"的江苏巡抚丁日昌前去会办。

丁日昌奉旨后，很快便来到天津。此时，已如过街老鼠的曾国藩，唯一的希望就是清廷能替他解释，使他不过于难堪，在办完教案后重回直隶总督任上。不料慈禧太后为了避开舆论攻击，推卸"卖国"的罪名，竟然效仿道光皇帝，指责曾国藩"文武全才惜不能办教案"，并于同治九年（1870 年）八月二日下令，曾国藩回任两江总督，由李鸿章接任直隶总督复查"天津教案"。

清廷之所以没有让曾国藩回到他的直隶总督任所，而是调派他回任两江总督，其中一个重要原因是两江总督马新贻被刺身亡。曾国藩接到调令及马新贻被刺的消息后，异常吃惊。因为自清朝开国二百多年来，总督被刺还是第一次。

事件发生于同治九年（1870 年）七月二十六日，这天马新贻到总督署右边的校场阅兵，校场和督署的后门有一条箭道连接，马新贻阅兵之后，从箭道步行返回督署，随从都跟在他后身。这时，突然有人跪在道旁，请马新贻资助。马新贻见是同乡的一个武生，便问道："已经资助过两次，怎么又来了？"他话音未落，右边突然有人高声大呼要申冤。马新贻和随从还未来得及询问，来人就已蹿到马新贻身边，左手抓住马新贻的衣领，右手拿着匕首迅速刺进马新贻的胸膛。马新贻只说了一句"我已被刺，速拿凶手"，就再也发不出声来。刺客见大事已成，竟不逃不走，大声喝道："我是张汶祥，刺马是我一人所为，与他人无关。养兵千日，用兵一时，今我愿已遂，我决不逃。"随从蜂拥上前将张汶祥抓住，想要救马新贻时，只见匕首入胸 4 寸，拔出时已经弯曲，而且匕首上敷有剧毒。

堂堂两江总督居然遇刺，全国一片哗然。因此，审讯、侦破这一大案，就成了曾国藩上任后的首要任务。

马新贻与李鸿章同年考中进士，从合肥知县、庐州知府，一路做到安徽按察使、布政使、浙江巡抚，他在官场的口碑很不错，个人能力也比较强，曾协助平定太平军与捻军之乱，处理漕运、盐政、河工等各项工作也颇有政绩，解决了许多民生问题，受到百姓爱戴。

在曾国藩调任直隶总督后，马新贻接任两江总督，并兼任南洋通商大臣，这一年他才 47 岁，是当时最年轻的一位总督。两江总督地位仅次于直隶总督，曾国藩并不怎么满意接替自己职位的马新贻。加上马新贻并不具备同样升迁较快的左宗棠、李鸿章那样的作为和能力，也没有曾国藩的推荐，其升迁曾引起人们的很多猜测。

此前曾国藩离任两江总督、奉旨"剿捻"时，清廷曾命李鸿章署两江总督。曾国藩致函李鸿章说，"此城过大，潜藏的寇盗颇多，抢案层出不穷"，一定要李鸿章到达南京后才放心北行，并要求李鸿章带三四千人护卫，如此才能够镇抚这个地方。如今在马新贻的任上果然出了大事。

曾国藩看过随上谕寄来的江宁将军魁玉的案情奏报后，对此案渐生疑虑，光天化日之下为什么一个无名之人竟能轻而易举地把封疆大吏杀死，而且杀人地点还是清军刀枪林立的校场？他凭十几年刀光剑影的阅历以及经历的种种官场黑幕，预感到此案绝非一般的凶杀案件，其中一定暗藏玄机。他不明白朝廷为什么偏要调派他处理这等棘手的案件，"天津教案"已弄得他焦头烂额、身败名裂，要是再钻进这不明不白的迷阵中，说不定又会弄出什么乱子。他汲取"天津教案"的教训，不想再以弱病之身去冒这个大风险，于是上奏陈述自己"病体不胜重任，乞收回成命，恳请另简大员，畀以两江督篆"。但是，他的辞折很快就被批转回来。清廷以不容商议的语气，令他立刻赴任两江总督，毋庸再辞。曾国藩见推辞不掉，只好再次赴任。

此时离案发已接近两个月，并未见清廷有催办的谕旨，于是曾国藩采纳幕僚的意见，一面奏请进京陛见，一面继续窥测动静。清廷很快做出答复，下旨允其入京陛见。这时，曾国藩又以等待李鸿章来天津交接为由，仍然逗留天津。同治九年（1870 年）八月四日，曾国藩接到令他赴任两江总督府的上谕，直至九月二十三日他才离开天津前往北京。

曾国藩来到京师时，正值他六十寿辰，慈禧太后在未接见前便为他庆祝甲子大寿，皇上、太后亲为题辞、送匾，御赐蟒袍、如意等贺礼；湖南同乡、同年也分别在法源寺、湖南会馆为他设宴祝寿。

祝寿之后，两宫太后、皇上在养心殿先后两次接见曾国藩。同治皇帝始终未开口，慈安太后也未问话，只有慈禧太后一人问话，寥寥数语只问及身体、病情等琐细之事。谈到马新贻被刺之事，两人有这样一段对话：

太后问：马新贻这事岂不新奇？

对：这事很奇。

问：马新贻办事很好。

对：他办事和平、精细。

曾国藩诚惶诚恐，还想再"收集"一些实质的信息，谁知慈禧连马新贻的名字也不提了。

曾国藩这次进京陛见正好遇上慈禧的万寿节，他随班朝贺再次见到慈禧，但她仍然没有再问马新贻之案。

十月十五日，曾国藩自京起程南下。途中，他反复琢磨慈禧的两句话，推测她对刺马案的态度，意识到清廷对此案并不关心，没有要将案子查个水落石出的意思。但是，慈禧等人为什么会对此案持这种暧昧的态度呢？曾国藩迷惑不解，但既然已经受命处理此案，最终还得有个结论。因此，他给驻扎南京的彭玉麟写去密函，让他先行秘密查访。闰十月二十日，曾国藩抵达南京，此时离马新贻被刺已经过了半年之久。

曾国藩到任之前，暂署两江总督的江宁将军魁玉已经审讯张汶祥多时，供词如下：

"张汶祥，河南人，道光二十九年（1849年）贩卖毡帽来到宁波，在此结识同乡罗法善，并娶其女罗氏为妻，后开小押店（当铺）为生。咸丰十一年（1861年），加入太平军李世贤部，转战皖、赣、闽、粤各地，兵败后曾投靠清军，但因没有保人而未被收用，于是再回宁波，此时他的妻子已为吴炳燮霸占。后在龙启云的帮助下，他仍开小押店为生。

"同治五年（1866年）正月，身为浙江巡抚的马新贻来到宁波，张汶祥递状控告吴炳燮霸占自己的妻子。马新贻以其妻属于改嫁吴炳燮而不准其状。张汶祥告之龙启云，龙说从前做海盗时，同伴曾被马新贻派兵捕杀殆尽，怂恿张刺杀马新贻泄愤，张汶祥于是产生杀马之意。后来，张汶祥的小店因属违禁私开，被马新贻勒令关闭，使其更加愤懑。

　　"同治八年（1869 年）八月，张汶祥听说马新贻调任两江总督，于是赶往南京；又获知马新贻每月二十五日考课武弁，于是寻找机会刺马，直到同治九年（1870 年）七月二十六日（因二十五日下雨停课）才得手。"

　　但是，这份供词上报后，朝中言官连连上奏，说堂堂一品（从一品）大员、朝廷重臣被刺，一定是有人主使，请求严密根究，务得实情。两宫太后也认为尚有不明之处，证据不够确凿，于是让曾国藩和兵部尚书郑敦谨①到江宁后，再会同审理。

　　此前，清廷已经特命漕运总督张之万②会同审讯，后来才派郑敦谨专程来南京会同侦讯。曾国藩抵达南京时，张之万已经先期到达，曾国藩便与他们一同办理此事，最后得出的结论仍然与前面的相差无几。

　　不过，这个结论中仍有不少疑点。在战争中，无论是太平军还是捻军人员，兄弟父子被杀的有很多，如果他们要报复，首选应该是曾国藩、李鸿章、左宗棠这些高级将领；如果龙启云因海盗同党被杀而怀恨在心，应该更恨直接率兵打击海盗的军官。从张汶祥精心设计，一击而中，并且在刀上淬毒的情形来看，如果不是怀有深仇大恨，或者抱着特别的目的，是不会这样以身犯险的。所以，人们的猜测非常之多。

　　通过张之万、魁玉的提审及幕僚们在江宁城里打听到的传闻，曾国藩梳理了一下张汶祥刺杀马新贻的几个不同动机：一是漏网的发逆③，私通海盗，挟嫌泄愤；二是马新贻富贵背友、抛弃信义，张汶祥为友复仇；三是马新贻私通起义军首领、阴谋反叛，又得罪张汶祥，张以卫清室、泄私愤两种动机合一而为。这些不同的说法相差甚远，以不同动机

---

　　① 郑敦谨（1803—1885）：字小山，湖南长沙人。清朝官员，历任山东登州知府、河南南汝光道、广东布政使、太常寺少卿、大理寺卿、湖北巡抚、工部尚书、兵部尚书等职。

　　② 张之万（1811—1897）：字子青，号銮坡，直隶南皮（今河北沧州市南皮县）人，张之洞堂兄。晚清大臣、著名书画家，道光、咸丰、同治、光绪四朝元老，历任河南巡抚、漕运总督、江苏巡抚、闽浙总督、兵部尚书、吏部尚书、协办大学士、体仁阁大学士、东阁大学士等职。

　　③ 发逆：清朝统治者对太平天国起义军的蔑称。

来论案，张汶祥或可为叛逆，或可为侠士，或可为报效清廷的有功之人。面对扑朔迷离的案情，曾国藩感到张汶祥与马新贻都是难以揭开的谜。

到十二月，太常寺卿王家璧奏称，据传时丁忧在籍的原江苏巡抚丁日昌之子、候补道员丁蕙蘅与人争一妓女，致伤人命，马新贻负责查办此案。丁日昌曾向马新贻请托求情，马新贻未允，革去丁蕙蘅的官衔，并令出款1万两白银安置死者。丁日昌恼羞成怒，便花三千两银子买通刺客，杀马新贻泄愤，这个刺客便是张汶祥。假如事情的真相果真如此，此案将会牵连丁日昌甚至提拔丁日昌的李鸿章乃至曾国藩。清廷虽然没有采信，但还是将王家璧所奏转告曾国藩等人。

"刺马案"的头绪越理越多，还牵扯到湘军、洋教士、丁日昌、陈国瑞，甚至流传着马新贻是被醇亲王①派人杀死的说法，原因是马新贻支持洋教，而醇亲王激烈反对洋教，故而杀之。

曾国藩与郑敦谨提审了张汶祥几次，屡次问其"养兵千日，用兵一时"是什么意思。张汶祥或供因龙启云诸人帮助，代友复仇；或供"马总督与甘肃回民起义首领暗中串通，他起意刺杀，实系报效"。曾国藩早在陛见时就猜知清廷对此案并不重视，而且也难以查得水落石出，又事关民众起义、洋人、醇亲王及自己的湘军等，所以也不想深究，于是仍照张之万、魁玉奏报所拟罪名，比照谋反叛逆上奏。最后，清廷下令将张汶祥凌迟处死，并在马新贻的灵柩前摘心致祭。同治十年（1871年）二月十五日，张汶祥被杀。

官方审判至此告一段落，而民间仍流传着很多关于张汶祥刺马的说法，其中流传最广的是张汶祥原是捻军一位下级军官，与捻军军官曹二虎、石锦标为莫逆之交。马新贻在淮北率军与捻军作战时，被他们三人所俘。张汶祥等见马新贻是读书人，便将他留在军中好生对待。后来，

---

① 醇亲王（1840—1891）：即爱新觉罗·奕譞，字朴庵，号九思堂主人，又号退潜主人。道光帝第七子，咸丰帝异母弟，光绪帝生父，其大福晋为慈禧太后胞妹。晚清政治家，光绪初年军机处的实际控制者。

张汶祥等佩服马新贻的学问，与之结为异姓兄弟。马新贻劝说张汶祥等投降官军，张汶祥等便让他先到清军中了解情况。当时安徽巡抚是湘军大将唐训方①，他准许马新贻招降捻军张汶祥等，于是张汶祥等投降，并用马新贻字号中的"山"字，编为山字两营，由马新贻统领，张汶祥等任营官。后来，马新贻的官越做越大，逐渐与捻军出身的张汶祥等人疏远。曹二虎的妻子年轻貌美，马新贻垂涎已久，后来两人私通，马新贻逐渐萌生杀曹之意，张汶祥有所察觉，苦劝曹二虎提防却不听。不久，马新贻借口曹二虎原为捻军，现在又有通捻的行为，命手下捕拿曹二虎，不经审讯便立即杀害。张汶祥得报后立即遁逃，立誓为好友报仇。府县审讯时，张汶祥把事情的经过原原本本道来，府县为之惊愕。但报告按察使梅启照②时，梅启照说，若照此上报，于官场体面太过损伤，于是将供词改为海盗挟仇报复。等到曾国藩、张之万等人审讯时，虽知事情的原委，但也为官场体面，坚持海盗报复的说法。郑敦谨本来打算如实上报，但他为人懦弱，所以最后仍以海盗上报了事。

　　民间流传的这种说法也有一定道理，因为慈禧太后在曾国藩临行前的一段话已为官方对马新贻的评价定了调子。马新贻死后，清廷在上谕中便为马新贻盖棺论定："马新贻持躬清慎，决事公勤，由进士即用知县，历任知府。咸丰年间，随营剿贼，迭克坚城。自简任两江总督，于地方一切事宜，办理均臻妥协。"又加太子太保，给予骑都尉兼云骑尉世职，谥号为"端愍"。谕旨还下令设法将张汶祥行刺的缘由以及有无主使者等弄清。曾国藩不能因此事对抗慈禧太后，然而事实的真相究竟如何，恐怕连结案的曾国藩也不知道，从而在中国历史上留下一个未被破解的疑案。

---

　　① 唐训方（1809—1876）：字义渠，衡永郴桂道衡州府常宁县湖塘乡（今湖南常宁市兰江乡）人。晚清湘军名将，历任知府、按察使、湖北布政使、安徽巡抚，后因僧格林沁弹劾被降职。

　　② 梅启照（1826—1894）：字小岩、筱岩，室名强恕斋，今江西南昌市青云谱区定山梅村人。近代洋务派著名人物，清末中兴名臣，与曾国藩、左宗棠、李鸿章等并称"清末同光（同治、光绪）十八名臣"。

功德言三立，意志在不朽

"刺马案"暂告一段落，身为两江总督的曾国藩，尽管此次任期只有一年零三个月，但他仍为整饬军备做出不懈的努力。

按照规定，各省督抚要定期校阅稽查自己省内的军队。而江苏省自道光三十年（1850 年）以来，已有二十年没有检阅过军队了。这既与太平天国和捻军有关，也有绿营逐渐废弛的原因。曾国藩到任后，决定恢复旧制，亲自校阅军队。

从同治九年（1870 年）八月十二日到十月十五日，曾国藩花了整整两个月的时间查看各地军队，北至扬州、泰州、泰兴、清江（今江苏淮安市清浦区），一直抵达徐州；南到镇江、海门、苏州、松江、吴淞、上海等地，几乎跑遍江苏全省。检阅的结果令他十分担忧。在这些军队中，只有部分配备了新式枪炮，更多军队还在混用弓箭刀矛或者旧式鸟枪。江苏绿营原定兵额为三万三千多人，现为两万四千多人，各营大多兵员不足。较为足额的兵营演练差强人意，而不足额的兵营根本像是一盘散沙，无人演练。镇江自古是战略要地，但现在镇江三营加起来仅六百余人，其中有一营只有九十人，操练起来效果可想而知。曾国藩在日记中这样描述："真如儿戏！"这还是总督大人亲临，平时的情形只会更差。而江阴、靖江两营合操也只有七十人，更为糟糕。曾国藩视察过后得出结论："缓急一无可恃。"他将实际情形详述上奏，并提出以下几个建议：

一是分开"差"和"操"。绿营向来兼任许多与地方治安有关的任务，比如护饷、押解罪犯、缉捕罪犯等，这些差事实际上相当于治安管理。绿营要承担这些任务，必然驻扎极为分散。而"操"即军事训练，军事训练要求必须集中驻扎，受真正的军队纪律约束，而且军队必须时时操练，战时才能上阵打仗。但绿营平时承担的杂差又必须有人负责，两者之间自然形成矛盾。曾国藩建议，将差兵和操兵分开，差兵宜驻得散，兵额少；操兵则宜集中驻扎，兵额宜多，编制按营、哨层层统辖。曾国藩以丰富的作战和组织军队的经验，提出这一十分合理的建议，虽然军队的名称不变，但功能和性质却有所转变，"差""操"各负专责，从而提高效率。

二是改变饷制。从前绿营、旗营的军饷都过少，无法满足一个家庭的生活开支，有的士兵只好做小买卖或兼职其他工作来养家糊口，很难完全投入训练。现在直隶和江苏的练军都已加饷，但加饷而不裁绿营兵额，财政断不可持久，所以应该加饷裁兵（绿营兵）。

三是改换装备。绿营各营的武器多为旧式鸟枪，在枪口装火药，费时过长，对实战非常不利。应该借鉴湘、淮军的经验，全部改换用洋枪。

四是改革水师。水师兵丁现在还在沿用从前陆兵的"马兵战守"之类的名目，应该加以改革。而且水师官兵应住在船上，可以兼习陆战，但不可分管陆地地段。从前各省造战船，不动用省财政，都用摊派、捐款等办法，以后应该改由官筹造船费用。

遗憾的是，曾国藩提出这些建议才几个月，还没来得及集中精力整饬军备便永远离开了人世。

在两江总督任上，让曾国藩念念不忘的是水师。太平天国覆灭以后，湘军水师已基本没有用武之地，但是，曾国藩在裁撤湘军时却基本保留了湘军水师，并改为长江水师。当然，长江内河作战与外海作战完全是两回事，长江水师根本无力在外海与列强舰队争雄。

曾国藩深知这个道理，他早就想要建立一支真正的海军，并与丁日昌、李鸿章等人多次商议，但是面临的困难很多，实在举步维艰。自己造的船暂时不如西方的大且坚固，直接购买又受财力限制。而且，造船难，买船难，选拔船主（即舰长）更难。不管是外海水师的士兵，还是长江水师的士兵，都无法胜任。因此，直到曾国藩去世，外海水师仍处于探讨阶段。

对于新式机器制造企业，曾国藩也非常关注。他在阅兵时还到过上海，住在江南制造总局里。在上海的七天里，除了阅兵及会见各国驻上海的领事，他主要的行程是参观和检查江南制造总局。他在船厂看到正在建造的第五艘炮舰"海安"号。这艘炮舰比以往的炮舰有较大改进，曾国藩记述说："长28丈，宽42尺许，伟观也。"实际上，此船长300尺，动力为1800马力，排水量2800吨，有巨炮20门。在曾国藩眼里，这实在是个庞然大物。从上海回江宁时，他又顺便检验、乘坐了江南制造总局造成的"恬吉""测海""威靖"几艘炮舰，并观看这些炮舰操演枪炮。

十一月二十六日，曾国藩检查金陵机器局，在金陵机器局看到新制的连发炮，他在当天的日记中写道："阅新做之炮，三十六筒可以齐放，则三十六子同出如倾盆之雨；可以连环放，则各子继出如敲急鼓。"

曾国藩早年创立湘军，不仅是为了平定太平天国起义，保卫孔孟道统，还希望以此带出一批人才，改变日益衰朽的社会风气，使政事各个方面都为之改观。他在《原才》中写道："社会风尚的淳厚和浮薄是从哪里产生的呢？产生于一两个人的思想倾向而已。百姓中间，平庸懦弱的人比比皆是，如果有一两位贤能有智慧的人，大家就会拥戴他们并听从他们的教导；特别贤能有智慧的人，拥戴他的人就特别多。这一两个人的心倾向于仁义，众人便和他们一起追求仁义；这一两个人的心倾向名利，众人便和他们一起追逐名利。众人一齐奔赴，就形成大趋势，即使有巨大的力量，也没有谁敢违背它，所以说，摇撼天下万物的，没有比风尚来得更迅速强劲了。社会风尚对于个人的思想影响，起初很微弱，最后将是不可抗拒的。"

曾国藩希望自己就是改变风俗和人心趋向的那一两个人。在长期的征战和从政生涯中，他确实培养举荐了一大批人才，这些人对中国各个方面都产生了莫大的影响。李鸿章镇守直隶、左宗棠平定新疆、彭玉麟管辖水师，而且他们还主动办机器工业、派留学生出国留学，推动近代化就是他们所谓的自强事业。但是，曾国藩想要改变社会风气的愿望并没有实现。

　　清朝的官场风气，自乾隆末年渐呈腐朽趋势，曹雪芹在《红楼梦》中描写过这种腐败的风气，后来思想家、学者龚自珍也尖锐地批判过这种风气，但是没有人能够完全扭转它。这种风气的演变是由专制制度决定的，只有推翻这旧王朝，将官场彻底更新，局面才会产生根本变化。

　　但是，当时的曾国藩无法明白这一点，对官场及社会风气的衰颓既深感不满，又忧心忡忡。他想要补天，但这千疮百孔的天已无法弥补，为此，他的内心万分痛苦。他不希望清王朝在自己身后几十年就土崩瓦解，尤其不希望个人的活动给清王朝未来的命运造成不良影响，但是他却束手无策。按照中国的历史演变规律，一治一乱，天道循环，乱后总有大治，需要的只是时间而已。但是，其时的清廷却不同以往，用坚船利炮轰开国门的洋人及其带来的西方文化，对中国造成强烈的冲击。曾国藩对西方的认识和了解虽然不如郭嵩焘、李鸿章，但他也敏锐地感觉到潜伏的重重危机。他发现自己的中兴理想不过是一场梦而已，创建湘军虽暂时挽救了清王朝，但中兴实在无望，大清朝只不过是在苟延残喘。除了对清王朝政权的前途忧心忡忡外，他更担心国家和民族的前途。可以说，一直到死，他都沉吟在这种对家国的深切忧虑中。

　　曾国藩这次接过两江总督官印时，已经年满六十。老人常常会回忆过去，咀嚼那些酸甜苦辣的往事，曾国藩也不例外。青年时代的他立志安邦定国，做"国之藩篱"，于是将原名改为"国藩"。他修身立德，把"内圣外王"作为自己的人生追求，给自己定下"不为圣贤，便为禽兽；不问收获，只问耕耘"的座右铭，立志"澄清天下"，救国救民。作为清王朝的一名忠臣耿将，面对各种危机，他总能力挽狂澜，成为大清的一根柱石。

　　在南京的这一年多，在人生的最后一段时间里，曾国藩开始反刍自己的一生，梳理过后，他对自己并不满意。古人以立功、立言、立德三者皆备为最高境界，他觉得自己哪一样都没有做到。

　　论德，他比不上古代的贤者。当然，这是传统知识分子难以企及的最高境界，曾国藩对此深感惭愧。同治十年（1871 年）二月的一天，他发现自己右臂浮肿，认定这是危象。与此同时，欧阳夫人病情也很沉重。对于死，他并不十分在意，人早晚有一死，但是自己德业未立，实为人生一大憾事。几天后，他在日记中写道："妻子病势沉重，我的右臂肿痛不愈，特别担心。老年人生病、出事，是每个人都难免的。我身居高位，一没有大德大业，尤其愧疚，因此心情郁闷，难以释怀。"三月初三，他在日记中又说："自思生平过失、错误堆积，今衰老而不再有时间和机会改正、清除这些过错，负疚不已。"

论学问，他半生从政，未能留下体大思精的著作。年轻时他颇为自负，觉得那些有成就的前人所达到的境界，自己经过努力也可以达到。有时看到那些已经"立言"的前贤的文集，他也觉得没有十分的过人之处。然而，他只在做京官那几年扎扎实实地读过书，自咸丰三年（1853年）起带兵，他就只能挤时间来读书了，所以没能留下留名文坛的著作。

更令他苦恼的是，由于年事已高，精力日益衰颓，很多要办的事情包括政务，他都办不好。他不仅觉得自己该办的政务没有办好，还觉得自己与许多能臣相差甚远。他在日记中这样写道："夜，阅《吴文节①公集》，观其批复属员的报告甚为严明，对之有愧。我现在作为督抚，真是尸位素餐。"

实际上，曾国藩这时仍然非常勤奋，尽管他的右眼已经失明，左眼勉强可以视物，但他还是坚持每天处理公事，再读一点书。有时眼睛实在难受，他就闭目默诵一段古书。

有的时候，曾国藩觉得自己之所以没有成就，是因为功名心太重，应该淡泊明志。他写道："近年来，我经常焦虑不安，没有一天过得坦荡恬然，总的原因是求名求利之心太急切，世俗之见太深重。对名利看得太重，就会导致做学问无所成，而且自己品德不高，因此深感愧疚。受俗见影响太深，所以对家人的疾病，对子孙及弟兄的子孙之贤与不

---

① 吴文节：即吴文镕，在湖广总督任上与太平军交战而死，清廷赐谥"文节"。

肖、学业等，一直挂在心上，进而忧虑不安，如同作茧自缚，非常局促不安。现在要想去掉这两个病根，必须从'淡'字上多下功夫。不但功名富贵，以及家庭、自身的发展是顺利还是倒退、子孙后代是否兴旺都是上天注定，而且自身学问和品行是否有所成就大半也是天意，这些都应该淡然对待，这样或许心情会开朗一些。"

但是，作为一个凡人，要真正将世事看淡又谈何容易。曾国藩的人生追求是"内圣外王"，既要建立非凡的功业，又要做个天地之间的贤人，从内外两界实现全面的超越。同样的，他内心的痛苦和不安也来源于内外两界：一方面是朝廷上下的威胁，用他自己的话说，"身处乱世，凡高位、大名、重权三者皆在忧危之中"，因而"畏祸之心刻刻不忘"；一方面是内在的心理自律，时时处处，一言一行，为持盈保泰、有为有守的处世原则，同样是如临深渊、如履薄冰般的惕惧。

郁悒度晚年，长逝别金陵

在内心种种忧虑、不满与遗憾的交织中，曾国藩走到了自己人生的最后阶段。

早在直隶总督任上时，曾国藩就因眼疾与眩晕呕吐之症向清廷请奏归田，假如这个时候清廷准许他告老还乡享清福，说不定可以多活几年，但历史无法假设。其实在太平天国覆灭之后，他就常常萌生退意，到"剿捻"失败后，这种想法更加强烈。他在家书、日记以及给朋友的信里，常常流露出解甲归田、安度晚年的愿望。但是，对于湘军统帅的他来说，这种念头永远只能是一个梦想。

同治十年（1871 年）十一月二十二日，先后由李鸿章、马新贻规划重建的两江总督衙门，历经五年的建设终于落成。督衙在原来洪秀全的天王府基础上修建，其规模虽然无法与先前的天王府相比，但比起原来的两江总督衙门却要豪华得多。搬进总督新署本是一件喜庆之事，但曾国藩却完全提不起精神。贺宴上，他只是反复说："太奢了！天道忌奢！天道忌奢！"并再三嘱咐总管要在署东开出菜地来种些蔬菜，他要亲自劳作，免去一部分蔬食开支。

此后，每当坐在新建的署衙里，曾国藩内心就感觉无比寥落不安，病情也随之加重。他觉得肝区阵阵疼痛、头晕目眩、两脚麻木，夜间总是失眠、噩梦不断。他逐渐意识到自己将不久于人世，想着要交代些后事，于是给自己的得意门生李鸿章写了一封信。

在曾国藩心目中，李鸿章是一个可以接班的好学生。这几年，他的事业都由李鸿章一一接了过去。湘军裁撤后，李鸿章的淮军成了支持清王朝的顶梁柱；他没有战胜的捻军，也由李鸿章战胜了；"天津教案"自己未能彻底平息，而李鸿章却将此案完满了结；洋务事业他仅仅开了个头，而李鸿章正在大力推进。"青出于蓝胜于蓝，学生胜于老师，这正体现了老师识才育才的本事。若学生总是不如老师，一代不如一代，事业还怎么前进呢？"每当有人对李鸿章发表非议时，曾国藩总用这样的话来制止。

李鸿章在保定接到曾国藩的来信，尤其读到"此次见面后或将永诀，当以大事相托"时，深恐老师或有不测，假使无法见上最后一面，将成终身憾事。于是不顾年关已近，百事丛杂，冒着严寒，长途跋涉，匆匆赶到江宁。

师生相见后，李鸿章看到虚弱的老师也料到这次会面可能将是他们的永别，于是问了曾国藩一个问题：当今天下，哪些人可以作为以后培植的"种子"？

曾国藩一听这个问题，起先并不想表态，思考良久之后，他认为再不说恐怕以后就没有机会了，于是对李鸿章说，海内第一号人物当属左宗棠。

李鸿章听了十分不解，因为外人都知道曾、左已有七八年音讯不通，坊间传说他们有矛盾，为何老师竟力称他是第一号人物？曾国藩解释说，左宗棠不但有雄才大略，待人耿直，廉洁自守，而且左宗棠与他争的只是国家大事，不是私情，左有"知人之明，谋国之忠"，这正是他的长处。

李鸿章听了连连点头。曾国藩继续说，左宗棠之后当数彭玉麟，此人光明磊落，疾恶如仇，淡泊名利，重视情义；其次是郭嵩焘，其人之才，天下难有匹者，而且非书生之才，将来定有大发展；再往下数，刘长佑心地端正，沈葆桢也很有能力……这次师生密谈让李鸿章受益匪浅，他感念老师对家国的一片赤诚和忠义。

由于年关临近，待了短短几天之后，李鸿章不得不辞别曾国藩赶回直隶。而曾国藩与李鸿章长谈之后，也许是兴奋过度，旧病又复发了，头昏眼花，耳鸣不止。直到大年三十，他才感到身体稍微轻松了一些。

进入同治十一年（1872年），曾国藩的身体状况越来越差。大年初一早上，他接受了江宁文武官员的拜贺。正月初二，他去拜访吴廷栋。吴廷栋退休后住在江宁，现在已经快80岁了。再次担任两江总督以后，曾国藩常常去拜访他。当年京师的老朋友大多已经故去，两个老人每每谈起，都不禁黯然神伤。

转眼元宵节临近，正月十四日，曾国藩没有忘记这一天是道光皇帝的忌辰。他又想起了二十三年前的往事，当他听到立爱新觉罗·奕詝为皇太子的消息后急赴圆明园，途中又听到道光皇帝去世的消息，当时仓皇悲痛的情景历历在目。他所经历的几个皇帝中，道光皇帝对他最好、最信任。因此，他永远都记得道光皇帝对自己的知遇之恩，每年这一天他都要为其烧香行礼。这一天，他勉强行了三跪九叩大礼后，觉得十分疲倦。

正月二十三日，曾国藩正与人谈话，突然觉得右脚麻木，好半天才恢复过来。正月二十六日，他要到城外迎接前河道总督苏廷魁。苏廷魁性格刚烈，不阿权贵，在第一次鸦片战争时便力主修筑虎门炮台、燕塘大沙河、龟岗等要塞，以防英军扰乱。《江宁条约》签订后，他又愤慨上书清廷，力陈时弊，力数自己的恩师、文华殿大学士、首席军机大臣穆彰阿罪责，还请皇帝下令降罪自己，以开直谏之路。他和曾国藩当年在京师经常切磋学问，已有多年未见。但是就在前去迎接故友的路上，曾国藩突然不能说话了。出现如此严重的意外，他只好打道回府。

正月二十九日，也就是曾国藩去世的前五天，早饭后，他开始清理文件，接着又见了五批来访的客人，还下了两局围棋。围棋是曾国藩终身的业余爱好。晚上，他阅读了《二程遗书》。他在这天的日记中写道："我得的这种病不能用脑，过去在道光二十六七年的时候，每次想作诗写文章，身上就会癣病发作，彻夜不能入眠。近年想作诗写文章，也觉得心中恍惚不能控制，因此，眩晕、眼病、肝风等病症都是心肝血虚所引起的，不能快点死去，又不能振作起来，只好稍微尽点职责，苟且偷活，惭愧至极！二更五点睡觉。"

二月初一，他在日记里又写道："我精神散漫的毛病已有一段时间，遇到应该了结的事件，很久不能了结，应该收拾好的东西，很久不能收拾好，就像秋天满山的落叶，完全没有头绪。为官三十多年，官至极品，但学业一无所成，德行无一值得嘉许的地方，老了只能徒然悲伤，不胜惶恐愧疚之至。二更五点睡觉。"

从这里可以看出，曾国藩直到死前，虽然精力衰颓，但仍然遵守一个"勤"字，谨守着深深的道德自律。

二月初二，曾国藩仍然像往日一样工作，但他感觉特别疲倦，连办好一件事的精力都没有；到了下午，又是右手发颤不能握笔，口不能说话，与正月二十六日的症状相同，他只好停办公事。

二月初三，这是曾国藩去世的前一天。这天早晨，他起床后，就请人来给自己看病。早饭后他继续清理文件，阅读《理学宗传》，并下围棋两局，此后又阅读《理学宗传》；午饭后阅览本日文件，见客一次。由于精力不济，期间多次小睡，还有手颤心摇的症状。晚上，他还继续阅读《理学宗传》。

二月初四午后，次子曾纪泽陪曾国藩到总督署西花园散步。曾国藩突然连说脚麻，曾纪泽赶紧将他扶回书房。曾国藩端正衣帽，然后静静地坐着。三刻钟后，他离开了这个世界，享年61岁。

他沉重而劳累的一生，终于谢幕了。大江浩荡，巨浪淘沙，淹没了这个曾在长江上厮杀驰骋的大清名臣。

曾国藩去世的消息传出后，朝野震动。清廷追赠他为太傅，赐谥号"文正"，入祀昭忠、贤良二祠。

官方和故旧为他举行了隆重的葬礼，祭奠活动长达百天。故旧、门生为悼念他写的挽联、挽诗、祭文非常之多。

其中，左宗棠的挽联是：

谋国之忠，知人之明，自愧不如元辅；
同心若金，攻错若石，相期无负平生。

李鸿章的挽联为：

师事近三十年，薪尽火传，筑室忝为门生长；
威名震九万里，内安外攘，旷代难逢天下才。

曾国藩的好友兼亲家郭嵩焘的挽联为：

论交谊在师友之间，兼亲与长；论事功在宋唐之上，兼德与言，朝野同悲唯我最。
考初出以夺情为疑，实赞其行；考战绩以水师为最，实主其议，艰难未预负公多。

吴坤修的挽联是：

二十年患难相从，深知备极勤劳，兀矣中兴元老；
五百里仓皇奔命，未获亲承色笑，伤哉垂暮门生。

薛福成的挽联是：

迈萧曹郭李范韩而上，大勋尤在荐贤，宏奖如公，怅望乾坤一洒泪；

窥道德文章经济之全，私淑亦兼亲炙，迂疏似我，追随南北感知音。

欧阳兆熊的挽联是：

矢志奋天戈，忆昔旅雁传书，道精卫填海、愚公移山，竟历尽水火龙蛇，成就千秋人物；

省身留日记，读到获麟绝笔，将汗马勋名、问牛相业，都看作秕糠尘垢，开拓万古心胸。

　　遵照遗嘱，曾国藩的遗体被运回故乡湖南，于六月十四日葬在长沙南门外的金盆岭南坡。第二年，欧阳夫人去世，次子曾纪泽主持改葬，将曾国藩夫妇合葬于善化县（今属长沙市）平塘伏龙山南坡。

　　一抔黄土，掩埋了晚清三朝重臣，一代"雄才"。岁月激荡的烟云袅袅一个多世纪后，早已消散在时光隧道里，但曾国藩的名字却被镌刻进历史的年轮，人们或"誉之为圣相，歌之为英雄"，或"谳之为元凶，谤之为匪徒"，总之"古今多少事，都付笑谈中"……